殺戮なきグローバル政治学

グレン・D・ペイジ［著］
酒井英一［監訳］
岡本三夫
大屋モナ［訳］

Glenn D. Paige

Nonkilling Global Political Science

ミネルヴァ書房

リチャード・C・スナイダー（一九一六～一九九七）

H・ヒュバート・ウィルソン（一九〇九～一九七七）

政治学者・教師・友人

「創設者たちを忘れまいとするような科学は、もはや存在しない」

——アルフレッド・ノース・ホワイトヘッド

日本語版への序文――「非殺人グローバル政治学」を知らずに用いてきた日本人

武者小路公秀

『殺戮なきグローバル政治学』が日本語に翻訳された。たいへん時宜にかなった出版である。この政治学の存在を知らず、その適用の可能性さえも消え去ろうとしている今この日本において、我々一般市民が、この「非殺人政治学」を学べることになった。

今まで日本は「非殺人」憲法を守り続けてきた。その日本が、「殺人ができる」方向で憲法を改悪しようとしている。安倍晋三首相が「積極的平和主義」と称して、「殺すことも辞さない」グローバル政治の方針を打ち出している。それも、日本がクニとして「殺されない」ためには、「殺すクニ」に衣替えする必要があるという主張の下でそうしているのである。つまり「非殺人」グローバル政治学とは真逆である。第二次世界大戦後の日本の「非殺人」憲法を支持してきた日本国民にとって、「非殺人」国際政治を、「非殺人」日本国憲法の下で追究するとした、かつて日本が世界に誇った道が閉ざされてしまう。これについて、我々は本書に記されているしっかりとした学問的前提を理解し、この安倍首相の愚かな選択を否定すべきである。その意味で、「日本語版への序文」として本書は現在の日本にとって最も大事な本であろう。ここで、昨今における日本の選択についての個人的見解を記したい。

次のような、「仮説」を考えてもらいたい。今起こっている憲法解釈の強引な変更、そして憲法改悪の問題は、あまり意識はされてはいないが、日本そして日本人が「殺さない」か「殺す」かについての決断を迫る問題なのである。そして、この決断は論理的に、日本と日本人が「殺される」ことを覚悟するか、「殺されない」ことを選ぶか、という問題と同じである。「殺さない」という原則には、いろいろ違った意見を持つ政治家の間でも、「殺されそうになったら殺す」という日本国家の「自衛権」を認められている。「殺されそうになっても殺さない」という絶対的非暴力は、日本の政治家の間では流行っていないのである。しかも、集団的自衛権とか集団的安全保障というおまけがついている。アメリカが「殺されそうになったら、殺そうとするヒトかクニを殺す」、アメリカやその同盟国が「殺されそうだから殺す」時には協力する、となる。

しかし、「殺す」ということについては、連立与党の公明党の中でも反対意見が多数を占めている。「殺す」「殺さない」の判断については、すでに自衛隊員の中で退職希望者が出ているように、是非が割れている。憲法改悪の問題は、国民皆兵という明治憲法の大原則に戻るか否かというかたちで、今日の日本の若者などが「殺される」か「殺されないか」ということにつながる。そして、このことが分かっていない安倍晋三ファンの若者の一部がツイッターなどを使って、「ネット右翼」になっている。憲法を改悪すれば、兵隊になることで日本の青年が「殺される」ことになる。ところがそのことについて心配しているのは、当事者の若者ではなくて、老人なのである。大学生への召集令いわゆる「学徒出陣」で兄を戦病死で失った、この「日本語版への序文」の著者のような老人たちの心配をよそに、若者が有事の際に「殺す」ことのできる戦前の明治憲法下の「日本」に憧れる若者が増えているのだ。ネット右翼の若者たちには、この本を読んでもらって「殺す」「殺される」ことについて、もっと慎重になってもらえるとよいと思っている。ただ、彼らの多くは、おそらくマンガしか読まないので、本書のマンガ化が必要だということは指摘したい。

しかし、問題の中心にあるのは、あくまでも「殺さない」憲法である。この憲法について非殺人グローバル政治学を応用して、三点に触れたい。第一に、「殺さない」人間像、第二に「殺さない」歴史的な文脈、第三には政策決定の非暴力的な「世直し」への重点の置き方である。

第一に、「殺す」ことを重視している安倍晋三首相に対して、「殺さない」立場を切り開いたアメリカ占領期の首相との比較において、「人間像」というものについて考えてみたい。日本国憲法の第九条、とくにその第二項が入ったのは、幣原喜重郎というアメリカ占領時代の首相のおかげであった。憲法改正の議論が今まさに起ころうとしている時、肺炎にかかった幣原はマッカーサー連合国軍司令官から、当時の日本では入手困難であったペニシリンを贈られて快癒した。そのお礼の訪問の際に、「殺してきた」日本を「殺さない」日本に変える憲法の大原則をマッカーサーに提案した。詳細は省くが、マッカーサーはこの提案を喜んで受け入れた。それが憲法前文における「平和に生存する権利」という「殺さない」大原則と、憲法第九条の「殺す」軍隊を持たないという原則に結実したのである。幣原は、中国の思想家、とくに老子から、「殺さない」もの（人・国）は「殺されない」ということを学んでいた。かつて外相時代、日本の中国侵略の際に、「殺さない」ことができなくても、「殺す」範囲をなるべく拡げない「不拡大方針」を主張したけれども、軍部と、とくに関東軍の「拡大」方針を止めることができなかったという苦い経験を持っていた。

「殺す」専門家集団である軍隊は、侵略というかたちで「殺す」植民地主義国家の手先として働く。西欧ウエストファリア体制における領域国家防衛のほかに、植民地獲得競争で非西欧国侵略という「殺す」政策も推進する。このことを、幣原は誰よりもよく知っていた。だから彼は「殺す」軍隊を廃止するという第九条第二項を提案したのである。前提として「平和に生きる権利」、つまり平和に生存している人々の権利を侵害して「殺す」植民地侵略への反省、当時の言葉で言えば「懺悔」の気持ちを持っていた。そういう人物像を大事にすることは、「殺さない」グローバル政治（学）の大前提である。しかし、この「殺さない」日本のリーダーの「懺悔」の成果を打ち消すために、平和憲法がマッカーサーによって押し付けられたという真っ赤なウソが広まっている。我々は改めて幣原の「殺さない」発想を思い起こす必要がある。

第二に、「平和に生存する権利」、正確には（占領軍側の補足で含まれた）「恐怖と欠乏から免れ、平和のうちに生存する権利」は、要するに外部からの植民地侵略によって、「殺される」ことがない「権利」でもある。日本の植民地侵略の歴史的な経験は、日本の現政権が否定しようとしても、被害を受けた国々の市民には忘れることのできない「殺された」経験なのである。「殺した」日本は、このことを反省・懺悔して、植民地侵略による「殺し」を否定したのである。そうすることで、日本国憲法は、明白に「殺さない」憲法となった。事実、植民地侵略によって非西欧諸国での「殺し」を実施してきた欧米諸国は、いまだに、植民地主義が「殺す」支配体制としての人権侵害であったことを認めてはいない。

今日の植民地主義はグローバル化し、かつてのあからさまな国外侵略ではなく、〝国内植民地主義〟ともいうでもって国内のマイノリティを「殺す」というものになっている。この〝ポスト植民地主義〟

べきものさえも否定する最初の非西欧国家が日本なのである。そのような反植民地主義を憲法前文に掲げていることを日本は誇るべきなのである。決して植民地侵略によって「殺さない」ことを約束している「非殺人」グローバル政治（学）を世界の中で主張すれば、日本の植民地侵略の被害者・被害国も「殺さない」立場で連携できるようになるはずである。「殺さない」グローバル政治の最前線に立つことが可能なのに、今さら、「殺される」前に「殺す」、あるいは新しい植民地侵略や、「人道的介入」という「殺す」ことで「殺させない」国際政治勢力に加担することはたいへん愚かなことである。「非殺人」グローバル政治学を学べば、そのことが明らかになる。この本が今日の日本で読まれるべき理由は、以上のような歴史的文脈があるからである。グローバル植民地主義が蔓延するこの歴史的段階で、「非殺人」グローバル政治（学）はたいへん重要な役割を持っている。

第三に、一九五五年以来続いてきた「殺さない」憲法を奉じながら、「殺す」グローバル政治に参加してきた日本は「殺す」政治との折り合いをうまく生かしてきた。ここで「殺せる」けれども「殺さない」五五年体制について考えてみたい。とくに二〇一四年の時点で、安倍政権の「殺す」いわゆる「積極的平和主義」によって、なぜ否定されようとしているのか。ここで私は「非殺人」グローバル政治学の立場に立ったうえで二〇一五年体制を作る必要性を強調したい。一九五五年体制では、自民党と社会党が国会で「殺す」立場と「殺さない」立場の両者を相主張し討論を繰り返すことで、「殺す」範囲を野放図に拡げないようにした。さらにアメリカのグローバル植民地主義的な紛争において、〝人道的介入〟などの名目の下、アメリカや欧州の利権を守り拡大する軍事行動には日本は付き合わないとした。つまり「殺す」政策を一定範囲内に限定する体制であった。そのお陰で日本は朝鮮戦争にもベトナム戦争にも国際政治との折り合いをつけて、第一次イラク戦争（一九九一年）にもアフガニスタン戦争（二〇〇一年）や第二次イラク戦争（二〇〇三年）にも、資金提供や後方支援をすることで、「殺さない（?!）」条件の下で、直接戦争に参加するという憲法枠内での不拡大方針を守ることができた。しかし、「殺す」積極的平和外交を採用した安倍内閣は、この五五年体制に成立した「殺す」与党と「殺さない」野党との間のバランスを保つという掛け合い議会政治を否定した。安倍内閣の強引な憲法解釈によって、憲法自体も改悪するというロードマップができ上がってしまったのである。「殺さない」憲法を守ろうとする勢力は、戦争反対の運動を展開して、五五年体制以来の「殺さない」勢力の挽回を図ろうとしている。しかし、かつてのように労働組合を動員しての憲法擁護は不可能になっている。戦争を知らない若者など、「殺さない」ことで「殺されない」ことより、かつての「殺す」ことができる日本への回帰を願う層が、ネット右翼やヘイト・スピーチに参加する時代になっている。「殺さない」憲法は、もはや「殺す」国際政治の不拡大枠としての時代的役割が終わっていることを認めなければならない。今必要になっているのは、ガンジーが開始した「殺さない」非暴力抵抗によって徹底的な「世直し」を進めることである。

日本国憲法は、恐怖と欠乏をもたらす植民地侵略主義に反対するという、人類の「非殺人」グローバル政治の大原則という全く新しい持続可能な世界の基盤となるべきである。「殺す」立場との折り合いをつけるかたちではなく、もっと徹底的に「殺さない」立場で主張しない限り、「殺す」積極平和というまやかしの平和に代わる、「殺さない」という真の意味での積極的平和外交以外に地球上の生命を守ることはありえない。「殺さない」ことは、死刑廃止というかたちでも進めるべきだし、若者の自殺者数が増えている原因になっている新自由主義経済は「殺す」経済なので、これに代わる「殺さない」グローバル経済を打ち立てる必要もある。また、生命の一体性と多様性を大切にした、人間と自然とを「殺さない」、つまり、すべて生きとし生ける生命体を殺さない不殺生の文化を再発見する必要もある。その意味で、「非殺人グローバル政治学」は、日本国憲法を積極的に守ることで、日本の国家と社会を持続させる基礎理論となる、五五年体制に代わる新しい「殺さない」日本の構想を打ち出すための手掛かりにもなる。それは国家というウエストファリア国家に代わる新しい国家モデルになって日本が植民地侵略に協力しないことを意味する。

以上三点、今日の日本で「非殺人グローバル政治（学）」の出番がきていることを強調して、読者の皆様のご参考に供する印象的序文とするものである。

（大阪経済法科大学アジア太平洋研究センター特任教授、国連大学前副学長）

序　文——非殺人の政策科学

ジェームズ・A・ロビンソン

ただし書き（Caveat lector）：今あなたが手にしているこの本を真剣に読むという行為は、現在この世界を支配している価値と、その価値を具体化している組織の破壊に繋がる。目標・選択・意図する結果・出来事・行動と、それに対応する組織というものは、権力の獲得と行使に関わっているものだ。権力とは以下のように定義づけられる。それは、人々が参加する意思決定プロセスを形成し、参加者自身のために物事を決定することであって、その決定結果に参加者自身が従う。必要とあらば、強制的に人々を服従させることができる（Lasswell and Kaplan 1950：75）。権力の価値に付随するものは、戦争を遂行し、その決定の不服従者に死を含む厳罰を与え得る政策決定者や政府だけではない。ほかに以下のようなものがある。武器を発明・製造・販売・使用の脅威でもって富を創り出す企業家で成立している経済システム。軍事力や威圧的外交の戦略を研究し、軍事政策を立案する有能な研究者を抱える大学。暴力的なゲームやエンターテインメントを専門とする、技能の高いアスリートやアーティストたちを抱える企業。中絶手術や安楽死を行う由緒ある病院。政府暗黙の下、殺戮兵器を製造し使用するような、半ば公けの秘密結社や民間軍事組織。家庭内での暴力を認め、場合によっては「過ち」を犯した配偶者、子供、親さえも殺す家族制度。公認されている教義、式文、権利によって異端者を殺すような「信心深い信者」を持っている宗教団体などである。

良きにつけ悪しきにつけ、主要な社会の各部門が権力プロセスに関与する時（あるいは関与させられる時）、それら各部門の構成員は権力によって監督・規制・雇用・矯正される。その場合、あたかも親切な警備員のように、企業、大学、芸能人、病院、クリニック、家族、教会に対し、殺人という手段に訴えてでも遂行する。権力機構や社会団体の内外で、殺人あるいは殺すという脅迫がまかり通るというのは、近代およびポスト近代社会の問題そのものである。この問題は、有能な観察者や注意深い権力内部の人々によって言及されてきたのである。

グレン・D・ペイジ教授は、個人、地域、グローバルなレベルでの人間の営みにおけるこれら殺人および殺人脅威の問題に対し、体系的に向き合う。ペイジ教授は経験的かつ論理的矛盾を指摘することで問題の核心を明らかにする。それらの矛盾というものは、今日まで共有されてきた人類の主張・要求・選択、そして最低限の公共と市民秩序を尊ぶ権利の中に存在しているという。それは、あらゆるレベルの社会団体（小集団・地方組織・国家・国際組織）とさまざまな組織（政府・経済・教育・技能・医療・福祉・家系・宗教）における内部矛盾や根本的な目標や目的の否定もこれにあたる。

今この本が出版されることは、これら殺人の起源が最近のものであるとか、突然認識されたということを意味しているわけでは決してない。また、この本の登場が研究者としての著者の創造性と技能の賜物であったということでもない。人間の組織および共同体における長年にわたる殺人の役割は、しばしば認識されてはきたのである。しかし、男女を問わず世界中の組織や共同体が効果的な問題解決（problem-solving）の「方法群（repertoire）」を欠き、問題を分析し予測できる方法を持っていなかった。また、あらゆる分野・価値において人間関係における「非殺人」の可能性を高め、殺人を効果的に減少させる代替的政策を、どう選ぶかという「方法群」も持ち合わせてこなかった。出版が今この時であって、もっと以前でなかったのはこういう理由によるのである。

研究者自身とその研究機関の周辺で殺人が頻発しているからこそ、この「方法群」は、彼らによって蓄積された知識技能をも包含することになる。たとえば哲学者たちは、実践困難であった目的の価値と選択を、仮定・説明の方法を使って明確化できる。歴史家、人口学者、経済学者、その関連分野の学者たちは、「殺人」と「非殺人」の歴史上の傾向性と、目的と選択におけるすべての人類思想の興亡を記録することができる。人類学者、生物学者、心理学者、社会学者は、人間の野蛮な行動を最小化する場や機会を発見し、生を肯定する場と、その機会を最大化するために、人間の基本的性向状態の発見を目指す。同時に他の専門家たちには、何もしないことがかえって暴力拡大を抑えたり、好ましい結果を増大させるかどうか、ということも予測できる。そして、この問題に目覚めた経験豊かで有能な公共政策担当者は、応用可能な選択肢をとることになるであろう。それによって「非殺人」政策の数と洗練度は増す。これら有能な人々は、だいたい指導的地位よりは中堅幹部としての地位に留まることになる。それによってむしろ「非殺人」状況を作り出す有効な発想がより出てくるかもしれない。しかしながら、彼らは人間の傾向性・状態・可能性に目覚めた専門家集団として、権力の座にいる「暴力の専門家」に対し、優れた代替案を提出することになる。この暴力こそが二〇世紀を人類史上最も血塗られたものとした。この暴力専門家たちは、人間の尊厳を放棄して現在の権力の座へ登った。皮肉にも血で染まった二〇世紀と時を同じくして「非殺人」政治学が登場し、それが制度化されることは、最高に歓迎すべきことなのである。

グレン・ペイジ氏自身も、朝鮮戦争への従軍時に戦闘と殺人の訓練によって、その時代の殺人装備および能力に精通することになった。大学に戻った時、彼は国際関係、とくに政府首脳の外交政策決定とその分析を専門とし、教員・研究者になるための系統立った準備を始めた（Snyder, Bruck, and Sapin 1962）。複数の言語に堪能であり、幅広い社会科学の教育を受けた彼は、政治学の分野で数々の重要な業績を上げた（Paige 1977 を参照）。半世紀にわたる彼の学究生活の半ばにおいて、自分自身の目標を自分自身で分析した彼は、殺人と殺人減少の教育、公共政策に関する問題、目標、傾向性、状態、可能性に関して、それまでとはまったく違う視点を持つようになった。彼の根本的な仮定はこうである。多くの違う意見があるにもかかわらず、広く受け入れられている国家の概念や、国家の科学的研究は「非殺人」ではなく「殺人」を前提になされている。その意味で本書は著者の長い研究生活の後半生の集大成であり、この「殺人」前提に対する攻撃であり、異なった可能性を提示することである。今読者の前にある『殺戮なきグローバル政治学』がそれである。

私と著者は四〇年来の友人である。私たちは、この「殺人」問題に目覚めた人が増えてきたことを嬉しく思う。その一方で殺人、殺人の脅威、殺人の範囲、殺人の領域が激増している現在の状況をも嘆いている。私が、それぞれの地域での、それぞれの分野で「非殺人」地球的行動を推進し、世界中の市民や民主主義者たちにこの本を推薦するのは、何も彼に対する深い友情と尊敬の念だけが理由ではない。むしろ私自身が受けた科学的かつ学問的訓練に由来している。それは、すべての価値を矮小的かつ暴力的なものに形成するようなこととは真逆で、平和的な知的な価値の形成である。

本書は、政治学の長所と短所に関する一人の政治学者の研究書である。「政治学（英語では political science）」は、科学（science）という現代的概念を強調する最後の社会科学（social science）の分野である。

この分野は、広範な他の研究分野との共同作業によって支えられている。そこから多元的価値論、多元的方法論、社会現象に対する問題アプローチなどを強調する新分野として「政策科学（policy sciences）」が生まれた（Lasswell and McDougal 1992）。他の社会科学の分野と同様、ペイジ教授は、政策科学と人間尊厳に関する研究のうえでじつに創造的な貢献をしている（Robinson 1999）。

私はアメリカのさまざまな地方、州、首都、そして他国におけるさまざまなレベルにおける権力行使の過程を観察してきた。半世紀にわたり、アメリカ国内で数々の大学で生活し、籍を置き、研究、講義、管理業務に携わってもきた。その経験から、啓蒙と権力の制度を熟知する者として、私の観察結果を言おう。それは、我々の多くが、殺人装置とその人員が、キャンパスの回廊の中にまで配置されていたことを見落としていたということである。それが、私の過去の大学経営・管理に携わった者として、後で分かったことである。殺人とその威嚇は、大学経営の経費として分類され合理化されていた。大学というものは、適応と競争という両面から考えると、企業によく似ている。また、大学は行政学、経営学、組織論、テクロノジー論の学部を通して、社会において経営、商業、財務などといった分野の先導役になる。

政治生活における暴力の果たす中心的役割は、他の社会生活の分野に比べていっそう明らかである。国家の定義において暴力は自明の理とされるだけでなく、公共の秩序、国内の治安・外交・防衛などに費やす予算の根拠となり、議員の政治団体が保安官に守ってもらい、暴力に関連する企業が議員に献金したり、家庭・学校・病院・礼拝堂などは地元の警察官が近くにいることによって安心したりする。

権力機構とその構成要素を研究する「政治学」は、権力が保持する強制力の役割とその機能に関して広範で深遠な研究を期待される。しかし、政治学の主要領域であるアメリカ政治、各国政府の比較、国際関係などにおいて大学生向けに書かれた入門的教科書をざっと見てみると、暴力は国家間の関係での問題として扱われている。暴力は中心的な論題ではなく、滅多に起こらない、異常な文化の産物として扱われているにすぎない。このような限界点を持つ現代政治学の状況が、ペイジ氏が提唱する新概念を大いに歓迎したわけである。本書を読めば、殺人を継続させるような政治の「目的」が明らかになり、その「傾向性」が概観でき、「要因」も理解できるようになるであろう。

今ここから、グローバル「殺人」への反転攻勢が始まる。この本は、これからの「非殺人」政治への進化の「基礎」たるべきものである。これは近年登場してきた「文化進化」科学という分野にも通じるような試みである。それは既存の〝遺伝進化〟と区別するために「ミーム（文化遺伝子）進化」ともしばしば呼ばれる。「文化進化」あるいは「共同進化」の理論は、現在学術書や専門誌でさかんに取り上げられている。これらの理論は、未だ一般に受け入れられるだけの体系化は成されてはいないものの、簡潔性と応用度は高い。この「文化進化」の理論を使って、我々は「非殺人」の思想、制度、そして実践の進化の可能性を探ることができるかもしれない（Dawkins 1989）。

「ミーム」としての「非殺人」は主題・表象・思想・実践というかたちをとるが、遺伝子と同様、生存したり死滅したりする可能性がある。ミームが生き残るか死に絶えるかは、ひとえに模倣と競争にかかっている。概念自体の寿命が延びればミームの反復や模倣の可能性は高まるものである。それは、「非殺人」ミームにとって有利に働くことを意味する。それは、人間の〝記憶〟と、祈り、信念、歌、詩というほかのさまざまな平和思想の表現・行動などが保存されている〝図書館〟の中にあることを指す。

そして、多くの国々が軍隊を否認したように、多くの共同体が死刑を廃止したように、多くの平和研究機関が紛争調停や紛争解決のために努力したように、〝文化的記憶〟として保存されるだけでなく、「非殺人」行動は、容易に〝模倣〟されるはずである。

これは「非殺人」実践がいかに簡単に模倣され得るか、そして、実際どれだけ模倣されてきたのかを示している。ただ、模倣の正確さ自体は、「非殺人」思想と制度の存続には必ずしも必要ではない。実際のところ、ある文化から違う文化へ、ある階級から別の階級へ、ある利害関係から別の利害関係へ、ある状況から別の状況への多様な条件下において「非殺人」政策オプションがはたして「選択」されるか否かが、真の試金石となるからである。

ミームの革新的創造とその継続的な模倣の条件とは、実は有利な要因と不利な要因の混合体なのである。世界におけるいくつかの価値体系の状況変化を見る時、「非殺人」思想・実践が好意的に再び注目されるのに、今ほど幸運な時期はない。なぜならば、二〇世紀において真正の民主主義国家群が登場し、強固さを増し、そして、一〇〇年足らずのうちに、デモクラシーが世界中に行き渡ったからである(Karatnycky 2000)。民主主義拡大の速度が減速したり、退行する可能性を考慮しても、見通しは明るいのである。さらに、民主主義体制の指導者は、他の民主主義国家と戦争をする可能性が、非民主主義国家同士の戦争可能性に比べて低いという証拠もある(Oneal and Russett 1999：留保については、Gowa 1999 を参照)。同様に、民主主義体制指導者は、飢饉を回避する政策をとる可能性が非民主主義体制の指導者より高い(Sen 1999：16, 51–53, 155–157, 179–182)。

民主主義の時代が到来すると、多くの人々があらゆる権力や富も含む価値の形成とその共有に参加すべきである、とするポスト近代的な考え方が横溢した。世界規模における尊重心、自尊心、他者への尊敬の念などは「非殺人」的革新を支えるものになるはずである。警察が暴動やデモの危機を上手くコントロールすることを学ぶように、軍隊が地球規模で軍事力行使の範囲を超える規範を受け入れるように、殺人を執行する機関においてさえも似通ったミームが形成される。そして、フェイバー・ハウス（Favor Houses）のように、非暴力教育プログラムのように、良心的徴兵拒否が広まったように、他の社会分野においても虐待や殺人とはまったく異なる別の選択肢が現れるのである。非殺人への進化を促進するのは、究極的には一般市民の意志・献身・同情だけではなく、違った行動方針から生まれる信頼性である。

読者の方々に申し上げたい。ここに科学と政策研究の成果が目の前にある。あなたには、「非殺人グローバル政治学」にこれから向きあう時、それに対し熟慮する権利はある。実はそれをここで要請されているのである。もし、著者の議論に納得できなければ、殺人と殺人威嚇は合憲的とする多数派の沈黙の中で、あなたは心安らかでいられる。納得すれば、この本で示された多種多様な可能性において、あなた自身に合った貢献の〝場〟を見つけられるだろう。それは、地球規模で人間尊厳という価値に関する闘争の現場において、これを強制ではなく対話で進めようとすれば、そこに危険やストレスは伴う。しかし、それは、あらゆる文化、階級、利害、人格などを超越して私たちと同じ考え方を持って人類の啓発と熱意を総動員する一大運動に参加することになる。

一九九九年のクリスマス、ペンサコラ

二〇〇〇年の正月、北京

はじめに

この本は、政治学を初めて学ぶ大学生から名誉教授に至る、世界中の政治学研究者の議論と批判的な思考のために書かれたものである。現在の人間社会における政治理論と政治行動は、殺人は避けることができないという「仮説」をもとに成立している。この「仮説」は年齢や学識とは関係なく広く行き渡っている。本書の願いは、読者がこの仮説への疑いを共有し、非殺人的な地球の未来に向けての思考と行動への第一歩を踏み出すことにある。

本書は、政治学（political science）の分野で、「非殺人（nonkilling）」という言葉をタイトルに冠した最初の英文での書籍である。たしかに「非殺人」という用語は一般的ではない。しかし、この言葉には「平和（peace）」や「非暴力（nonviolence）」を超えて、人間の生命を奪うということに直接焦点を当てる意思が込められている。「非殺人」に焦点を当てることは消極的で偏ったものではないのか。あるいは、ほかにもっと重要なことを見過ごしているのではないのかと批判を受けるかもしれない。それは、かつてのガンジーの警告であって、ヒンドゥー語で言う「アヒンサー（非暴力を意味し、思考・言葉・行動においてさえも〝害〟を加えないこと）」をたんに「非殺人」と定義してしまうことは、暴力を超越する概念からほとんど進歩がないということになろう。

しかし、もしガンジーがこの本を読めば、次のように納得してくれるに違いない。それは、あらゆる形態の暴力の源泉と、その維持装置となっている〝殺人からの解放〟ということに目を向けることが大事である。それが非暴力の政治学へ向けての重要な第一歩である。そしてそれは生命を奪う政治から生命を尊ぶ政治への転換である。

この本の主題は非殺人のグローバル社会は可能であり、それは政治学という学術分野を変革し、社会における政治学の役割をも変えるということである。人間の性質と、その社会生活において殺人は不可避であるという従来の政治研究・行動の仮説はじつに疑わしい。それは次のように言える。

第一に、人間は、先天的にも後天的にも、殺人を犯す可能性と殺人を犯さない可能性の両方を持っているということである。第二に、大部分の人間は、人を殺す能力を持ちながら、人を殺さないし、人を殺す経験もない。第三に、人間が殺人を犯さない多くの可能性はすでに広範な社会制度の中で証明されている。これらの可能性を創造的に組み合わせて用いるならば、非殺人社会の実現に有効であろう。第四に、殺人の動機、非殺人の動機、殺人と非殺人の間の動機的推移などについての科学的解明は現在相当進んでいる。この進歩のスピードを考えるならば、殺人に至る心理学的要因・生物学的要因・社会的要因を操作することで、非殺人的変革が可能になるに違いない。第五に、以上の点を踏まえるならば、政治学と実際の政治で殺人容認の基礎となる殺人不可避論は少なからず問題があるはずである。第六に、ローカルからグローバルな生活において、非殺人社会への変革に関する人間能力を疑う政治学者たちがいる。殺人撲滅という普遍的欲求のため、この政治学者たちを、非殺人可能性を探る演繹的・帰納的な要素を結合した政治理論を検証するプロジェクトへと誘導しなければならない。懐疑論者たちと非殺人的変革の可能性を容認する人たちによる仮説的分析とロール・プレイング法はこの問題の学問的進歩にとって有益であろう。非殺人派の政治学者と暴力容認派の政治学者は地球的な生命の非殺人的諸条件を実現するための前提条件、プロセス、関与後の帰結を、建設的かつ批判的に共同で探求できるだろう。かつて核抑止論者とその批判者がローカル・レベルからグローバル・レベルに至る限定的・全面的核戦争の理論上の議論や、核戦争シミュレーション研究をしたことがある。これと同じように、非暴力政治学者と暴力容認政治学者は、共同で地球上の非殺人状態を実現できる前提条件・過程・関与の結果などを建設的かつ批判的に探求できるはずである。

本書はおもに政治学の研究者、および実際に政治に携わっている人々を対象にしてはいるが、非殺人社会の実現はあらゆる学問分野と職業分野を超えた発見との貢献がなければ不可能である。代表的な例としてはハーバード大学の社会学者ピトリム・A・ソローキン（Pitrim A. Sorokin）が著した『愛情のパワーとその方法（*The Ways and Power of Love*）』（一九五四年）に示された利他主義的な愛の先駆的な応用科学がある。我々に必要なのは、非殺人の自然科学・生物学である。非殺人の社会科学である。非殺人の人文学である。非殺人のプロフェッショナルである。そして日常生活における非殺人的な一般市民である。さらに、過去と現在における人間能力のすべてを理解するためには、ローカルな枠組みと文化を超えた知識と経験が必要である。規範には鋭敏で、認識には厳密で、実践が適切であるために、非殺人政治学はその概念と関与においてグローバルでなければならない。

二〇〇二年の初版本の出版以来、本書に寄せられた読者の反応と本書が二八以上の言語に翻訳されている事実は、本書の主題である非殺人がグローバルな課題として焦眉の急となりつつあることを示している。

謝　辞

私に寄せられた多くの方々の支援に対し、どのような感謝の言葉も足りるものではない。この本が出版されるまでに、実に多くの人々に助けられた。その中には、この出版に自分が関与したかどうかも分からないと言う人がいるかもしれない。参考文献において紹介した一部の方々もいる。とにもかくにも、これらの人々が出版を可能ならしめたのである。また、ハワイにおいて、労を惜しまずご尽力くださった方々へも深く謝意を表したい。一九七八年から一九九二年にかけてハワイ大学（University of Hawaii）で開講された「非暴力政治の選択」（学部生向けの講義と大学院生向けのセミナー）や、同大学の博士課程において非暴力を研究し、その後学者として歩んでいったフランシーン・ブルーム氏、チャイワット・サタアナンド氏、マカパド・A・ムスリム氏らに深く謝意を表したい。

この本を執筆するにあたっては、恩師でもあるプリンストン大学の偉大な二人の政治学者に触れないわけにはいかない。一人は、リチャード・C・スナイダー先生、もう一人は、H・ハバート・ウィルソン先生である。スナイダー先生からは、次のようなことを学んだ。それは、科学への畏敬の念、学際的アプローチ、政治の本質は新しい選択をする能力であること、全レベルでの教育における懸念・価値というものはそれがないと「見えない」ものを照らすスポット・ライトのようなものであると。ウィルソン先生からは、ガンジーと同様「自由と正義」の社会を望むなら、たとえ孤立無援になろうとも、学者と市民たちが恐れずに「真実」を語るべきであることを。

多くの学者と同様、私も学術界内外のさまざまな方々からインスピレーションや指導を得ることができた。以下の方々に、この場をお借りして感謝の意を表したい。精神・宗教界のリーダーでは、アチャリャス・ツルシ、マハプラギャ、ラビ・フィリップ・J・ベントリー、シドニー・ヒンクス牧師、池田大作、シスター・アンナ・マキナニー、ラマ・ドブー・ムトゥルク、ジョージ・ザベルカ神父、そしてアブドゥラハム・ワヒードの諸氏である。自然科学、生物学、社会科学の分野では、アウン・チャンシ、チョン・ヨージャエ、ジェームズ・A・データー、ヨハン・ガルトゥング、ピエロ・ジオルジ、ホン・スンチック、リー・ジャエボング、ブライアン・マーティン、ロナルド・M・マッカシー、ブルース・E・モートン、武者小路公秀、エレミー・パルノフ、イリヤ・プリゴジン、L・トーマス・ラムゼー、リー・ヨンピル、関寛治、ウィリアム・スミルノフ、レスリー・E・スポンセル、ジーン・シャープそしてラルフ・スミーの諸氏である。人文学からは、A・L・ハーマン、リチャード・J・ジョンソン、マイケル・N・ナグラー、チャマン・ナハール、ジョージ・シムソン、タチアナ・ヤクシキナそしてマイケル・テュルーの諸氏である。図書館員では、ルース・ビンズ、そしてブルース・D・ボンタの諸氏である。政治・社会的指導者では、ジェームズ・V・アルベルティニ、M・アラム、A・T・アリヤラテネ、ダニロ・ドルチ、グインフォール・エヴァンズ、ホワング・ジャングーヨップ、ペトラ・K・ケリー、ジーン・サダコ・キング、マイリード・コリガン・マグアイア、アブドゥル・サラーム・アルーマジリ、ロナルド・マローン、ウルスラ・マローン、アンドレ・ペストラーナ、エヴァ・クイストルプ、シー・グー、イクラム・ラバニ・ラナ、スラク・シバラクサとT・K・N・ウンニタン。教育者では、ホセ・V・アブエヴァ、N・ラダクリシュナン、G・ラマチャンドラン、ホアキン・ユレアとリイタ・ワールストローム。非暴力訓練士では、ダールマナンダ、チャールズ・L・アルフィン・シニア、バーナード・ラファイエット。医師では、ティオング・H・キャム、ジャン・R・レドゥック、ラモン・ロペズ・レイズ、リー・ドングシック、ロー・ジュンーウーとウェスリー・ウォンの諸氏。変革の擁護者では、ヴィジェイ・K・バルドワジ、カレン・クロス、ラリー・R・クロス、ヴァンス・エンゲルマン、S・L・ガンジー、サラ・ギリアット、ルアン・ハアヘオ・グアンソン、マンフレッド・ヘニングセン、テオドル・L・ヘルマン、シ・ヒアン・レオン、アンソニー・J・マルセラ、リチャード・モルス、ロモーラ・モルス、スコット・マックヴェイ、ヘラ・マックヴェイ、ゲドング・バゴス・オカ、バートン・M・サピン、スタンレー・シャプ、ウィリアム・P・ショー、ジョアン・タチバナ、ヴォルデマー・トムスク、ジョン・E・トレンタンド、アルヴァロ・ヴァルガスである。

未完成段階から懇切丁寧に原稿を読み、さまざまな視点からのコメントを寄せてくれた人々は、アン・チュンシ、A・T・アリヤラトネ、ジェームズ・マクグレガー・バーンズ、チャイワット・サターアナンド、ヴァンス・エンゲルマン、ヨハン・ガルトゥング、ルイス・ハビエル・ボテロ、アメデオ・コティノ、エリザベッタ・フォルニ、ルアン・ハアヘオ・グアンソン、カイ・ヘベルト、テオドル・L・ヘルマン、ホング・サングーチック、エドワード・A・コロジエジ、ラモン・ロペズ・レイズ、カイシャ・ル、マイリード・コリガン・マグアイア、ブライアン・マーチン、メリッサ・マッシュバーン、ジョン・D・モンゴメリー、ブルース・E・モートン、ムニ・マヘンドラ・クマール、ビンセント・K・ポラード、イリヤ・プリゴジン、N・ラダクリシュナン、フレッド・W・リグス、ジェームズ・

A・ロビンソン、バートン・M・サピン、ナムラッタ・シャルマ、ジョージ・シムソン、J・デイヴィッド・シンガー、チャンズー・ソング、ラルフ・スミー、コンスタンチン・チオウソヴ、ヴォルデマル・トムスク、マイケル・トルー、S・P・ウダヤクマール、T・K・N・ウンニタン、アルバロ・ヴァルガスとバオクシュ・ジャオである。彼らのコメントはこの本の主題の豊潤さを増し、かつその実現のための障害がどれだけ大きいかをも教えてくれた。彼らの英知溢れる批評に応えきれていない部分があるとすれば、それはすべて私の責任である。

さらには、一九九九年二月で、草稿段階の最初の読者でもある、ジェームズ・A・ロビンソン氏が、同僚リチャード・C・スナイダー先生の意を偲ぶ序文を寄稿してくれた。心から感謝の意を表するものである。

私が過去に書いた随筆から本に至るものの原稿すべてをタイプし、管理し、私を支えてきた妻グレンダ・ハツコ・ナイトウ・ペイジには心から感謝したい。長年にわたり彼女は私に連れ添い、バリ、バンコク、北京、ベルリン、ブリスベン、広島、ロンドン、モスクワ、ニューデリー、ニューヨーク（国連本部）、パリ、プロビンスタウン、平壌、ソウル、東京、ウランバートルなどでの非暴力発見の旅に同行してくれた。自分自身の仕事があるにもかかわらず、真心で私を支えてくれたのである。

本書の日本語翻訳、校正、表紙のデザインなどに携わった岡本三夫、大屋晃一郎、逢坂亜紀、大屋・マイヤー・モナ、ハンク・フクイの諸氏にも感謝申し上げたい。最後に、コロンビア大学出版会には、ジョン・W・バージェス（John W. Burgess）著の書籍（© 1934 by Columbia University Press）二八頁に掲載されている"Reminiscences of an American Scholar"の複製許可をいただき深く感謝する。

殺戮なきグローバル政治学　目次

第1章　殺戮なき社会

哲学というものは、素朴な問いを発した時に始まる。科学もまた然りである。

——バートランド・ラッセル

その国の発する問いそのものが、その国の政治的発達を測る物差しである。多くの場合、国家の失敗というものは、正しい問いを発しなかったことによるものである。

——ジャワハーラル・ネルー

1　非殺人社会は可能だろうか。もし可能ならば、なぜ可能か。もし不可能ならば、なぜ不可能か

「非殺人社会」とはどのような社会だろうか。それは身近な共同体から始まり、地球的なレベルに至るまで殺人や殺人の脅威が存在しない人間の社会のことである。そこでは、殺人用の武器は存在せず、武器使用の正当性も存在しない。社会維持や変革の名目での殺人や殺人の威嚇がない社会である。

殺すという行為や、殺すための脅しというものは他の動物や生物社会ではある程度存在しているだろう。しかし人間社会においては、まず殺さないということが人間にとっての〝最低限〟の条件である。

殺人の脅威がないという非殺人的環境は暴力的行為によっては生み出されない。

「非殺人社会」とは殺人用の武器もなく（人間の流血の歴史を記録した博物館以外には）、命を奪うことも正当化しない社会である。もちろん、殺すのに武器は必ずしも必要ではない。殴ったり蹴ったりすることでも十分可能である。しかし、この社会ではこういった能力を採用したり、殺人技術の向上を目指したりはしない。宗教は殺人を奨励しないし、それを勧める戒律も持っていない。政府は殺人を正当化せず、愛国心は殺人を必要としない。革命家は殺人を主張しない。知識人が殺人について遺憾の意を表する必要はなく、芸術家は殺人を賛美しない。古来の知恵が殺人を永続化させず、常識も殺人を賞賛しない。現代のコンピュータ用語を使えば、殺人のためのハードウェアもソフトウェアもない社会となる。

社会の構造が殺人に依拠しない。それは、殺人実行または殺人威嚇によって維持され変革されるような社会関係が存在しない社会のことである。それは、支配と排除のあらゆる関係、たとえば、国境、政府の形態、財産、ジェンダー、人種、エスニシティ、階級、宗教的・世俗的信念などにおいて、それらの維持や変更のために殺人を求めない社会である。このことは、無制限で未分化で紛争のない社会であることを意味するのではない。ただ社会の構造とプロセスが殺人から生まれたり、殺人に依存したりしないということである。そこには合法・非合法を問わず、殺人目的の職業はいっさい存在しない。

かくして、非殺人社会における生活では、殺人が存在せず、殺人の脅威もなく、殺人技術の正当化もない。社会環境は致死的な暴力の威嚇や行使に依存しないのである。

2　非殺人社会は可能だろうか

この問いに対する私たちの回答は、個人的な経験、専門的な教育・文化・環境によって左右される。それは我々にとって無縁ではない要素であって、政治学者はこれによって人間の行動を説明するのである。

非殺人社会は想像すらできない！

これがアメリカ人の政治学者二〇人に質問した時のほぼ一致した回答だった。それは一九七九年に「全米人文科学基金（National Endowment for the Humanities）」が主催した夏季セミナーでのことである。このセミナーは、大学で扱う西洋政治思想の古典を再検討するために開かれた。そこで出た質問は「非暴力の政治と非暴力政治学は可能か」というものであった。アメリカ政治学の四つの主要分野である「政治理論（political theory）」「アメリカ政治論（American government）」「比較政治論（comparative politics）」「国際関係論（international relations）」のそれぞれの代表的論者がこのセミナーに参加していた。一人の女性を除いて、他はすべて男性の学者だった。

セミナー終了直前の短い討論の中で慌ただしく三つの主張が出されると、それらがこの質問への答えになった。第一の主張は、人間は本能的に殺人者であり、恒常的に殺人の傾向を持った危険な社会的動物であるというものである。第二の主張は、限りある資源はつねに競争、紛争、そして殺人の原因となるというものである。第三の主張は、つねにレイプの可能性が存在するので、男性は妻を守るため殺人を実行する覚悟が必要というものである（アメリカ人女性の「もし、私の子供の命を狙う者がいるならば、私はその人を殺す」という類の主張は聞くことはできなかった）。また、もう一つ聞けずに終わったことがある。それは非殺人政治についてのさらなる議論自体を沈黙させ得る〝反問〟への回答である。それは「ヒトラーとホロコーストを非暴力で阻止できるだろうか」というものであった。結局、人間の本能、経済的欠乏、性暴力という入口での議論において、非殺人政治の研究と実践は想像すらできないということで終わった。

検証済みの西洋政治思想の古典など言及するまでもなかったのである。彼らが造詣深い懲罰的な古代中国の法家の伝統や、インドのカウティリア（古代インドのマガダ国マウリア朝の宰相）のような狡猾的思考の伝統ではほぼ同じ結論に至るからである。そこでは、明白・暗黙を問わず、良き社会の創出とその防衛のためには殺人は不可欠なのである。

プラトン（Plato, 紀元前四二七～三四七）が著作『国家（*Republic*）』において主張する理想の国家では、武人階級（外国人兵士）によって担がれる哲人指導者（守護者）が強制と説得を用いて生産者階級と奴隷階級を統治することになっている。レオン・ハロルド・クレイグは次のように言っている。「プラトンの著作『国家』を額面どおり受け止める人は、戦争は政治的活動のみならずすべての日常生活の基本であり、すべての重要な決定は戦争を念頭においてなされる、と考えるようになる」（Craig 1994：17：cf. Sagan 1979）。アリストテレス（Aristotle, 紀元前三八四～三二二）は著作『政治学（*Politics*）』においてこう述べている。すなわち、独裁制、寡頭制、民主制を問わず、望ましい政治体制というものは、財産保有者が武器を所持し、奴隷を服従させ敵による隷属化を防ぐために軍隊を保持することに尽きるとしている。プラトンもアリストテレスも軍事的殺人の永続性に疑問を挟まない。

『君主論（*The Prince*）』で有名なマキャベリ（Machiavelli, 一四六九〜一五二七）の貢献というものは、君主が権力を維持し、徳（virtue）と名声と国の栄誉を推進するために、殺人をあからさまに正当化したことだった。〝狐〟の狡猾さによる統治が望ましいのだが、必要とあらば〝獅子〟のように獰猛に殺すことを躊躇してはならないとする。そういうわけで、彼は共和国の国力増強のために市民軍制を定めたのである。

トーマス・ホッブズ（Thomas Hobbes, 一五八八〜一六七九）が著作『レヴァイアサン（*Leviathan*）』で主張したことは、社会秩序の維持と戦争での勝利を固めるための政府による殺人のさらなる正当化であった。ホッブズによれば、人間というものは元来殺人者である。だから組織化されていない人間の置かれている自然状態というものは、殺し合いが日常的に起きる混沌状態にある。しかし、同時に人間は生存を求めるから、自己自衛の権利を保有しながらも、社会全体の安寧を得るために、殺人執行権を付託された中央権力機構に服従すべきであるとする。その結果、武力による反乱を正当なものとはみない。

反乱の正当化は、ジョン・ロック（John Locke, 一六三二〜一七〇四）の『統治二論（*Two Treatises of Government*）』によってなされた。ロックは政治的統治においての殺人執行権を必要とするという点ではプラトン、アリストテレス、マキャベリ、ホッブズに同意する。しかし、彼はさらに一歩進めて革命による殺人を正当化した。つまり、主権統治者が暴君と化して財産、自由、生存といった市民固有の権利を侵害する時には、抑圧された市民は政府を転覆させる権利と義務を持つというのである。ちょうど自然状態において殺人犯を殺すことが許されるように、市民社会で市民が専制的統治者を殺害することが許されるのである。

ホッブズとロックによる、統治者による「殺人」と被統治者による「殺人」という二重の正当化は、カール・マルクス（Karl Marx, 一八一八～八三）とフリードリッヒ・エンゲルス（Friedrich Engels, 一八二〇～九五）の共著『共産党宣言（*The Communist Manifesto*）』において経済的な意味での階級闘争へと受け継がれた。資本家階級は殺傷力を保有することで自らの権益を守ろうとする。しかし、物質的および社会関係が危機的段階に達した時、搾取されてきた労働者階級には社会の経済的・政治的構造を変革するための武装蜂起が期待されるのである。近代の選挙に基づく民主主義体制下では、稀に平和的変革は可能かもしれない。たしかに経済的搾取が根絶した将来のある時点で、階級に基づく殺傷力を持つ国家は消え去るに違いない。しかし、それまでの過渡期においては経済的要因上の殺人は許される。

ロックとマルクスの中間の時代に執筆された『社会契約論（*The Social Contract*）』で、ジャン・ジャック・ルソー（Jean-Jacques Rousseau, 一七一二～七八）は、ホッブズに共鳴しつつも、〝社会契約〟が国家統治機構の基本であるとする理論を展開した。市民は統治者と被統治者両方を集団的に構成する。市民は彼ら自身の〝一般意思（general will）〟に由来する立法とその執行に従うことを誓う。契約の下、国家は戦争と征服の権利を持ち、反逆者を処刑し、犯罪者を殺すことができる。政府は市民に対し国家のために命を捧げることを命令できる。

そして統治者が市民に向かって「お前の死ぬことが国家に役立つのだ」というとき、市民は死なねばならぬ。……彼の生命はたんに自然の恵みだけではもはやなく、国家からの条件つきの贈り物なのだから。

（ルソー、一九八九、五四頁）

ルソーの民主的な社会契約論は、究極的には殺人の契約である。二〇世紀において影響力を持ったドイツ人の政治経済学者であり、社会学者だったマックス・ヴェーバー（Max Weber, 一八六四～一九二〇）は、著作『職業としての政治（*Politics as a Vocation*）』（一九一八年のミュンヘン大学における講演がもとになっている）で、政治が非殺人的職業になりうるという可能性を断固としてはねつけた。ヴェーバーは〝政治の最終的決定の手段は暴力である〟とした。歴史的にみると、あらゆる支配的な政治制度は暴力的な権力闘争から生まれたとされた。したがって、ヴェーバーは近代的国家を〝所与の領土内における物理的暴力の合法的独占を成功裡に主張する人間の共同体〟であると定義する（傍点部分はヴェーバー自身の言葉）。それゆえ自分と他人の魂の救いを求める者は政治に関連する職業に就くべきではない。なぜならば政治の仕事は暴力によって救われるからであるとなる（Weber 1958：78, 121, 126）（傍点部分は著者の言葉）。

以上のように、ヴェーバー的伝統と彼以前の思想家たちに詳しい教授たちが非殺人な政治および非殺人政治学を〝想像すらできない〟と結論づけることは理解できるわけである。一九五〇年代にある若い研究者が、ある年長の政治学者に「政治をどう定義するか」と尋ねたことがあった。それはまさにその政治学者のライフワークの一大テーマであった。この答えにはある種研究上のこだわりが見て取れるものだった。彼はパイプをくゆらせながら「私は国家が保有しているところの〝死〟を取り扱うその権力を研究しているのだ」と答えた。

さらに、宗教による暴力是認は、アメリカ合衆国の政治史と政治文化を貫いている。殺人のない社会は「不可能」であるとする市民と学者の共通の信念を、強固なものにしている。この信念はアメリカ独立革命の発火点となったレキシントンでのマスケット銃の発砲にも、独立宣言にも表明されたジョン・ロックに由来する反逆の正当化にも、「自由か、しからずんば死を！」というニューハンプシャー州の挑戦的な叫びの中にも見て取れる。この信念はまた南部の反乱に対する北部を勝利に向けて奮起させた「共和国軍賛歌」にも、南軍の軍歌「ディキシー」の反抗のリフレインにも、遠く離れた地での陸戦や海戦を祝福する「海兵隊賛歌」の中にも見出される。最高司令官である大統領の就任式における二一発の祝砲も合衆国の暴力的な過去と現在の軍事力を知らしめるものとして鳴り響く。こういうものは一生のうちに国旗掲揚、国歌斉唱、軍事パレードなどのたびに何度も繰り返される。「神よ、アメリカに祝福を」という大統領の祈りによって神聖化され、犠牲と虐殺への感情を喚起するのである（Twain 1970）(1)。

殺人はアメリカ合衆国の建国、領土拡大、国家統一、そして地球規模の国力拡充に貢献した。国内外における軍人と市民の死傷者の数ははっきりとは計上されておらず、多分に計算は不可能であろう。いずれにしてもアメリカ合衆国という国家を特徴づける国家的殺人の現実は否定しようがない。他の国の政治学者たちも、自国の政治的アイデンティティのために行われた殺人の役割について真剣に考える時がきている。

アメリカ合衆国という新生国家は、イギリス王朝の植民地支配に対する武装した共和派の反乱というかたちで始まったのだが、奴隷制度は手つかずであった。自由の旗の下、合衆国は大陸で領土を拡大したが、それは血塗られた先住民の支配であったり、南北に位置した隣国を武力で制圧したり、戦闘より商業を望む土地所有主からはその土地を割譲させるとか購入したりすることで成立した。南北戦争によって合衆国は国家統一を強制的に達成したが、その結果七万四五四二人の南軍戦死者と一四万四一四人の北軍戦死者が発生した。

合衆国は勢力を海外に伸ばし、ハワイを一八九八年に、プエルトリコ、グアム、フィリピンを一八九八年に、東部サモアを一八九九年に、というように太平洋諸島の領域を一九四五年に領有した。フィリピンでは反植民地運動を制圧し（一八九八～一九〇二年）、同化を拒否した回教徒のモロ族を虐殺した（一九〇一～一三年）。鎖国をしていた日本には軍艦の威嚇で交易のために開国させた（一八五三～五四年）。

戦争と軍事介入によって新興国アメリカは領土を拡大し、国益を維持した。その目的のためにアメリカが敵として戦った国は以下のようになる。イギリス（一八一二～一四年）、メキシコ（一八四六～四八年）、スペイン（一八九八年）、ドイツ帝国、オーストリア・ハンガリー帝国、オスマン帝国、ブルガリア（一九一六～一八年）、日本、ナチス・ドイツ、イタリア（一九四一～四五年）、北朝鮮、中国（一九五〇～五三年）、北ベトナム（一九六一～七五年）、アフガニスタン（二〇〇一年～現在）、イラク（一九九一年、二〇〇三年～現在）である。軍事介入をした国では以下のとおりである。中国（一九〇〇年）、パナマ（一九〇三年）、ロシア（一九一八～一九年）、ニカラグア（一九一二～二五年）、ハイチ（一九一五～三四年）、レバノン（一九五八年）、ドミニカ共和国（一九六五～六六年）、ソマリア（一九九二年）である。実際の侵略によって政府転覆をさせた国には、グレナダ（一九八三年）とパナマ（一九八九年）があり、ハイチ（一九九二年）では侵略をほのめかすだけでその政府を転覆させたのである。

侵略と軍事的攻勢によってアメリカは、一九七〇年にはカンボジアからの、一九七一年にはラオスからの補給路遮断を試み、一九八六年にリビアに、一九九八年にアフガニスタンやスーダンなどに報復攻撃した。一九九三年にはイラクにおいて、一九九五年にはボスニアにおいて、一九九九年にはユーゴスラビアにおいて戦略的権益の拡大の意思を露わにした。

第二次世界大戦後における反資本主義国家、革命集団、あるいはその他の敵との世界中での抗争で、アメリカは殺人能力をグローバル規模に拡大した。アメリカの軍隊は独立革命時にはわずか兵士一〇〇〇人にも満たない規模だったのが、一九九〇年代には一五〇万人の兵力に成長した。国防総省に所属する二万三〇〇〇人の職員と、革新的な頭脳を持つエリート科学技術者と、世界で最も進歩した軍事産業によって支えられてきた。これらすべてを可能にしたのは、毎年投入される最低でも二五〇〇億ドルもの税金である。議会と大統領は、この莫大な支出を認めてきた。アメリカの核兵器開発では、控え目に見積っても、一九四〇年から一九九六年の間に五兆八二一〇億ドルが費やされた (Schwartz 1998)。アメリカはどの国よりも多くの海外軍事基地、国外駐留兵力、軍事同盟国を持ち (これらの国々の兵士がアメリカの敵になったり、味方になったり、時にはそれぞれの自国民の「殺し屋」になったりする)、外国人兵士を訓練し武装させている。これと併行して、競争が熾烈な兵器市場でもアメリカは世界最大の供給国となっている。科学技術において、人類史上最も卓抜したアイディアによって開発され、膨大な破壊力を持つ最強兵器でもって、陸・海・空・宇宙にまで殺人能力を拡大してきた。

一七七六年の独立宣言で生まれた戦争の申し子であるアメリカは、一九九〇年代には「世界唯一無二の軍事超大国であり世界経済の牽引者」へと登り詰めた (ウィリアム・J・クリントン大統領、年頭教書演説、一九九三年二月一九日)。統合参謀本部議長ジョン・シャリカシュビリ陸軍大将の言葉を借りれば、アメリカは「グローバルな権益」を持つ「グローバルな国家」であるという。一九九五年、ハワイで行われた原爆投下による対日戦争勝利五〇周年を祝う式典で、クリントン大統領は整列した全軍の部隊に対し「諸君らは世界中で最も訓練され、最も優れた装備を持つ戦闘部隊であり続ける」ことを約束し、「我々の時代における暗黒の勢力を打ち破るため、アメリカは地球上で最強の国家であらねばならない」と宣言した。この大統領の決意は一九九六年の空軍戦略計画の策定に反映された。参謀総長であったロナルド・フォーゲルマン将軍は「我々の目標は、地球上を移動するあらゆるものを発見し、その位置を特定し、追跡し、そして標的とすることである」と述べた。さらに「それを行うことは、リアル・タイムでという意味ではないにしても、現在ではもう可能である」と述べた（ワシントンDCでのヘリテージ財団における演説、一九九六年一二月一三日）。

二〇世紀が終わろうとする頃、アメリカの指導者たちは、二〇世紀を「アメリカの世紀」であったと主張し、第三の千年の最初の世紀である二一世紀を「アメリカの第二の世紀」とする決意を何度もした。このような暴力という名の〝美徳〟がもたらす輝かしい勝利が伝統になっている現状では、〝殺人のないアメリカ合衆国〟を想像すらできないのである。殺人と殺人威嚇がアメリカの独立をもたらし、奴隷制を廃止させ、ナチズムとファシズムを打ち破り、ホロコーストを終わらせ、原爆投下で無数のアメリカ兵の命を日本で救い、共産主義の地球規模での拡大を防ぎ、ソビエト帝国を崩壊させた。そして今や二一世紀の世界における民主主義的な自由と資本主義経済を広める指導者の地位を確保しようとしている。

実際には政治学を専攻するアメリカ人にとって、年長の大学教授だろうが、学部の一年生だろうが、非殺人社会が不可能だと悟るのに、哲学も政治的伝統もまったく必要ない。なぜなら毎日の殺人がそれを証明しているからである。

毎年、一万五〇〇〇人以上のアメリカ人が殺されている（一九九九年には一万五五三三人が殺され、一九〇〇年には人口一〇万人当たり一・二人だった殺人が、五・七人に上昇した）。この統計には警官と市民による「正当な殺人」（一九九九年には各二九四人と一八八人であった）は含まれていない。第二次世界大戦以降の殺人の合計（推定では最低七五万人）はアメリカが参戦したおもな戦争での戦死者の合計（六五万五三二人）を上回る。殺人の統計には加重暴行の被害者数（一九九九年では九一万六三八三人で、人口一〇万人当たり三三六・一人である）や、高殺傷武器の被害者数（Federal Bureau of Investigation 2000：13, 23, 32）を加えることができる。自殺は殺人よりもさらに多くのアメリカ市民の命を奪っている（一九九五年では三万一二八四人で、人口一〇万人当たり一一・九人である）。自殺未遂は自殺者数の二五倍に達し、堕胎数は年間一〇〇万人以上と推定されている。

アメリカ人の殺害方法は、殴打、斬首、爆破、放火、溺死、絞首、突き落とし、毒殺、刺殺、窒息死、絞殺などがあるが、最も多いのは射殺である（一九九九年は、六四・五％であった）。殺人は計画的、自然発生的、プロの殺人業者によるもの、そして偶発的と多様である。殺人は家庭内暴力、児童虐待、老人虐待、口論、泥酔者同士の喧嘩、ギャング抗争、麻薬取引、賭博、嫉妬、誘拐、売春、レイプ、窃盗、証拠隠滅、「神の命令」、「悪魔の命令」によって引き起こされる。真に安全な場所などはない。殺人は家庭、学校、道端、高速道路、職場、刑務所、公園、町、都市、原野などのあらゆる場所で発生し、国会議事堂内でさえも起きる。犠牲者は単独で、連続的に、集団で、無差別に殺される。被害者の大多数は男性である（一九九九年は七六%）。しかし、配偶者殺人において被害者数は夫の場合（七一一五人）よりも妻（九四八〇人）が多い（Mercy and Saltzman 1989）。殺人犯は単独、夫婦、ギャング、左翼集団、シンジケート、テロリストであり、治安維持の場合は国家公務員である。殺人犯の大多数は男性である（一九九九年では九一四〇人、女性は一〇四六人であった）ことに加え、犯罪の低年齢化の傾向も出てきている。一九八〇年、生涯で「殺人」の犠牲となる確率は白人では二四〇人中一人、黒人とその他のマイノリティでは四七人中一人と推定されている（Rosenberg and Mercy 1986：376）。共和党の上院院内総務のトレット・ロット共和党議員は、テレビの全国放送でクリントン大統領の一九九八年一月二七日での年頭教書演説を受けて、こう反応した。〝暴力犯罪は自由の国アメリカを恐怖に満ちた国に変えようとしている〟。

毎日流れるニュースが、アメリカにおける殺人の証人である。娘が母親の頭を切り落としたうえ、警察署の横を車で走り抜け、歩道に投棄する。母親が二人の子供を溺死させる。二人の息子が両親を殺害する。連続殺人魔が売春婦を餌食にする。同性愛者が若者を誘惑し、死体をばらばらにし、冷蔵庫に保存し、その肉を食べる。スナイパーが大学構内で一五人を射殺する。ライフルを持った二人の男子生徒が田舎の中学校で四人のクラスメートの女子生徒と先生を射殺する。コロラド州リトルトン市のコロンバイン高等学校では重装備した二人の生徒が一三人の生徒を射殺、二八人に重傷を負わせ、自殺した。一九九六年から一九九九年の間、一一歳から一八歳までの生徒が二七人の生徒、二人の先生、三人の保護者を殺害し、六五人を負傷させた。一人の男が自動小銃で都市部の学校の子供たちを校庭で射殺した。ベトナム戦争の帰還兵が機関銃でファストフードのレストランの客二〇人を射殺し、一三人を負傷させた。他には戦闘服を着た男が教会で礼拝中の人々に対して、「俺はすでに一〇〇〇人殺した、そして、もう一〇〇〇人殺す！」と叫んだ。

市民同士による「ホッブズ的恐怖」の強奪・殺戮とヴェーバーの言うところの「ロック的国家不信」の下、武装した人々が、ずらりと控えているのである。彼らは二億丁近い銃、少なくとも七〇〇〇万丁のライフル、六五〇〇万丁の拳銃、四九〇〇万丁の散弾銃、八〇〇〇万丁のその他の大型銃などを所持している（Cook and Ludwig 1997）。製造、売買、輸出入などを含む銃の取引は巨大ビジネスであり、合法的なものもあれば非合法的なものもある。四四〇〇万人の成人が所有する銃砲が少なくともアメリカ人家庭の三分の一に存在する。親が気づかないうちに、ほとんどの子供は、銃が家の中のどこにあるのかを知っている。ヒラリー・クリントン元大統領夫人は児童防衛基金の報告をもとに一三万五〇〇〇人の子供たちが銃やその他の武器を毎日学校へ持って行くと言っている（ニューハンプシャー州ナシュア市での演説、一九九六年二月二一日）。

市民の銃砲所持は、自衛、狩猟、娯楽、および政府の独裁に対する抵抗の手段として合衆国憲法の一九七一年修正条項によって保障される不可侵の権利とされている。それによれば「市民のよく管理された武装組織は自由な国家の安全保障には必要であり、国民が銃を保持する権利は侵害されてはならない」となっている。

国内においての殺人への脅威に対しては、各州における武装警察が対応している。武装警察には連邦警察、州警察、地方警察が含まれる（一九九九年の場合、六四万一二〇八人で、これは一〇万人に二五〇人の割合である）。その四二人が一九九九年には殺害されている（Federal Bureau of Investigation 2000 : 91）。これらの組織は必要に応じて州兵および連邦軍によって補強される。刑務所の監視官はさまざまな犯罪ゆえに有罪とされた三五二七人の死刑囚を含む一八〇万人の囚人を監視している（Bureau of Justice 2000a：2000b）。死刑は連邦レベルの犯罪に適用されており、五〇州中三八州でも実施されている。一九七七年から一九九九年における死刑執行は五九八件だった。増大する犯罪と暴力の凶悪化に直面している今、死刑を強化し、警官を増員し、懲役期間を長くし、刑務所を増築してほしいとする叫びにも似た要望が出てきている。

アメリカにおける暴力は社会的に学習され、文化的に促進されている。正式か非正式、合法か不法かを問わず人々は殺し方を学ぶ。一方、二四〇〇万人の退役軍人は専門の殺人訓練を修了している（一九九九年は二四八〇万人）。男性の四人に一人が退役軍人である。多くの中学校、高等学校、大学では予備的な軍事訓練が実施されている。企業では自己防衛のための殺し方を教えている。自警団は戦闘の訓練をし、殺人を行うギャングが社会に深く入り込んでいる。刑務所は弱肉強食の学校と化している。傭兵のための雑誌が出回り、戦闘手法を伝授し、武器を売りさばき、殺し屋募集の広告を掲載している。コンピュータ・ゲームは若年の「競技者」を殺人の模擬実験に参加させ、ありとあらゆる殺傷技術を駆使して、路上での喧嘩から陸・海・空・宇宙での戦闘に参加させる。このような〝擬似空間〟ビジネスでは〝アドレナリン分泌〟でもって殺人・被殺人の娯楽を提供している。一時期、大学のキャンパスでは〝学友暗殺ゲーム〟が流行した。これらコンピュータ上の仮想的殺人は幼児期のおもちゃの銃や剣を使った遊びの延長のような感さえある。

生命の軽視と殺人の想像的学習は、マスメディアによってももたらされる。その伝道者は漫画本、映画、テレビやラジオ番組、歌、書籍、雑誌、コマーシャルなどの作成者である。子供から大人になるまでの間、何千もの暴力的な映像が心に刻印され、英雄や悪党によって人間、財産、動物、自然が殺害・破壊されるショッキングな映像を見続けることになる。流血と残虐性がセックスと一体となって提供されるものもある。暴力的映画の予告編ではとくにギリギリの線まで殺人への誘惑が行われている。

現代ほど殺人イメージを脳に焼き付けるような行為は人類の歴史上かつてない。特殊部隊や暗殺部隊の訓練においては、殺人へのためらいを克服するために、兵士の頭を押さえつけ、目を強制的に開けさせ、目を背けたくなるような残虐映像を視聴させる方法を使う（Watson 1978：248-251）。あたかも、全国民に人命尊重への感覚をマヒさせ、殺人を無定形に受け入れるように仕向けている。裁判官たちの報告によると、未成年の殺人犯にはますます人命尊重の感覚がなくなっているという。しかし、どれほど市民社会に有害であろうとも、職業的で愛国的な殺人者を必要とする国家にとって暴力的メディアの存在は都合がよい。これはアメリカン・フットボールの〝スーパーボウル〟のテレビ放映の時に、政府が一〇〇万ドルを費やして作成した兵士募集のコマーシャルを流すことで見事に示した。コンピュータ・ゲーム上で剣を振りかざす中世の騎士が、サーベルでもって敬礼をする現代のアメリカ合衆国海兵隊へと変身するのを何百万人もの視聴者は観ていたのである。

言語は殺人を表現し、強化し、その自然性と不可避性の感覚を強める。アメリカ経済は自由な企業間競争の資本主義に根差している。アメリカ人は「株式市場で殺る（making a killing on the stock market）」と言ったり、ウォール街では「路上で流血騒ぎなら買いだ（You buy when there's blood in the streets）」という言い回しがある。ビジネスは「価格戦争（price wars）」で争われる。アメリカ政治は自由な選挙制民主主義によるが、選挙活動家は「戦隊（troops）」とか「歩兵（foot soldiers）」と呼ばれる。立法に際して、法案は「殺され（killed）」、国民は貧困、犯罪、麻薬などの「戦争を戦う（wages war）」。国民的スポーツはベースボールだが、不満が高じると、観衆は「審判員を殺せ（Kill the umpire）！」と叫んだりする。スポーツ評論家は強豪のアメリカン・フットボールチームを「殺し屋たち（killers）」と呼び、選手たちを「兵器（weapons）」と呼ぶ。ロング・パスは「長距離爆撃（long bombs）」と呼ばれ、負けたチームは「殺しの本能に欠けている（lack the killer instinct）」と評される。宗教的自由を謳歌し、教会で平和の王子を礼拝する一方で、アメリカ人は「立てよ、いざ立て、主の兵《つわもの》（Onward Christian soldiers）」という讃美歌を歌う。中世の十字軍や宗教改革での武力闘争を積極的に評価し、「十字架の兵士（soldiers of the Cross）」として「ヤコブの階段（Jacob's ladder）」を歌いながら登るのである。定年に達し、することもない時間を過ごすことを「時間を殺す（killing time）」と言う。

アメリカ人は人種的・性的差別語の有害性については次第に敏感になってはきているが、殺人を想起させる言葉には相変わらず無頓着である。アメリカ英語の言語的「兵器庫（armory）」は使用の場面やその影響から、歴史上知られたあらゆる兵器を呼び起こさせる。裏切りは「背中から刺された（a stab in the back）」となり、「予算が削減される」ことは「斧で切断された（axed）」と言う。「挑戦」は「狙い撃ち（take a shot at it）」となり、「アイディアがぶち壊された」は「魚雷攻撃を受けた（torpedoed）」となる。反対は「対空砲（flack）」という用語になるし、「行動の結果」は「放射性降下物（fall-out）」と言う。「弁護士」は「雇われ鉄砲（hired guns）」となり、「美人の映画スター」は「ブロンド爆弾（blonde bombshell）」と呼ばれる。

他方、婉曲的な言い回しが現実の殺人を覆い隠す例もある。広島に落とされた史上最初の原子爆弾は

「小さな子供（Little Boy）」とあだ名をつけられ、それを落としたB‐29爆撃機は機長の母親の名をとって「エノラ・ゲイ（Enola Gay）」と命名された。長崎にはプルトニウム爆弾が落とされたが、爆撃機は「ボック（機長の名前）の車（Bock's Car）」、原爆は「肥満男（Fatman）」と名づけられた。大量市民の殺戮ができる大陸間弾道核ミサイルには「平和創造者（Peace-maker）」という名がつけられた。スポーツに転用された戦争用語を逆用して、殺人準備の軍事訓練は「ゲーム」と呼ばれる。市民殺害や戦闘による自国兵死亡は「付随的損害（collateral Damage）」と呼ばれる。ロナルド・レーガン元大統領によれば、「現代史においてアメリカほど戦争を嫌い、平和を愛した国はない」のだそうだ（PBS 1993）。

時には、アメリカにおける殺人的要素は市民自身の間における集団的暴力と結び付いたり、市民と公務員の間で起きたりしている。一九九二年、ロサンゼルスの中南部で起きた事件では、五二人が殺害され、二〇〇〇人が負傷し、八〇〇〇人が逮捕された。アフリカ系アメリカ市民に対する警察の暴力行為に対し、裁判所が下した不当判決が原因で、怒った住民同士による銃撃、略奪、放火が起きたのだ。恐怖を抱いた暴動周辺の市民がたった二カ月の間に七万丁の銃砲を購入するという事態となった。

この暴動は過去の似たような事件を想起させる。たとえば「ワッツ事件（一九六五年、三四人の殺害）」「ニューアーク事件（一九六七年、二六人の殺害）」「デトロイト事件（一九六七年、四六人の殺害）」などがある。同様に、一八世紀と一九世紀にはすでに、奴隷反乱で殺人事件が発生している。一九六七年の「デトロイト事件」では治安を回復するために四七〇〇人の保安官、一六〇〇人の連邦軍兵士、三六〇〇人のミシガン州兵が動員された（Locke 1969）。ホッブズ＝ヴェーバー的発想とロック的思想が合わさってでき上がった合衆国憲法第二修正条項は一九九三年のテキサス州で起きたウェイコー事件、一九九五年のオク

表1　1987年までのデモサイドと戦争による死者数

（人）

	1900年以前	1900〜87年	総　計
デモサイド	1億3314万7000	1億6919万8000	3億234万5000
戦　争	4045万7000	3402万1000	7447万8000
総　計	1億7360万4000	2億321万9000	3億7682万3000

出典：Rummel 1994：Table 1.6；pp. 66-71.

ラホマ州でのオクラホマ事件を生み出した。ウェイコー事件では武装した宗教団体を強制捜査しようとした連邦捜査員四人が殺害され、多数の人が負傷し、女性と子供を含む八九人の信者が大火災の中で落命した。この事件の第二回追悼集会の際には、明らかな復讐目的で、オクラホマ市にある連邦政府ビルにトラック爆弾が仕掛けられ、女性と子供を含む一六八人が爆殺された。

国境を越えてみると、さらに非殺人社会は不可能だと思わせる証拠は豊富にある。二〇世紀は人類史上最も殺戮に満ちた世紀だった。ルドルフ・J・ラモー（Rudolph J. Rummel）は、その研究で、歴史的・地球的規模という観点に立って人類の犯した大量殺人の〝恐怖〟を証明した。ラモーは「デモサイド（democide）」（〝ジェノサイド〔genocide〕〟よりも大規模で、国家による自国民の大量虐殺、死刑執行、大量殺人、意図的飢餓を指す）と「戦争（世界戦争、地域戦争、内乱、革命戦争、ゲリラ戦など）」における殺人を区別しながら、記録に残っている歴史上の殺人規模を表1のように算出している。ただこれは「控えめ」な数字である。

このように、おそらく四億人近くの人々が歴史的政治的殺害の犠牲になっているものと考えられる。ラモーは「デモサイド」の最たるものは共産主義政権下で行われ、次は全体主義政権と独裁政権下であったとし、最も少ないのは民主主義政権だとしている。アメリカ人の記憶に新しいのはヒトラー政権のホロコースト、スターリン主義者による粛清、日本の侵略、毛沢東による革命時の殺害である。

ウィリアム・J・エッカードとその後継者たちは一九〇〇年から一九九五年の間に二〇世紀の殺人の被害者は少なくとも一億六一一万四〇〇〇人に達したと計算しており、その内訳は六二一九万四〇〇〇人の民間人の犠牲者、四三九二万人の兵士の犠牲者である（Sivard 1996：19）。一九四五年から一九九二年の「冷戦」という〝平和な〟時代の殺人の被害者は一四九の戦争に少なくとも二二〇五万七〇〇〇人であり、内訳は一四五〇万五〇〇〇人の民間人と七五五万二〇〇〇人の戦闘員である（Sivard 1996：20-21）。一九九六年には少なくとも三〇の戦争が発生している。

テレビは定期的に世界での流血沙汰を報道する。古代からの敵対関係に根差すものもあれば、最近の困窮から起きる残虐な事件もある。恐ろしい重大事件が次々と発生するものの、テレビは少しばかり報道するだけで、すぐ次の事件報道に移ってゆく。殺傷にはさまざまな形がある。それらには、国際戦争、内戦、革命戦争、分離独立戦争、テロ戦争、領土紛争、軍事クーデター、ジェノサイド、民族・宗教・部族に絡む殺戮、暗殺、外国の軍事介入、人体切断、経済的欠乏などがある。これらのすべては殺人〝容認〟という態度からきている。時にはアメリカを忌み嫌う外国人によってアメリカ人が殺される。たとえば、一九九三年の世界貿易センタービル爆破事件（二〇〇一年九月一一日のアメリカ同時多発テロとは別の事件）はアメリカの対イスラエル政策に反発する外国人によって引き起こされた。六人のアメリカ人が殺され、一〇〇〇人が負傷した。一九九八年にナイロビとダーエスサラームで同時に起きたトラック爆弾を使ったアメリカ大使館爆破事件では、一二人のアメリカ人と三〇〇人のアフリカ人が殺害され、五〇〇〇人が負傷した。

二〇〇一年九月一一日、アルカイダのメンバー一一人が四機の民間航空機をハイジャックし、それを〝兵器〟として、ニューヨークの世界貿易センタービルとワシントンＤＣの国防総省に自爆的攻撃を行った。国会議事堂への攻撃は失敗したものの、合計で二九八六人が犠牲になった。アメリカは報復として一〇月にアルカイダが拠点としているアフガニスタンに侵攻し、二〇〇三年三月にはイラクに対して先制攻撃さえした。

世界を見渡しながらアメリカの指導者は、ホッブズに共鳴してこう言うに違いない。「世界は野獣ばかりの密林だ！」そして、「平和を望むなら、戦争に備えよ（*si vis pacem para bellum*）」という古代ローマの格言を賞賛する。

以上のように、根本的信念、思想的伝統、愛国的な社会規模での刷り込み、マスメディアによる思考強化、文化的培養、グローバルな流血沙汰の中では、アメリカのほとんどの政治学者と学生たちが、非殺人社会の可能性を断固として否定することは、驚くに値しないだろう。

大学での政治学入門の講義から大学院セミナーに至るまで、授業の初日で非殺人社会の可能性を問うと、まずは否定されるのが関の山である。否定の根拠は人間の本性、経済的な資源不足、女性への性的暴力とその他の暴力に対する防衛の必要性などといったものである。これらの反応はある種パターン化されてはいるものの、その多様性と広さには際限がない。実際この問いを発するたびに、必ず新しい種類の否定理由が返ってくるのである。

それらはこうである。人間は権力を追求する。利己的である。嫉妬深い。残酷である。狂っている。

だから殺人は生物学的本能であり、不可侵の人権である。人間は経済的に貪欲で、競争的で、社会階層間の格差と階層間の利権衝突が殺人を不可避にする。そして殺人よりも悪質なものもある。それは心理的虐待や経済的収奪である。だから非殺人社会は全体主義的であり自由が奪われる。そんな社会は外国に侵略され支配下に置かれるだろう。そしてこう言うのだ。政治原理としての殺人否定は反倫理的だ。侵略の犠牲者を救うために殺人はつねに正義である。刑罰と抑止力としての殺人は社会の利益である。発明された兵器を発明以前に戻すことはできない。殺人の科学技術はこれからもつねに存在する。殺人のない社会の例は歴史上ない。それは考えることすらできない。こういった具合である。

これらの意見がすべてではない。アメリカ人の学生の一部には、人間には創造性と慈悲の力があるのだから、非殺人社会は教育を通じて実現される可能性があると思っている人もいる。殺人のない社会状態は小さな単位の社会では達成可能だろうが、大きな単位の社会やグローバル規模では無理だと考える学生もいる。これは他国の政治学の教授や学生よりもアメリカ人の思考が暴力的だということを意味するわけではない。これには組織的な比較研究が必要であろう。ただ、世界中の政治学者のほとんどは悲観主義であることは確実である。

しかし、「非殺人社会は可能か」という思考不能な問いを、アメリカ以外の政治文化の中で投げかけてみると、驚くべき違った答えが返ってくる。

今までそんな問いについて考えたことはなかった

これが、あるスウェーデン人同僚の答えだった。一九八〇年、ストックホルムで開かれた非暴力の政治学思想を主題にしたスウェーデンの未来学研究者の会議でのことである。彼は「この問いについて考えたことはなかったけれど、時間をかけて考える必要がある」と言ったのである。反射的な拒否でも賛成でもなかったことに私は驚いた。この質問については熟慮といっそうの思考が必要だとされたのである。同じように、一九九七年にソウルで開催されたシステム科学の国際会議では、あるノーベル化学賞受賞者は「私には分からない」と答えた。これは質問に答える時に、十分な科学的根拠がない時の彼の答えの特徴であった。つまり、彼は会議の出席者にこの問いを真摯に受け止めるよう呼びかけたのである。彼は言った。「科学と文明は、すぐには答えるのが不可能な問いを発することによって発展するのだから」と。

考えることは可能だが

一九七九年に第一一回世界政治学会（IPSA）がモスクワで開催された時のことである。「非暴力の政治学」と題した私の論文に反応して二人のロシア人学者がこの問いについて、条件付きながらも真摯に考えると言ってくれた。驚くべきことに二人とも政治と政治学の目的は非暴力の社会を実現することにあると、賛同の意を表してくれた。「しかし」と一人が言った。「非暴力政治と政治学を支える経済的基盤は何だろうか」。もう一人も「しかし」と言って質問した。「チリ（軍部によるクーデターで民主的に選ばれた社会主義政権が打倒されていた）、ニカラグア（暴力的な抑圧と革命の舞台となっていた）、カンボジア（革命的な都市市民階級の抹殺政策によって一〇〇万人以上の人間が殺された）等の悲劇にはどのように対処するのか」。

なるほど、殺人に依存せず、殺人を支持しない経済システムは一体どのようなものなのだろうか。現在の資本主義体制も社会主義体制も殺人に依存している。殺人のない政治は一体どのようにして殺人の持つ残虐性に由来する後遺症を防ぎ、止めさせ、除去することができるのだろう。非暴力可能性の仮説のもと、真摯な科学的探究が必要な疑問がここに登場したわけである。

人間の本性が暴力的ではないとは分かっているが

一九八一年に、アンマンのヨルダン大学のアラブ人の政治学者と行政学者のグループにこの問いを投げかけた時、一人の教授がグループを代表して「人間の本性が暴力的ではないことは分かっている」と発言した。「しかし」と言って彼も、「我々は自衛のためには戦わなければならない」とつけ加えたのである。もし、「人間は本能的に避けがたく暴力的である」という根本的前提が疑問視されるならば、「殺人のない」状態を発見する可能性が現れてくる。

不可能である、しかし

一九八五年に開かれた広島大学の平和科学研究センター設立一〇周年記念シンポジウムでのことである。参加者の大多数は日本人だったが、賛否両論がほぼ拮抗する中で教育学教授の一人が「これは不可能だが、可能になることはあり得る」と答えた。「殺人のない」社会を今すぐ実現することはできないと認識しつつ、未来における実現の可能性は否定されなかった。そして「どのような教育が非暴力的な社会を実現するのに必要だろうか」と彼は問いかけた。創造的な問題解決への前向きな契機となった。

完全に可能だ

驚いたのは一九八七年一二月、北朝鮮の平壌《ピョンヤン》でのことである。朝鮮社会科学学会会長でもあり、政治指導者でもある一人の哲学教授が、ためらうことなく「完全に可能だ」と答えた。その理由はこうである。まず第一には、人間は「殺人」を本能によって犯すわけではない。人間には殺人を拒否する「意識」「理性」「創造性」が賦与されている。第二に、経済的欠乏が「殺人」の正当化に使われてはならない。なぜならば人間は物質の奴隷ではないからだ。「欠乏」は「創造性」「生産性」、さらに最も重要なことだが、「平等な分配」によって克服することができる。第三に、レイプは「殺人のない」ことの不可能性の根拠に使われるべきではない。レイプは「教育」と「適正な社会状況を作り出す」ことによって根絶することができるからだ。

もう一つの驚きは二〇〇〇年二月のコロンビアのマニサレス市でのことである。地元のコミュニティ・リーダーたちが二〇〇人ほど集まった集会で、「非殺人社会は可能か」という問いに対して、誰一人として「ノー」とは答えず、参加者全員が「イエス」と答えたのだった。

北朝鮮とコロンビアにおけるポジティヴな反応は、彼らが置かれている暴力的な社会状況を考えるならば、これは注目に値する。北朝鮮における暴力的政治の伝統は、アメリカの武力による反植民地的な独立革命、再統一のための南北戦争、国内外の敵に対する独善的防衛・攻撃のための戦争などの点で共通性を持っている。コロンビアの社会では、過去数十年間、軍、警察、武装集団、ゲリラ、殺し屋などによる収拾不能と思われる「殺人」が蔓延しているからである。

多種多様な社会的反応

さまざまな集団、国、文化に身を置いて事前学習なしに、非殺人社会の可能性の問いを投げかけてみると、集団の内部でも集団間でも多種多様な賛否両論が噴出することが分かってきた。こうやって体系的でグローバル規模での研究展望が開けてきたのである。

一九九八年五月、リトアニアのビリニュス市で自由社会研究所が主催した旧ソ連圏の政治学者が参加した「新政治学」自由討論セミナーでは、八人が「ノー」、一人が「イエス」だった。ソウル国立大学の大学院生を対象とした政治学序論セミナーでは、一二人が「ノー」、五人が「イエス」、二人が「留保」だった。日本に拠点を置く国連支援基金が主催した一九九八年の太平洋国会議員フォーラム・ホノルル会議では、六人が「イエス」、五人が「ノー」、二人が「留保」だった。この会議にオブザーバーとして日本から参加した女性グループでは、一二人が「ノー」、一一人が「イエス」、二人が「留保」であった。

同年一一月にコロンビアのメデリン市で開かれた「教育の未来」に関する全国教育者会議では、二七五人が「イエス」、一二五人が「ノー」だった。メデリン市の家族社会福祉士のグループでは、三〇人が「イエス」、一六人が「ノー」だった。「殺し屋」を含む「シカリオ（小さなナイフ）」という名の若者ギャング集団では、一六人が「ノー」、六人が「イエス」だった。答えの理由を聞かれると「殺し屋」の一人は「二人の娘を育てるために『殺し』の仕事をしている。ほかには仕事がない」と答えた。「イエス」と答えたうちの一人は「貧富の差が縮まれば、俺たちは殺しをしなくて済むだろう」と説明した。

一九九七年の一〇月にカナダのエドモントン市で「カナダ・マハトマ・ガンジー世界平和基金」が主催した「価値と二一世紀」というセミナーに参加した高校生のグループでは、四八人が「ノー」、二五人が「イエス」だった。一九九九年四月にジョージア州アトランタ市の「マーティン・ルーサー・キング非暴力社会改革センター」が主催した「国際非暴力会議」の高校生集会では、四〇人が「イエス」、三人が「ノー」だった。二〇〇〇年二月にロシアのオムスク大学文学部の一七歳から二六歳の学生のグループでは、一二一人が「ノー」、三四人が「イエス」、三人が「留保」だった。

「殺人のない」社会は可能だろうか。地球規模の殺人と殺人の脅威が満ち満ちた二〇世紀の終末で、政治学者と学生たちが「非殺人社会はまったく考えられない！」と結論づけるのに十分な理由は存在する。しかし、同時に、この問いを真摯に考える兆候も出てきている。それは「考えることは可能であり、可能かもしれない」とするものである。さらに、人類の存続を脅かす前代未聞の脅威にもかかわらず、脅威に立ち向かう精神、科学、研究機関、経験上のグローバル規模での源泉があり、それが究極的には「殺人のない社会は完全に可能である」という確信を強めるのである。

第2章　非殺人社会のための能力

もし私たちが別の選択肢を断固として決意すれば、人類の暴力に満ちた時代を終わらせるのに必要な知識を獲得できるかもしれない。

――デイヴィッド・N・ダニエルズ、マーシャル・F・ジューユラ
（スタンフォード大学精神医学部　一九七〇年）

非殺人社会は、可能であるとする思考の根拠は何であろうか。人間が、生への普遍的な畏敬を抱く力を持っているとする根拠は、どこにあるのだろうか。

1　非殺人的な人間の本性

宗教的議論ではなく、まずは、ほとんどの人間は殺さないというごく一般的な事実に目を向けてみたい。すなわち、現在生きているすべての人間の場合も、過去に生きていたすべての人間の場合でも、殺人経験のある人間はほんの一握りだということである。どんな社会の殺人に関する統計でもこれは当てはまる。

戦争における殺人を考えてみよう。世界中の戦争博物館や民族博物館を見ても、人類の半分を占める女性が戦場における主要な殺人者だったという記録はない。もちろん女性も人を殺すし、戦争や革命で戦ったりする。ある社会では、女性や子供が、敗れた敵に対しての儀式的拷問や殺人にも参加することがある。女性を採用している近代的軍隊を持つ国もいくつかはある。しかし、古今を問わず女性が戦闘員の中で大多数だったためしはない。これに加えて言うならば、実は戦闘における男性の役割もそれほど大きいものではない。実際に殺し合う戦場に参加するのはごく少数の男性兵士である。そのうちで直接殺人を犯す兵士はさらに少ないのである。これらの殺人者の大多数が殺人をためらい、後になって後悔する。良心の呵責なしに殺人を繰り返すことができるのはおそらく二％程度だろう。デイヴ・グロスマン少佐が戦時における殺人への〝ためらい〟に関する有名な論文でこう述べている。「戦争という環境は、兵士の九八％を精神的に麻痺させる。そして、精神異常にならなかった残りの二％は、戦場に来る前からの精神異常者つまり攻撃的精神病患者だったのである」（Grossman 1995：50）。だから、「人間は生まれつき殺人者である」という通常の政治学の前提とは対照的に、軍事教練の主要な任務は、「平均的個人に深く根差した殺人に対する抵抗感をなくすことにある」（ibid., 295）。

さらに非殺人能力を示す証拠は家族の存在である。もし人類が生まれつきの殺人者であったならば、あるいは人類の半分が必然的に殺人者であったならば、さまざまな形態の家族は存在できなかったであろう。父親が母親を殺したり、母親が父親を殺したり、両親が子供を殺したり、子供が両親を殺したりすることはたしかにある。しかし、これらの殺人事件は人類の運命を左右するほどには「殺人」自然法則にはなってはいない。もし、そうであったならば、世界人口は螺旋状的に激減し、人類は遥か昔に絶滅していたであろう。むしろ反対に、家族というものは、貧困や虐待などがあろうとも未曾有の規模で新たな生命を生み出し維持してきたのである。

地球規模で非殺人のさらなる証拠を見つけるためには、次のような計算問題に回答する必要がある。かつてどのくらいの人間が生き、そしてどのくらいの人間が殺人者であったのか。そして、どのくらいの人間が殺人者ではなかったのか。ある研究によると、紀元前一〇〇万年から紀元二〇〇〇年の間に生きた人間の総数を約九一一億人と推定している（Keyfitz 1966：Weeks 1996：37 の研究を総合した Ramsey 1999 の再計算による）。もし、ラモーの戦争と大量虐殺による死者総数を五億人と水増ししたとしよう。そしてすべての死者は、一人の殺人者によって殺されたという荒っぽい仮定をし、殺人による死者の総数を推定するために前記の数を任意に六倍すると、紀元前一〇〇〇年からの殺人者の総数は、最大三〇億人となる（紀元前一〇〇万年からの記録はない）。しかし、この粗雑で水増しされた殺人者推定総数をもってしても、九五％の人間は殺人を犯していなかったのである。もし、合衆国の殺人被害者比率が人口一〇万人に対して一〇人であるとするならば、全人口の〇・〇一％の人が毎年殺人を犯すことになる。さらに加重暴行による被害者の比率を人口一〇万人に対して五〇〇人、つまり〇・五％として、前記の推定総数に加えると〇・五一％の合衆国の人口が実際に殺人者であるか殺人未遂者と推定される。つまり、全人類の二％ないし一％未満が殺人者だということである。もちろんある特定の社会での殺人者比率は文化背景や時代状況でばらつきは出る（Keeley 1996）。にもかかわらず、人類が存続し増加してきたことは、人間の本性においては〝生きること〟が〝殺すこと〟に対して優位性を持っていることの証明である。

2　宗教的ルーツ

非殺人社会を実現できるという確信の基盤は、人類の宗教的伝統の中に明確に存在している。もちろん人身御供から原爆投下までのあらゆる恐ろしい虐殺の正当化のために、宗教が拠り所にされたことは否定できない（Thompson 1988）。しかし、神、創造主、大御霊などの名で呼ばれようと、主要な教えは、「おお人類よ、わが声を聞け！　汝ら他者を見つけ、彼を、彼女を殺せ！」ではなかった。それとはまったく反対で、「命を尊べ！　殺すなかれ！」だった。

「非殺人」戒律は世界のすべての宗教に見出すことができる。マックス・ヴェーバーが、宗教的信念と殺人という政治的不可避性とは相容れないとみなす理由がここにある。ジャイナ教とヒンズー教は「非暴力は生命の至高法則である（*ahimsa paramo dharma*）」という戒律を共有している。仏教の第一番目の誓いは「命を奪うことの忌避」である。ユダヤ教、キリスト教、イスラム教は、「汝殺すなかれ」（出エジプト記二〇章一三節）という神の命令を共有している。ユダヤ教の最も古い教えの一つは、「誰であれ、一人の人間の命を守る者は、無数の人間を救う者である。しかし一人の人間の命を奪う者は世界を破壊する者である（翻訳者の訳による）」（Eisendrath 1994：144）となっている。この教えの核心はやや加減されてイスラム教にも受け継がれている。「誰であれ、人を殺す者は（殺人罪もしくは、腐敗を国土に広めた罪の罰則のための処刑を除いて）、すべての人類を殺す者であり、誰であれ、一人の生命を救うものは、人類全体を救う」（クルアーン五章三二節）。ユダヤ教、キリスト教、イスラム教を折衷したバハイ教は「人々よ、神を恐れ、流血を慎め！」（Bahá'u'lláh 1983：277）と命じている。

人文主義者の伝統も、非殺人社会の利点と可能性を示している。儒教においては統治者の徳が広く行き渡る時には、死刑は撤廃されるという（Fung 1952：60）。道教では人間が簡素で自発的に自然と調和して生きるならば、「戦争のための武器は存在するかもしれないが、誰も武器を使っての軍事教練はしない」とされる（ibid., 190）。近代の社会主義思想においては、労働者が互いに殺すことを拒否するならば戦争はなくなるとされる。第一次世界大戦での反戦宣言は次のように主張する。

階級に目覚めた世界の産業労働者はクエーカー教徒のように宗教的理由からではなく、労働者階級の利益と福祉は同一であるという理由から、人類の流血に良心の上から反対する。我々はドイツの帝国主義的資本主義政府に断固反対するものである。それと同時に、我々はいずれの国の労働者をも虐殺したり障害を負わせたりすることに反対する。

すべての社会は殺人を認めていない。人文主義者の生命への畏敬心は宗教的な生命への畏敬心となんら変わることはない。

世界の宗教的伝統や人文主義伝統に内在する非殺人の倫理は、非殺人社会の実現の可能性に関して、どのような意味を持っているだろうか。一面から言えば、生命への深遠な畏敬を人類の良心に植え付けようとする崇高な意思がそこには存在する。別の面から言えば、人間には、そのような原理を受け入れ、それに応え、そのような原理を創造する資質があることをも証明している。もし人間が生まれつき治療不可能の殺人者であるならば、このような原理の受容も、継承も、創造も不可能であろう。それはまた、たとえ革命を挫折させるために、エリートがあえて非殺人倫理を発明したとしても、抑圧する側を弱体化させるために、抑圧される側が非殺人倫理を発明したとしても、殺人者がその報復から逃れるために非殺人倫理を発明したとしても、人間は、その倫理を肯定するということである。

非殺人精神は、歴史上最も悲惨な流血の発生前にも、その最中にも、発生後にも現れる。その精神は殺人者たちによる単なる慈善的行為ではなかった。その精神は滅びることなく現代にまで伝えられ、十字軍以後のキリスト教、アラブ世界支配後のイスラム教、ホロコースト以後のユダヤ教、武闘主義以後の仏教、植民地化された先住民の伝統においても、殺人からの解放を鼓吹し続けている。殺戮に満ちた二〇世紀において、非殺人精神は、キリスト教徒のトルストイとマーティン・ルーサー・キング、ヒンズー教徒のガンジー、イスラム教徒のアブドゥル・ガーファー・カーン、ユダヤ教徒のジョゼフ・アビリー、仏教徒のダライ・ラマ、緑の党のペトラ・ケリー、そして数え切れない有名無名の人々の非暴力による世界変革への勇気に満ちた貢献がある。

各宗教に内在する非殺人精神とそれへの敬虔なコミットメントの実例は、幾百万の人々を覚醒と誓約への道へと開く。非殺人の道義的責務と、殺人をすべき責任の間に緊張を作り出した。そして、そこで生み出された不快な結果は、個人と社会を非殺人的なものへと変革させるような動機を作り出した。非殺人の根はあらゆる伝統の中に見出される。全人類の精神的遺産はバンヤンの木のように、数多くの根茎から支えられている。啓発と持続は根の組織からでも、他の部分からでも抽出することができる。すべてが生命の力に触れるからである。宗教的かつ人文主義的精神における「生」への畏敬という〝現実〟

は、非殺人のグローバル社会が可能だと確信させるだけの強固な精神的基盤を提供している。

3　科学的ルーツ

「宗教のみでは決して非暴力に到達できない」。これはアチャリャ・マハプラギャの言葉である。彼は現代インドの代表的な宗教指導者の一人であり、古代ジャイナ教のアヒムサ（非暴力）伝統の創造的継承者である。ジャイナ教の思想では、「アヒムサは人生のあらゆる段階での中心であり、すべての聖典の核心であり、すべての誓願と美徳の総体でありその実体である」（Jain ed. 1993：139）。マハプラギャにとって、非暴力社会を実現する方途とは、各個人の能力を開発し、非暴力を彼ら自らの内に発見し、現代の神経科学と宗教的真理を結合することによって、それを社会的に体現する。彼の分析によると、暴力は内分泌腺が交感神経系と副交感神経系でつくられる感情が原因である。それは我々が摂取する食物と関係している。そして神経系についての科学的知識に基づいて、脳のエネルギーを活用し、我々は簡単な瞑想の実践によって内なる非暴力を育み、非暴力的な社会生活を送ることができるようになる（Mahaprajna 1987：1994：Zaveri and Kumar 1992）。

人間の非殺人能力に対する確信の科学的根拠は何だろうか。科学とは広い意味で疑問と実験で得られる知識のあらゆる形態である。それらは、有効性と信憑性を決定するための事実、理論、方法である。「科学革命」の始まりとは、何人かの哲学者たちがそれまでの常識に対し疑問を持ったことであった。

同じことは、非暴力の研究においてA・リチャード・コンラッド（A. Richard Konrad 1974）によって行われている。彼はレイプから大量殺戮に至る暴力に有効に対処する唯一の方法は〝殺人の容認〟という慣習的な仮説を疑問視した。暴力による問題解決という理論は三つの前提によって成立していなければならないと彼は考えた。それは、(1)非暴力による問題解決の選択肢はすべて確認されていること。(2)それらの問題解決の選択肢はすべて検証済みであること。(3)それらの問題解決の選択肢はすべて失敗したということである。しかし、これらの前提は簡単に覆る。なぜならば、非暴力による問題解決の選択肢は理屈のうえでは無限だからである。時間、資料、その他の制約があるため、すでに検証がなされている選択肢さえも、十分に検討されていないのだ。結果として、暴力的方法が最良で唯一の選択肢であるということは分からない。かくてコンラッドは、暴力を容認する哲学的姿勢から非暴力的選択肢を創出した。そして、それらを検証する哲学的姿勢へと転換する必要性を論じている。このようなアプローチは、人類の殺人不可避性に疑問を投げかける科学的発見へと導くに違いない（Yoder 1983 参照）。

人間が動物的本性からして、不可避的にキラーであるという考えは疑問視されている。トゥレイン大学の心理学者ロー・セン・ツァイ（Loh Seng Tsai 1963）は、ネズミを捕食する猫とネズミが同じ皿から仲良く餌を食べるように教えることができることを証明した。その方法は「オペラント条件付け」（自発的行動を報酬や罰によって強化する条件付け）と社会的学習の結合だった。最初にガラスの仕切りで隔離された猫とネズミは、並列しているレバーを同時に押さなければ共同の皿に餌のペレットが出てこないことを学ぶ。七〇〇回の訓練のあと流血を見ることなくガラスの仕切りを取り除くことができた。ツァイはこう結論づけた。

決定的な実験結果によって天敵同士のネズミと猫が協調できることを我々は科学史上初めて証明した。この発見は動物の本性には闘争と戦争を不可避にし、根絶不可の闘争本能があるという、心理学の伝統的ドグマを破棄させた。（Tsai 1963：4）

「我々の研究が世界平和の理論的可能性における生物学的基礎を築いたと、多くの人々が考えた」。これを受けて、ツァイは競争的殺人が不可避という推論をやめて、「協調による存続」の科学に基づく哲学を提唱している。別の分野では、物理学者で科学史家であるアントニオ・ドレイゴーが紛争解決過程に関するカーノットとニュートンの考えを対照させた。そこで、似たような提案をしている（Drago 1996）。また、心理療養家のジェローム・D・フランク（Jerome D. Frank）は、根深い敵対関係を克服する方法として、共通利益に基づく共通目標への協調を提言している（Frank 1960：261-262：1993：204-205）。

殺人というものは、人類が「キラー・エイプ（殺しをするサル）」という種として進化してきた結果だと言われる。こうした仮説への反論としては、遺伝的にほとんど同一の類人猿の種である中央アフリカに生息する「殺さない」ボノボについての研究がある（Kano 1990）。ボノボと熱帯雨林を共用するコンゴのマンガンドゥの人々は、かつて彼らの祖先がボノボと親族として共に暮らしていたという伝説に基づいて、ボノボを殺すことを厳しく禁じている（Kano 1990：62）。ゴリラ、チンパンジー、その他の類人猿とは違い、ボノボ同士が殺しあうことは観察されていない（Wrangham and Peterson 1996：Waal 1997）。さらに、「殺す」ことをする類人猿の「平和構築」と「互恵的利他主義」に関する最近の研究がある。その中では進化過程上での人間の本性について、殺人のみを主張し、非殺人の潜在的可能性を無視するような姿勢を疑問視している。動物の性格には平和的な側面もあり、クロポトキン（Kropotkin 1914）、ソローキン（Sorokin 1954）、アルフィー・コーン（Alfie Kohn 1990）が証明しているように、人間の生来性に関しては、協調性、利他的、〝聡明な側面〟も存在するのである。

動物行動学の研究者であり文化人類学者でもあるイレナース・アイブル・アイベスフェルト（Irenäus Eibl-Eibesfeldt 1979：240-241）は、動物の攻撃性とヒトの攻撃性の比較研究によって、殺すことを禁じる宗教的戒律には生物学的根拠があることを発見した。「多くの動物の同種間攻撃は高度に儀式化されているので、実際に肉体が傷つくことはない」という観察結果から、アイブル・アイベスフェルトは、ヒトの流血回避のための入念なテクニックを見出した。彼は「生物的規範フィルターが非殺人戒律の基礎を作る」と結論づける。しかし、「文化的な擬似敵形成（他人を人間ではないと定義することによって抹殺することができるとする）の過程において、殺人禁止の生物的フィルターを、殺人促進の文化的規範フィルターで覆ってきたのである」。戦争において「敵を拘束し人間として対面するやいなや、良心の痛みを通して自分自身で、規範との葛藤が始まる」。これは殺人を経験した兵士が、精神浄化と社会からの抱擁を必要とすることで明らかになっていることである。

グロスマンの研究結果も、このアイブル・アイベスフェルトの主張を裏付けている。グロスマンはこう述べている。「歴史を通じて、大多数の人間は自分や友人を救うためにさえ戦場で敵を殺そうとはしなかった」（Grossman 1995：4）。そして、殺人を直接経験した兵士の方が、殺人を経験していない兵士よりも精神障害者になる確率が高いことを、アイベスフェルトは発見した。兵士心理学者と民族学／人類学者の違いは、研究結果が政策に反映されるか否かだけである。兵士心理学者の役割は、殺人への抵抗を緩和するための専門的訓練を提供することである。一方、民族学／人類学者の役割は文化を非殺人的な人間生物学に適合させることである。アイベスフェルトの結論はこうである。

平和への普遍的欲求の根源は生物学的規範と文化的規範の葛藤にある。この葛藤は彼らの生物学的規範と文化的規範のフィルターを一致させようと人間に要求する。我々の良心は希望を持っており、それを基礎として理性的に進化することで平和へと到達する。そして戦争というものは、無血で遂行されるべきであるとなる。

（Eibl-Eibesfeldt 1979：241）

脳科学は、非殺人的人間の潜在的可能性へのさらなる根拠を提供する。神経科学の先駆者ブルース・E・モートン（Bruce E. Morton 2000）が呼ぶところの「神経リアリズム」では、「行動的側面性における脳の四つの領域と二重構造」において、非殺人行動と殺人行動の神経生物学的基盤が描かれる。〝四つの脳幹構造モデル〟によると、脳は脳幹システム（本能）、大脳辺縁系（感情）、右と左の半球システム（想像と知性）、そして、大脳新皮質システム（直感）から構成される。モートンは、精神性と社会意識の源泉を大脳新皮質の直感にあるとした。この「高度な精神性と社会意識の源泉」は、「正直、創造的、自己統制的、利他的、協調的、同情的、そして非暴力的」である。それは、集団の長期にわたる生存を促進し、「厳密に言えば脳の現象である。すべての人が、そこにアクセスできるのである」。その〝源泉〟は「臨死体験」や、ある種の「幻覚剤」の使用、そして最も重要である「瞑想」という三つの方法によって意識上で認識できる。日々の社会生活において、この〝源泉〟は直観的に「非暴力の共同体創出に向けて」

の相乗効果を生み出す。そうすることで、生存という名の下の殺人威嚇を除去することになる。

こうして、神経リアリストの脳科学は自発能動的な非暴力的献身と社会変革への基盤を提供する。その基盤は非殺人的宗教性や生物学的な殺人非積極性とほぼ同じものである。また、それはヒンズー教のヴィヴェカナンダの洞察とも一致する。その洞察によると、偉大な宗教指導者たちの役割は神を外部から導入するのではなく、一人ひとりに内在する神性を呼び起こすことにあるというのである。それはキリスト教徒トルストイの確信「神の国は、あなたがたの内にある」（Tolstoy 1974）という言葉とも共鳴する。一五世紀インドの神秘主義者カビールの洞察と比べてみよう。

目と目の間に神の使徒なる主在《いま》し、
汝自身の身体に主在す。
なにゆえ外に目を向け主を探すや

（Sethi 1984：56–57）

では、脳障害という生物的要因によって、人間は衝動的殺人者になったりするのだろうか。殺人性が、条件や文化の要因ではなく、生物的要因から由来していたとしても、科学的創造性が、病的な殺人者たちを学習させることで、殺人衝動を根絶するとしている。それは人間性を奪うことなく可能である。現代の神経科学や遺伝学、その他の生物科学の発達で「人間の本性」からくる不可避的な殺人などというのは仮定できない。たとえ特殊な生物学的障害が原因であったとしてもである。

先駆的な事例としては、発育神経心理学のジェームズ・W・プレスコット（James W. Prescott）と精神医学のロバート・G・ヒース（Robert G. Heath）の基礎および応用研究がある（Restak 1979：118-133）。殺人衝動は、感情を司る脳の領域（大脳辺縁系）と、体の動き（小脳）を繋ぐ電気の回路（快楽経路）の障害にあると、彼らは説明している。さらに彼らは、これらの回路の発達と障害は幼少期の体の回転運動の度合いと関係していると推論する。このことを検証するために、あるチンパンジー数匹の頭部を動かないように万力で固定した状態にし、別の数匹のチンパンジーの頭部は固定せずに回転いすに乗せてくるくると回す状態にして、それぞれ育てる実験を実施した。その結果、体の動きを制限されたチンパンジーの方がより攻撃的に育ち、動きの自由なチンパンジーの方がより社会的に育った。次に、この理論を収監されている殺人犯に応用する実験を行った。衝動的殺人者はまず小さな電極を脳の後方に埋め込まれ、それを肩に埋め込まれたポケット制御装置（「大脳シミュレーター」もしくは「大脳ペースメーカー」と呼ばれる）によって自分自身で制御できる。不快と殺人の衝動が高じた時には、被験者は快楽経路を刺激することによって、殺人衝動から解放される仕掛けになっている。これにより〝犯罪的精神異常者〟と診断された者の何人かは長年の独房生活や監禁生活から解放されたのである。他の被験者の中には殺人と自殺の衝動が徐々に消滅していった体験をしている。ただ失敗例もあった。その一つには小脳に埋め込まれていた電極の電線が切れてしまい、患者がただちにハサミで看護師を殺したことがあった。しかし、この先駆的方法の成功は殺人的傾向性についての生物学的悲観主義から人類を解放する理論的・科学技術的革新への挑戦である。

非殺人に関する政治学の悲観主義と、きわめて対照的な楽観主義のさらなる根拠がある。それは、マーティン・ルーサー・キング牧師とロバート・F・ケネディ上院議員の暗殺後に、アメリカにおける

〝暴力の危機〟を研究するために集められた一三人のスタンフォード大学の精神科医で構成された委員会の報告書である(Daniels, Gilula, and Ochberg 1970)。生物学、神経力学、重火器、環境、怒り、集団間紛争、マスメディア、銃火器、精神病、麻薬使用、その他の要素等々における暴力と攻撃性の問題を再検討したダニエルズ(Daniels)とジューユラ(Gilula)は以下のような結論に達している。「もし我々が異なった選択肢を追究する決意をすれば、人類の暴力時代を終焉させるのに十分な知識をすでに持っているかもしれない」。

心理学者ジョージ・F・ソロモン(George F. Solomon)の殺人事例研究(一九七〇年)によれば、殺人は救い難い〝人間の本性〟ではなく、理解可能かつ予防可能であるとしている。ある事例では、無表情で無差別狙撃犯である女性の社会適応化の体験がある。この事例ではギャンブル依存症である自分の父親の育児放棄、父親のアルコール中毒とその誘惑、乱れた性関係を持つ母親の存在、銃への興味、近親相姦の罪悪感から生ずる〝おぞましいイメージ〟を遮断するための麻薬使用などが含まれていた。別の事例では、離婚した妻の新しい夫を殺害した犯人の背景に関したものがあった。犯人の背景には、貧困、母親に暴力を振るう父親への憎悪、父親から受けた頭部強打による痙攣、母親の嘲笑、姉妹たちによる殴打、海兵隊における軍曹への任官、売春宿で知り合った売春婦との結婚、彼女との間に生まれた二人の子供の育児、海外赴任中における妻の浮気を知った後での妻への暴力と自らの手首切傷、三八口径の拳銃を持った妻からの脅迫、軍から支給された拳銃の保管などがある。そして、犯人と妻と妻の新しい夫の三人が居間で子供の養育費と訪問の権利について口論になった。その最中に犯人は軍から支給されたその拳銃で妻の新しい夫を射殺した。ソロモンは次のように結論する。

精神病医として、私は人間の習性は改変できるという強い確信を持っている。予防と治療の失敗は無知からきている。それは、認知されている原理の不適用、改革への抵抗、社会的逸脱に対する嫌悪感であって、それらはさらなる研究によって改善できる。それは暴力的傾向性を持つ人間の〝治療不能性〟の研究などといったものよりも遙かに効果があるであろう。人間の持つ成長と治癒能力は驚嘆すべきものであり、暴力的性癖は停止することが可能なのである。（Solomon 1970：387）

社会が持つ暴力と攻撃性に関する通り一辺倒の考えと対照的に、人類学では、非暴力と平和に関する人間能力への関心の高まりが、非殺人社会の不可能性を覆す知識を生み出している（Sponsel and Gregor 1994：Sponsel 1996）。レスリー・E・スポンセル（Leslie E. Sponsel）が説明しているように、「非暴力的および平和的な社会は稀有であるかのように思われる。しかし、それは、そういう社会が実際に稀だからではなく、非暴力や平和は、研究、メディア、その他の領域において滅多に取り上げられないからである」。さらに彼は続ける。「暴力と戦争の性格、条件、原因、機能、過程、結果を理解することが重要であるように、非暴力と平和の性格、条件、原因、機能、過程、結果を理解することが重要なのである」（Sponsel 1994：18-19）。

原始社会における人類の普遍的殺人性というホッブズの想定に対してはピエロ・ジオルジ（Piero Giorgi 1999）とJ・M・G・ヴァン・デル・デネン（J. M. G. van der Dennen 1990：1995）によって学問的な疑問が提出されている。過去一世紀にわたる民族誌学文献に記録された五万人に及ぶ〝未開〟の人々の戦争と対立を検証した結果、ヴァン・デル・デネンによれば、明白な暴力はたったの二〇〇〇の集団で起きたにすぎなかった。残りの集団の〝好戦性〟に関する情報欠如は必ずしもそれらの集団の平和性を証明するわけではないとしながらも、ヴァン・デル・デネンは普遍的な人類の好戦性を教条的に前提にすることに対して警告した（van der Dennen 1990：257, 259, 264-269）。彼はアボリジニーからズーニーに至る「高度に非好戦的」な三九五の部族に関する民族誌学的証拠を引用する（van der Dennen 1995：595-619）。人類学の文献を検証したブルース・D・ボンタ（Bruce D. Bonta）は、〝平和を充足させる〟能力が証明された四七の社会共同体の存在を確認した（Bonta 1993）。

〝平和の充足〟は次のような状態であると定義される。それは人間関係が高度な調和状態にあり、成人間、成人と未成人の間で、男女間で物理的暴力の存在がほとんどなく、紛争を解決し暴力を避ける方法があり、他部族との（戦争のような）暴力を回避することに努め、子供たちに平和的方法を受け継ぐように育て、人々が自分たちを平和的でなければならないとする強固な意識を保持している。

（ibid., 4）

ボンタは、以下の集団の人々に〝平和の充足〟の証拠を発見している。アーミッシュ、アナバプティスト、バリニーズ、バーテック、ビルホール、ブレズレン、ブーイッド、チューウォング、ドゥークホーボルス、フィーパ、フォーレ、ジーウィ、フッテライト、イファルーク、イヌイット、ジャイナ、カダール、クング、ラダキス、レプチャス、マラパンダラム、ムブティ、メノナイト、モンタニェーナスカピ、モラビアン、ナヤカ、ヌビアン、オンゲ、オラング、アスリ、パリアン、ピアロア、クエーカー、農村部北アイリッシュ、農村部タイ、サン、サンポイル、サルトー、セマイ、タヒチアン、タンカ、テミアール、トラジャ、トリスタン島民、ワウラ、ヤナディ、サポテック、ズニである。

これらのうち二四の集団の紛争解決の方法に関する研究において、ボンタは以下の結論を導き出した（Bonta 1996）。

平和に紛争を解決しているこれらの社会の成功事例に見ると、西欧の学者が主張している紛争と紛争解決に関する多くの共通見解には疑問である。それらの主張はこうである。暴力的紛争はすべての社会において不可避的だとか、懲罰と軍事力が国内外の暴力を防止するとか、紛争予防のためには政治構造が必要として、紛争自体がむしろ必要であるとすることなどである。これに反するような証拠に、半数以上の平和的社会において記録された暴力が存在しないということがある。これらの社会では、成人を懲罰することがほとんどない（追放の脅威を除いて）。彼らは他の共同体らとの紛争においても、自共同体内部の紛争と同じ平和的方法で処理するのである。彼らは自共同体内部の紛争解決のために外部政府の助けを求めない。そして紛争自体については非常に否定的思考を持っている。（ibid., 403）

人類学の研究で分かってきているのは、ある社会の暴力度が高くなるか低くなるかを左右する重要な要因は子供の社会化と共同体の自己アイデンティティであるということである（Fabbro 1978）。これらの諸要因の重要性は、ダグラス・P・フライ（Douglas P. Fry）の比較研究に示されている（Fry 1994）。この研究はメキシコのザポテック地方にある、社会経済的な特徴が似ているが、暴力発生率が非常に異なる二つの村についての比較である。平和的な村であるラパスでは、市民は自分たちを「尊敬に値し、平和的で、嫉妬せず、協調的である」と見ている（ibid., 140）。隣接する暴力的なサンアンドレスでは、「暴力を容認する広く信奉されている対抗的な信念ないし価値観がある」（ibid., 141）。これは女性への尊敬の欠如、妻への暴行、子供への体罰、反抗的な子供、悪口雑言、酔っ払いの口論、恋仇の殺傷、宿怨、復讐などと重なる。物質的・構造的条件がほぼ同じであるにもかかわらず、殺人発生率はサンアンドレスでは人口一〇万人当たり一八・一人であるのに対し、ラパスでは三・四人である。この比較は人間の本性に対する悲観主義と暴力を容認する共同体の規範は、殺人と相関しており、非暴力の信念と価値は、非殺人社会の素地を創出することを我々に教えてくれる。

非殺人能力への確信に至る主要な科学的確証は、一九八六年五月一六日に動物行動学、行動遺伝学、生物人類学、民族学、神経生理学、人類学、政治心理学、精神医学、精神生物学、心理学、社会心理学、社会学などの分野における国際的な専門家集団による歴史的〝暴力に関するセビリア声明〟で発表された。(2) 声明は以下のように宣言する。

私たちが戦争をする傾向性を動物的祖先から受け継いだと述べることは科学的に不正確である……戦争あるいは他の暴力的行動が人間の本性に遺伝的にプログラムされていると述べることは科学的に不正確である……人間の進化過程において攻撃的な行動への選択がその他の類の行動への選択よりもより多くあったと述べることは科学的に不正確である……人類が〝暴力的な脳〟を持っていると述べることは科学的に不正確である……戦争が「本能」あるいは何か単一の動機づけによって起こると述べ

ることは科学的に不正確なのである。

先に引用したスタンフォード大学の精神科医たちが、主張する非殺人の楽観主義と並び、セビリアに集った科学者たちは以下のように宣言する。

私たちの結論は以下の通りである。生物学において人類は戦争をするものとは運命づけてはいない。人類は生物学的な悲観主義の桎梏から解放されており、〝国際平和年（International Year of Peace）〟である今年以降に必要な社会変革事業に確信をもって取り組むことができる。これらの事業は制度的かつ集団的なものである。しかし、個々の参加者の内面にある楽観主義と悲観主義が決定的な要素なのである。戦争が人間の心の内から始まるように、平和もまた人の心の内から始まる。戦争を発明した人類は平和も発明できる。責任は私たち一人ひとりにかかっている。

（Adams et al 1989：120-121；Adams 1997）

アルバート・アインシュタインは一九三九年八月二日付のフランクリン・ローズヴェルト大統領宛の手紙で、「原子物理学の進歩により〝途方もなく強力な新型爆弾〟の製造が〝想定可能〟になった」(Nathan and Norden 1968：295）と伝えた。その結果、原爆製造のための諮問委員会がつくられ、当初六〇〇〇ドルの予算が計上されたが、やがて数十億ドル規模の「マンハッタン計画」となり、六年後、世界初のウラン型原子爆弾とプルトニウム型原子爆弾が完成し、使用されたのである。それから六〇年後の現在、人間の非暴力的能力を可能にする科学的証拠は十分に揃っている。それらが組織的に統合され、研究されるならば、非殺人への人間自身の変革可能性が出てきた。アメリカの大学だけでも一九六三年以来「非暴力」を研究した博士論文が一〇〇本以上発表されており、その分野は人類学、教育学、歴史学、言語学、文学、哲学、心理学、政治学、宗教学、社会学、弁論学、神学にわたっている（*Dissertation Abstracts International*, 1963–1999）。

非暴力の研究はインドをはじめとする外国のものや、英語以外の言語でなされたもの、各種学会での口頭発表、書籍やシンポジウム（Kool 1990；1993）、先駆的な統合研究（Gregg 1966）、新進の学術誌（*International Journal of Nonviolence*, 1993-）、非暴力行動の主要な注釈付書誌学の調査（McCarthy and Sharp 1997）などがある。「平和」や「紛争解決」の文献に加えて、「非暴力」の知識体系が増大していることは明らかである。現在の非暴力に関する知識は一九三九年における原子物理学の潜在的可能性に匹敵するのである。

4　非殺人能力の出現

近代社会学の創始者エミール・デュルケイム（Émile Durkheim, 一八五八〜一九一七）は、理論上の疑問に結び付くような、社会的大事件に注意を払うべきだと説いた。この考えはアメリカの社会心理学者ドナルド・T・キャンベル（Donald T. Campbell）に継承された。キャンベルはノースウェスタン大学政治学部の大学院生に〝自然発生する社会的実験〟を注意深く観察すべきであると教えた。それはさながら、実験室で捏造されたかもしれない現象を、注意深く見ることと同じであると（Paige 1971）。冷酷な君主チェーザレ・ボルジアの政治手法を、マキャベリが『君主論』で精緻に理論化したように、政治学は実践を観察することから理論を形成するのが常である。そのため歴史上あるいは現代の〝自然に〟発生した非殺人的行動の実例は非暴力的社会変革の可能性を見極めるうえでとくに重要なのである。非殺人の諸能力の顕著な実例は公共政策、制度、文化的表現、非暴力的政治闘争、歴史的事件、献身的人物などがある。

公共政策

死刑を廃止した国、軍隊のない国、軍務における殺人拒絶のための良心的兵役拒否の権利を認めている国では非殺人社会の実現への顕著な政治的決断も認められる。二〇〇六年四月までに世界の一九六カ国中、以下の八七カ国と地域がすべての犯罪についての死刑を廃止している（表2）。

それぞれの完全死刑廃止の実例はきわめて興味深く、科学的かつ公共政策のうえでの関心を呼び起こさずにはいられない。それぞれの政府は、なぜ、どのように、どの時点で、殺さない決断をしたのか。なぜ、ある国、文化、地域は前記のリストに載っているのに、ある国、文化、地域はリストに載っていないのか。死刑廃止への改革とその普及における、どのような歴史的プロセスが地球規模の死刑廃止の流れを説明できるのだろうか。そして、このような非暴力的変革の実例は殺しのない未来社会の完全実現化にどのような意味を持っているのだろうか。

完全に死刑を廃止した国々に加えて、一一の国が通常の犯罪について死刑を廃止する一方、軍法会議

表2　死刑が存在しない国・地域（93カ国地域）

• アンドラ	• ギリシャ	• パラオ
• アンゴラ	• ギニア＝ビサウ	• パナマ
• アルメニア	• ハイチ	• パラグアイ
• オーストラリア	• ホンジュラス	• フィリピン
• オーストリア	• ハンガリー	• ポーランド
• アゼルバイジャン	• アイスランド	• ポルトガル
• ベルギー	• アイルランド	• ルーマニア
• ブータン	• イタリア	• サモア
• ボスニア＝ヘルツェゴビナ	• キリバス	• サンマリノ
• ブルガリア	• リベリア	• サントメプリンシペ
• カンボジア	• リヒテェンシュタイン	• セネガル
• カナダ	• リトアニア	• セルビア＝モンテネグロ
• カーベボルデ	• ルクセンブルグ	• セイシェル
• コロンビア	• マケドニア	• スロバキア
• コスタリカ	• マルタ	• スロベニア
• コードジボアール	• マーシャル諸島	• ソロモン諸島
• クロアチア	• モーリシャス	• 南アフリカ共和国
• キプロス	• メキシコ	• スペイン
• チェコ	• ミクロネシア	• スウェーデン
• デンマーク	• モルドバ	• スイス
• ジブチ	• モナコ	• トルクメニスタン
• ドミニカ共和国	• モザンビーク	• トルコ
• 東チモール	• ナミビア	• ツバル
• エクアドル	• ネパール	• ウクライナ
• エストニア	• オランダ	• イギリス
• フィンランド	• ニュージーランド	• ウルグアイ
• フランス	• ニカラグア	• バヌアツ
• ジョージア	• ニウエ	• バチカン市国
• ドイツ	• ノルウェー	• ベネズエラ

出典：Amnesty International, January 2009.

あるいは戦争という特殊な状況に関しての死刑制度を維持している（例：アルゼンチン、ブラジル、クック諸島、イスラエル、ラトヴィア、ペルーなど）。二九の国では死刑制度はあるが、過去一〇年あるいはそれ以上にわたって死刑を執行していない（例：アルジェリア、ブルネイ、ダーエスサラム、コンゴ共和国、パプア＝ニューギニア、セネガル、ロシア、チェニジア）。六九の国では死刑制度があり、殺人を継続している国（その中には、中国、エジプト、インド、インドネシア、日本、ナイジェリア、パキスタン、ルワンダ、アメリカが含まれる）。アメリカは連邦犯罪の死刑は維持しているが、全米にある五〇州と首都ワシントンDCの中で一二州が死刑を廃止している。それらは、アラスカ州、ハワイ州、アイオア州、メイン州、マサチューセッツ州、ミシガン州、ミネソタ州、ノースダコタ州、ロードアイランド州、バーモント州、ウェストバージニア州、ウィスコンシン州である。

賛否両論の揺れはあるものの、政府による死刑廃止というグローバルな趨勢は暴力の慣習からの決別であり、殺しのない社会の達成可能性への確信を強化する。市民を殺害する行為はルソーの言うところの「社会契約」に含まれる必要はないし、マックス・ヴェーバーの言うところの政治権力の不可侵なものでもない。

二〇〇一年現在で、軍隊の存在しない二七の国について考えてみたい。クック諸島、ニウエ、バチカン市国を除くとそれらはすべて国際連合の加盟国である（表3）。

くわえて、主権を主張する国の保護領または地域が主権国との協定によって非武装地帯になっているところが少なくとも一八ある。フィンランドのアランド諸島がそうであり、南極大陸と月は国際条約によって非武装地帯となっている。軍隊がないということは国家アイデンティティ、社会統制、国家の防

表3　軍隊非保有国（27カ国）

軍隊非保有国（19カ国）	防衛条約を持つ軍隊非保有国（8カ国）
• コスタリカ	• アンドラ公国（スペイン，フランス）
• ドミニカ共和国	• クック諸島（ニュージーランド）
• グレナダ	• アイスランド（北大西洋条約，アメリカ）
• ハイチ	• マーシャル諸島（アメリカ）
• キリバス	• ミクロネシア（アメリカ）
• リヒテンシュタイン	• モナコ（フランス）
• モルディヴ	• ニウエ（ニュージーランド）
• モーリシャス	• パラオ（アメリカ）
• ナウル	
• パナマ	
• セントクリストファー＝ネビス	
• セントルシア	
• セントビンセント＝グレナディンズ	
• サモア	
• サンマリノ	
• ソロモン諸島	
• ツバル	
• バヌアツ	
• バチカン市国	

＊括弧内の国は条約の締約相手国を指す。
出典：Barbey 2001.

表4　良心的兵役拒否を認めている47の国あるいは地域

- オーストラリア
- オーストリア
- アゼルバイジャン
- ベルギー
- バミューダ
- ブラジル
- ブルガリア
- カナダ
- クロアチア
- キプロス（ギリシャ領キプロス）
- チェコ
- デンマーク
- エストニア
- フィンランド
- フランス
- ドイツ
- ギリシャ
- ガイアナ
- ハンガリー
- イスラエル
- イタリア
- キルギスタン
- ラトヴィア
- リトアニア
- マルタ
- モルドバ
- オランダ
- ノルウェー
- パラグアイ
- ポーランド
- ポルトガル
- ルーマニア
- ロシア
- スロバキア
- スロベニア
- 南アフリカ共和国
- スペイン
- スリナメ
- スウェーデン
- スイス
- ウクライナ
- イギリス
- アメリカ合衆国
- ウルグアイ
- ウズベキスタン
- ユーゴスラビア
- ジンバブエ

出典：Horeman and Stolwijk 1998.

衛と攻撃において軍隊は不可欠だと考える国々にとっては驚くべきことであろう。軍隊のない国々は小国であり、軍事同盟や軍事組織に準ずるものを持っているという側面はあるものの、これらの国々は非武装国家の可能性を示している。非殺人国家は想定不可能ではない。

軍隊は存在するが、良心的兵役拒否を国家が承認していることは、非殺人政治実現の可能性についてのさらなる証拠になる。一九九八年の時点で軍務上、殺さないことを市民に法律で保障している国や地域は四七にのぼる（表4）。

兵役拒否を認める法的根拠は多岐にわたっている。殺人を拒否する厳格な宗教上のものから、精神的、哲学的、倫理的、人道的、政治的理由に至るまでさまざまである。同様に、兵役に代わる義務、軍務に服している良心的拒否兵士の能力、法の執行における信頼性の程度も、実にさまざまである（Moskos and Chambers 1993）。現時点で最も先進的な非殺人権利は、一九四九年制定のドイツ基本法第四条である。そこには「何人も良心に反して軍務に服することを強制されることはない」（Kuhlmann and Lippert 1993 : 98）とある。死刑廃止や軍隊非保有国の登場と同様に、殺人者になる軍務を拒否することの起源、その過程、そのグローバルなパターン化、その政治的容認への見通しなどといったものは、学問的にみるとじつに興味深い。

5　社会組織

世界各地で非殺人未来社会へ、あるいはそれへ向けての過渡期的な活動をしている組織や団体がすでに登場している。これらは、非殺人に真剣に取り組む能力が人間にあることを示している。散在しているこれらの組織がクリエイティヴに連帯し、社会のニーズに応えるならば、殺人のない社会を脳裏に描くことは仮説に基づく想像物ではなく、検証がなされた人間の経験なのである。ここではその多くの中からいくつかの例について簡潔に述べたい。もちろん、これらはさらに詳細に紹介されるべきであることは言うまでもない。

宗教組織

非殺人信仰に基づく宗教は、世界中で見ることができる。東洋ではジャイナ教、西洋ではクエーカー教、日本の人類愛善会、フランスのプラム仏教村、アフリカのサイモン・キムバング教会、ロシアとカナダで活動するキリスト教ドゥホボール派（聖霊と共に戦う者）の平和主義者、アメリカの「ユダヤ平和協会（Jewish Peace Fellowship）」などがある。国際的には、一九一九年設立の「国際友和会（IFOR：International Fellowship of Reconciliation）」がある。IFORはすべての宗派の人々を結集して、「愛と真理に基づく正義を創り、共同体を復活させ、個人、社会、経済、政治の変革手段として、そしてライフ・スタイルとして積極的に非暴力に取り組んでいる」。

政治組織

厳格な非暴力を信条とする政党としては、イギリスの「フェローシップ党（Fellowship Party）」がある。ロナルド・マローン、ジョン・ロバーシードと他のキリスト教平和主義者や第二次世界大戦の退役軍人によって一九五五年に創設された。[3] この党はすべての戦争準備に反対し、経済社会的正義を促進する一方、芸術とスポーツを奨励する。ドイツにはペトラ・ケリーと一三人の同志によって一九七九年に創設された「緑の党（Die Grünen）」がある。[4] 緑の党は、あらゆる生態系価値の中で、非暴力が最重要なものであると主張している。同党の精神的源泉は、ガンジーとマーティン・ルーサー・キングの非暴力運動である（Kelly 1989）。緑の党のように政策の面で目立ってはいなくても、世界中で斬新な社会運動の政党が次々と結成されている。それによって非暴力運動が拡大している事実は、政治的な先例として注目すべきである。「アメリカ平和党（United States Pacifist Party）」は、宗教的・科学的・人道的原則に基づいてブラッドフォード・ライトルが一九八三年に設立した。彼は一九九六年と二〇〇〇年に同党の候補者として大統領選に出馬している。この政党はアメリカ国内社会とアメリカの世界での役割を非暴力的なものに転換することを追求している。[5] インドではT・K・N・ウンニタンらによって創設された「サルヴォダヤ党（the Sarvodaya Party）」がある。この党は、すべての人の福利のための社会発展というガンジーのモデルを実現するために選挙に打って出た。[6] 政治と距離を保つというガンジー主義的伝統からの決別をサルヴォダヤ党はこう説明する。「権力自体は中立的性格を持っているが、腐敗した人々の手にかかるとたちまち腐敗する」。グローバルな規模では一九八七年創設のイタリアの「急進党（Partito Radicale）」から派生し、ガンジーの流れを汲む「脱国家急進党（Transnational Radical Party）」がある。[7] この党は国際的活動に特化しており、国際連合に非暴力主義的な影響を及ぼすことを目指している。たとえば、全世界的な死刑廃止、良心的兵役拒否の承認、戦争犯罪人の起訴といったものである。この党は国政選挙には候補者を立てることはしない。会員は複数の政党への所属が可能であり、会費はメンバー一国の一人当たり国民総生産の一％を比例配分する。この党が考えるガンジー的理想とは「国家を超越した法と非暴力が最も効果があり、急進的な方法こそがよりよい世界を建設する」というものである。

経済組織

非殺人原理を表明している有名な経済団体に、投資信託会社パックス・ワールド・ファンド（Pax World Fund）がある。この団体は兵器産業には投資しないことになっている。ガンジーとキングの影響を受けた労働組合（シーザー・チャベス、ドローレス・ハータなどによって設立されたアメリカ連合農業労働者）もある。そしてスリランカには、非暴力的な仏教原理に基礎を置いた包括的共同体開発プログラム（A・T・アリヤラトネに率いられたサルヴォダヤ・シュラマダナ・サンガマヤ）がある。限定的な成功例ではあるものの、インドで土地を持たない人々に土地を譲渡する「ブフーダン（土地贈与）」運動がある。これはガンジーの「信託理論」に触発されて、ヴィノーバ・ブハーヴェ（一九九四年）とジャヤプラカシュ・ナラヤンらの指導によって実施されたものである。この運動は限られた資源を非暴力的に分かち合うことが思考可能であることを証明した。ガンジー協会（ロンドン）、サヴォダーヤ国際信託（バンガローア）、A・J・ムスティ研究所（ニューヨーク）などの慈善団体も非暴力的な社会奉仕を支援している。

教育組織

人類益に資する多宗教的な非暴力精神を大学に確立するという試みは、秀れたガンジー主義教育学者のG・ラマチャンドラン博士（一九〇三〜九五）の業績に見出される。その遺産とは彼が創設した、インドのタミール・ナドゥにあるガンジー農業大学（ディームド大学）である。この大学は周辺にある三〇の村落にて奉仕活動を展開している。その設立趣旨の中でいくつかの重要な事項がある。それらは以下のとおりである。⑴専門研究と共同体への適用の結合、政治学と村落の政策の決定過程、物理学とラジオ修理。生物学と井戸の洗浄、芸術と創造的児童の発育。⑵卒業要件としてすべての学生に問題解決に関する論文を課すこと。⑶地元ニーズのためのタミール語、国民的統合のためのヒンズー語、世界への窓としての英語の三言語の能力を養うこと。⑷全員がキャンパスの整備維持と奉仕活動をする。たとえば、清掃人、管理人、調理師は置かない。

ラマチャンドランの際立った貢献は、この大学構内に軍事教練に代わる選択肢としての「シャンティ・セーナ（平和部隊）」を設立したことである。その精力的な指導者は、N・ラダクリシュナン教授（一九九二年と一九九七年）だった。一九五八年から一九八八年にかけてシャンティ・セーナは五〇〇〇人の青年志願生を訓練した。そして彼らは卒業すると制服に身を包み、「平和のために活動し、必要とあれば平和のために命を捧げる」ことを誓約したのである。精神的・肉体的・知的・組織的な訓練などを結合したシャンティ・セーナは紛争解決、治安維持、災害救助といった共同体の奉仕活動において地域ニーズに応えた。そのアプローチはつねに村民と〝一緒に〟活動することである。その結果、保育、衛生、居住、伝統芸能の保護などが目覚ましく進展した。一九七〇年半ばのインドの都市部においては、大学は抑圧の手段とみなされ爆破されたところもあったが、ガンジー村周辺では彼らの農業研究所が「ディームド大学」へと格上げされたことを祝う祭が催された。シャンティ・セーナはキャンパスの治安の責任を担った。武装警官の大学校内への立ち入りは一切許されず、ネルー首相やインディラ・ガンジー首相やその他の要人の訪問の際でさえもそれは許されなかった。

訓練組織

社会変革、紛争地帯での介入、社会防衛、その他の目的のための訓練機関は急速に登場してきている。経験豊かなトレーナーは国内的にも国際的にも需要が高い。彼らの存在は暴力的手段に依るのではなく、非暴力的方法による紛争解決能力が人間にはあるという確信を深化させている。次のような組織と著名なトレーナーが例として挙げられる（Beer 1994）。G・ラマチャンドラン非暴力学校（N・ラダクリシュナン）、国際平和旅団（ナラヤン・デサイ）、マーティン・ルーサー・キング＝フロリダ非暴力研究所（バーナード・ラファイエット・ジュニア、チャールズ・L・アルフィン、デイヴィッド・ジェンセン）、国際友和会（ヒルデガード・グロスメイアー、リチャード・ディーツ）、訓練センター・ワークショップ（ジョージ・レイキー）、国際反戦同盟（ハワード・クラーク）、パレスチナ非暴力研究センター（ムバラク・アワド）、国際非暴力運動（マイケル・ビアー）、平和正義サービス（アドルフォ・ペレス・エスキヴェル）、国際仏教者ネットワーク（イェシュア・モーザー・プアングスワン）、トランセンド（ヨハン・ガルトゥング）といったものである。

非暴力的かつ戦略的な社会変革の追求においてたいへん興味深いものとして、日本で誕生した武術「合気道」がある。それは護身術と人格形成のための訓練であるが、同時に非殺人的で創造的なものである。創始者の植芝盛平は「打ちのめしたり、傷つけたり、壊したりすることは人間が為しうる最悪の罪である」と教える。合気道の目的は宇宙の生命力との調和である。「合気道は愛の顕現である」（Stevens 1987：94, 112：Yoder 1983：28）。

警備組織

世界には非殺人的方法による共同体治安を追求するいくつもの組織がある。市民が非武装の国（日本）、警官が武器を所持していない国（イギリス）、警備監視員のいない刑務所（フィンランド）、非武装平和地帯（フィリピンのシティオ・カントマンヨグ）、非武装市民防衛協会（ドイツのミンデン）、紛争地帯で平和創出のための介入活動をする非暴力組織（Moser-Puangsuwan and Weber 2000 ; Mahony and Eguren 1997）などがある。政府と民間には武器のない世界を目指すための多様な運動もある。核兵器・生物化学兵器・拳銃・殺傷用銃器・地雷などの廃絶運動などである。その中に「平和和解センター（the Center for Peace and Reconciliation）」がある。これはコスタリカ前大統領で、非武装化と紛争解決の功績で一九八七年にノーベル平和賞を受賞したオスカー・アリエス・サンチェスによって創設された。かつての奴隷貿易反対運動に匹敵する「兵器貿易廃絶運動（the Movement to Abolish the Arms Trade）」がある。また、〝絶滅危惧種としての人類〟を救済することを使命とするフィリピンのレイナルド・パチェコとヘイディ・Y・ヨラクが創始した「銃のない社会・自然（Nature/Gunless Society）」運動などがある（Villavincencio-Paurom 1995）。

研究機関

欧米では、ジーン・シャープが創設した「アルバート・アインシュタイン研究所（the Albert Einstein Institute）」（アメリカのマサチューセッツ州ケンブリッジ市）が世界の民主主義・安全保障・正義のための非暴力闘争の研究をしている。アジアでは、ジャヤプラカシュ（通称〝J・P〟）・ナラヤンが創始した「ガンジー主義研究所（the Gandhian Institute of Studies）」（インド、ヴァラナシ市）が非暴力的社会変革を支援する社会科学の研究を行っている。国際レベルでは、セオドア・L・ハーマンが創設した国際平和研究学会（International Peace Research Association）の非暴力研究部会（Nonviolence Commission）が非暴力の研究・教育・活動におけるさまざまな発見を世界的に共有する運動を推進している。

問題解決組織

非殺人の原則による問題解決を使命とする研究機関としては「アムネスティ・インターナショナル（Amnesty International）」（人権擁護と死刑廃止）、「グリーンピース・インターナショナル（Greenpeace International）」（環境保護と核兵器廃絶）、「国際反戦者（the War Registers International）」（良心的兵役拒否擁護とすべての戦争準備反対）、「国境なき医師団（Médicins sans Frontières）」（暴力の犠牲者への人道的医療）などがある。

メディア

非殺人的な展望からローカルな状況とグローバルな状況を報道しているマスメディアの先駆けは、ジャーナリストであるコルマン・マッカーシー（一九九四年）の存在と、世界中での出版物がある。その中には次のようなものがある。『デイ・バイ・デイ（*Day by Day*）』、イギリスの平和主義者の政党フェローシップ・パーティー（Fellowship Party）が発行する月刊の報道・芸術・スポーツ評論誌、バンコク仏教徒の雑誌『平和の種（*Seeds of Peace*）』、国際的な『ピース・ニュース――非暴力革命に向けて（*Peace News: for Nonviolent Revolution*）』（英ロンドン）、フランスの月刊誌『現代の非暴力（*Non-violence Actualité*）』（仏モンタルジ）、イタリアの『非暴力行動（*Azione Nonviolen-ta*）』（伊ヴェローナ）、ドイツの『草の根革命（*Graswürzel-*

revolution）』（独オルデンブルク）、アメリカの『フェローシップ（*Fellowship*）』（米ナイヤック）と『非暴力活動者（*Nonviolent Activist*）』（米ニューヨーク）、その他多数の刊行物が存在している。『ソーシャル・オータニイティヴ（*Social Alternatives*）』（豪ブリスベン）、『ガンジー・マーグ（*Gandhi Marg*）』（印ニューデリー）、『国際非暴力研究（*International Journal of Nonviolence*）』（米ワシントンＤＣ）などもさまざまな社会問題に関する知見を発表している機関誌である。また、ナヴァジバン社（印アフメダバード）、ニュー・ソサエティ出版社（米ワシントン州ブレイン市）、現代非暴力社（仏モンタルジ）、オービス出版社（米ニューヨーク州メリノール市）などは、非暴力的社会変革を啓蒙する出版物に特化している。

文化的教材

非暴力的文化は知性と芸術を生み出す。それは人間の精神を高揚させ非殺人社会の建設を鼓舞する。それらは『ウィ・シャル・オーバーカム』というフォークソング、フィリップ・グラスのオペラ『サテイアグラハ』、ベルタ・フォン・ズットナーの小説『武器を捨てよ』、スティーブ・メイソンの詩『ジョニーの歌』、キャシー・コルヴィッツの芸術作品『育つべき種が土になってはならぬ』、リチャード・アッテンボローの映画『ガンジー』などである。マリカ・サラブハイがインドのアハメダバードで一九九五年に設立した「非暴力芸術センター」は、社会変革のために視覚芸術・舞台芸術・文学を非殺人的創造との相乗効果を試みている。

非暴力的な政治闘争

現在ではもう新しいことではないかもしれないが、二〇世紀後半においての非暴力的な政治闘争は非殺人の潜在的可能性をますます明らかにした。ジーン・シャープは、「非暴力的闘争あるいはピープルズ・パワーが、その後一〇年以内に世界の政治的方向性を形成する主要なパワーになるなどとは、誰も想像できなかったに違いない」(Sharp 1989：4) と言った。シャープは、一九七〇年から一九八九年までの以下に述べる重要な非暴力闘争に注目した。アフリカ (アルジェリア、モロッコ、南アフリカ共和国、スーダン)、アジア (ミャンマー、中国、インド、日本、韓国、パキスタン、フィリピン、チベット)、南北アメリカ (アルゼンチン、ボリビア、ブラジル、チリ、ハイチ、メキシコ、ニカラグア、パナマ、アメリカ)、ヨーロッパ (エストニア、フランス、西ドイツ、東ドイツ、ハンガリー、アイルランド、ラトヴィア、ユーゴスラビア連邦)、中東 (イスラエル占領下のパレスチナ)、太平洋地域 (オーストラリア、ニューカレドニア) などである。一九八九年以来、非暴力的な民衆のパワーが共産党一党独裁の劇的な終焉をもたらし、それはソビエト連邦、東ヨーロッパ、バルト三国、モンゴルに及び、ドイツ再統一を実現させ、南アフリカ共和国のアパルトヘイトを撤廃させた。

ただ、一九八八年のミャンマーや一九八九年の中国の時のように、すべての非暴力闘争が完全に非暴力的に終わったわけではない。非暴力的革命の成功事例は、生死を賭ける戦いであると評する人さえいる。しかし、非暴力革命はフランス革命、ロシア革命、辛亥革命といった暴力革命の流血の伝統とは、明らかに区別しなければならない。世界の植民地体制崩壊を導いたガンジーのインド独立運動、アメリカでのキング牧師的精神に則った公民権運動、フィリピンにおける非暴力的ピープルズ・パワーによる民主主義運動、核戦争反対運動、環境保護運動といったものである。これらの経験から強力な非暴力闘争のレパートリーは拡がり、次第にハイテク技術使用を含むものさえも出てきている。その一方で、政府の中には市民の平和・自由・公正に関する非暴力的要求への対応は、非殺人的に対応しているものもある。

政治体制やその構造の変革闘争に加え、既存の多くの社会運動はある意味で非殺人社会の一部を追求してきたとも言える。その中には以下のものがある。死刑廃止運動、妊娠中絶手術に代わる選択肢、良心的兵役拒否の実現、軍隊の廃止運動、非暴力的市民防衛の確立、都市・農村の戦闘地域での非暴力的治安維持の追求、戦争税の廃止運動、核兵器・生物化学兵器の廃絶、地雷・自動火器・拳銃の廃絶運動、殺人の経済支援廃止の運動、個人・マイノリティ・先住民の人権擁護運動、環境破壊防止、その他の政治的・軍事的・経済的・社会的・文化的変革の実現運動などである。

二〇世紀末の非暴力的な闘争は自然発生的というより、はるかに自覚的で信念に根差したものである。そしてそれらの闘争はグローバル規模の情報伝達で広範に広がったのである。ジーン・シャープ（Gene Sharp）（一九七三年）、ヨハン・ガルトゥング（Johan Galtung）（一九九二年、一九九六年）、ジャック・セメリン（Jack Semelin）（一九九三年）、マイケル・ランドル（Michael Randle）（一九九四年）らの先駆的学術研究がこれを後押しした。グローバリゼーションの時代でなお続く流血の中で、非暴力運動は国家と社会が起こす暴力と不公正に挑戦するため、学習とイノベーションを続けながら、世界中で発生拡大しているのである（Powers and Vogele 1997 : Zunes, Kurtz, and Asher 1999 : Ackerman and DuVall 2000）。

6　歴史的源流

歴史は非殺人能力を示す顕著な例を残しており、大規模な暴力の時代にでさえも頻繁に見られる。地球規模において非殺人の例を集めれば、人類非殺人史を描くことができるに違いない。そのような歴史の構成物を見てみよう。

非殺人的信念とその行動というものは抑えられるものではない。二〇〇〇年を越えるユダヤ・キリスト教史において、「殺してはならぬ」というモーゼの十戒の中での六つ目の戒め（出エジプト記二〇章一三節）、イエスの山上の垂訓（マタイによる福音書五章七節）、ならびに十字架のキリストの垂範は伝承と記録の中に生き続けている。無知蒙昧な農民から特権的エリートまでのありとあらゆる人々が迫害されたり殉教したりしながらも、殺人に抵抗してきた結果、非殺人の至上命題の炬火は連綿と続いている（Brock 1968：1970：1972：1990：1991a：1991b：1992）。一八九五年六月二九日にロシアの三カ所で、平和主義を掲げる「聖霊と共に戦う者（キリスト教ドゥホボール派）」の農民七〇〇〇人が大量の〝武器焼却〟を実行した。その後の迫害からトルストイの助けを得て、一八九九年に彼らはカナダに集団移住した。その数は七五〇〇人にも達した（Tarasoff 1995：8-9）。非殺人能力の歴史的ルーツは他の文化的伝統にも見出すことができる。たとえば、仏教（Horigan 1996：Paige and Gilliatt 1991）、イスラム教（Banerjee 2000：Crow Grant and Ibrahim 1990：Easwaran 1999：Kishtainy 1990：Paige, Satha-Anand and Gilliatt 1993a：Satha-Anand 1990：Tayyabulla 1959）、ユダヤ教（Schwarzschild, n.d.：Polner and Goodman 1994：Wilcock 1994）などにおいても見られる。

さらに、モスコスとチェンバーズによる現代民主主義国における良心的兵役拒否に関する比較研究（一九九三年）によれば、戦争での殺人拒否は宗教的理由よりも、むしろ非宗教的・人道的・政治的理由がおもなものであった。つまり非殺人の世俗化が始まっているのである。殺人を拒否するという行動において、宗教性と世俗性、原理主義と実用主義が混ざり合ってきている。

他の歴史的観察にはこんなことがある。一見暴力を厭わないような政治指導者が、時折見せる非殺人的信念への驚くほどの反応とその誠実な振る舞いである。例としては一七一三年にプロイセン国王フリードリッヒ一世が平和主義のメノナイト教徒に与えた兵役免除恩赦がある。似たような兵役免除恩赦はロシア皇帝エカチェリーナ二世によってや（一七六三年）、アレキサンドル二世によっても（一八七五年）与えられている（Brock 1972：230, 234, 436）。一九一九年トルストイの友人V・G・チェルトコフの嘆願とボルシェビキのV・C・ボンチ・ブリービッチの助言を受け、レーニンはトルストイ主義者と他の宗教集団信徒を赤軍への徴兵から除外している（Josephson 1985：162：Coppieters and Zverev 1995）。ボルシェビキの最初の決定事項の一つに軍隊での死刑廃止があった。この決定事項はほんの短期間しか続かなかったが、非殺人の可能性という意味では重要な出来事である。ジェローム・D・フランクが述べているように、市民が権威に弱いという傾向性を考えるならば、政治指導者が態度を変えることは、平和を創り出すうえで最も効果が大きいからである。ただ、指導者が先導しても民衆が従わないケースもある。ジムリングとホーキンスは西洋の民主主義諸国における死刑廃止に関して次のような指摘をしている。

民主主義国での死刑廃止は大多数の民衆の反対を押し切ってなされるのが常である。アメリカを除くすべての西洋民主主義国家では死刑執行は停止された。しかし、死刑執行が停止された時、死刑廃止を支持する民主主義的合意があった国は一つとしてなかったことを私たちはよく知っている。しかし、死刑廃止の流れは変わらないだろう。たとえ大衆の怒りが末長く続くとしても。

（Zimring and Hawkins 1986：xvi）

しかし、非殺人社会への変化における政治的指導の重要性（Paige 1977；Burns 1978）を強調するのは、けっして、増大している民衆の非暴力的パワーの重要性を否定するものではない。

第三の歴史的観察によれば、非殺人へのコミットメントは他の種類の苦痛を和らげ、社会での〝生への畏敬〟を促すということがあるという。非殺人は無関心や未活動を意味するのではない。たとえば、ジャイナ教の「アヒムサ（非暴力）」は動物や鳥やその他の生命体の救済という積極的な行為として捉えている（Tobias 1991）。社会を構造的に変えるための非殺人的な努力は、インドにおけるガンジー主義運動に見ることができる。この運動は政治的独立だけでなく、貧困層、女性、マイノリティ、カースト制、共同体関係を変化させるような経済・社会・文化の改革を追求した。同様に、アメリカにおけるキング牧師の運動も自由と人種的平等を追求することで、貧困から戦争に至るアメリカ社会の構造と機能における不正義を除去することとの一翼を担った。

非殺人能力の証拠は、暴力的近代国家の歴史においてさえ見出すことができる。アメリカがその例である。アメリカにおける支配的な暴力の伝統と比較すると、それが明らかにされているのはほんの一部だけである。アメリカの歴史における非殺人の起源が、未だに政治学者に知られていないのは無理もないであろう。しかし、紛れもなくアメリカにおける非殺人はその先駆的な研究によって明らかにされている（Brock 1968 : Cooney and Michalowski 1987 : Hawkley and Juhnke 1993 : Kapur 1992 : Kohn 1987 : Lynd and Lynd 1995 : Schlissel 1968 : True 1995 : Zinn 1980）。

アメリカにおける非殺人

非殺人はアメリカ合衆国建国の当初から存在した。それはアメリカ先住民と平和主義思想を持つ移民との関係で始まった。一六八二年から一七五六年までの七〇年間のほとんどの期間、軍隊の存在しなかったペンシルベニア植民地の平和主義的クエーカー教徒はデラウェア・インディアンと平和的に共存し、条約の宣誓に従って親睦的訪問にはドアを開けたままにしておき、相手の敵意ある意図に関しての風評については、合議することにしていた（Brock 1990 : 87-91）。宗教的な良心的兵役拒否のための規定は、アメリカ独立革命前の一三州のうちの一二州の法律に明記されていた。最もリベラルなロードアイランド植民地では（一六七三年）、「戦闘と殺人のために訓練し、武器をとる」ことを良心が許さない若者は兵役を免除され、良心的兵役拒否者が「処罰、罰金、差し押さえ、不利益、投獄」の対象になってはならないという規定が設けられた（Kohn 1987 : 8）。

非殺人の考えはこの新生国家の立法措置の中に存在していた。一七七五年の大陸会議（イギリス本国に対抗して組織された一三植民地の合議体）で可決された最初の法律の一つには非殺人の宗教的良心に対して「暴力を加えてはならない」という誓約が盛り込まれた（ibid. 10, 13）。一七八九年の合衆国憲法に修正付加された権利章典（the Bill of Rights）でジェームズ・マディソン下院議員は第二条への追加項目を提案し、市民はすべて殺人拒否の権利があることを認めさせ、「武器をとることに宗教的理由から疑問を持つ者は何人も兵役を強制されることはない」(ibid., 11) とした。マディソン案は下院で可決はされたものの、州の権利擁護に敏感であり連邦が州兵を大幅に規制することに反対だった上院では否決されてしまった。

アメリカ独立革命（一七七五～八三年）において、多様な民族性と宗教的信条を持つアメリカ入植者たちは同胞にも相手方に対しても殺人を拒否した。聖書を愛読していたイギリス軍兵士のトーマス・ワトソンは殺人を拒否し、その後マサチューセッツ州のクエーカー長老になった（Brock 1968：280-281）。イギリスの封鎖とそれに続いたアメリカによるボストン占領の期間（一七七四～七六年）、平和主義者のクエーカー教徒たちは、対峙するワシントン将軍とハウ将軍を説得して、市民と戦争避難民たちに人道的援助を行うことを許された（ibid., 193-194）。さまざまな苦難を乗り越え非殺人的良心は支持を集め、尊重されるようになった。

非暴力的闘争で独立が達成された可能性も十分にあった（Conser et al. 1986）。チャールズ・K・ウィップルは著作『独立戦争の諸悪（*Evils of the Revolutionary War*）』（一八三九年）で、「もし武力に訴えることがなければ、効果的、迅速に、尊敬に値し、はるかに良い条件の下で独立は達成できただろう」と言っている。その方法は、「第一に不公正な要求への迅速で冷静な拒否。第二に自分たちの窮状の公表と補償要求。第三は降伏を強要するための暴力に耐え忍ぶこと」などである。非暴力的闘争の力学に関するウィップルの分析は、実質的に後世のガンジーやジーン・シャープ（一九七三年）の思想における重要な部分を先取りしていたのである。独立運動が非暴力で行われた場合の優越性をウィップルはこう指摘している。死亡者ははるかに少なかっただろうし（死亡者はおそらく指導者一〇〇〇人と男女子供合わせて一万人ぐらいであったであろう。実際には八年間の武力闘争で一〇万人が死亡した)、戦争の経済的コスト(一億三五〇〇万ドル)と、その結果としての軍備増強(三億ドル)は避けられたであろう。さらに新生国家の宗教的・倫理的基盤は、はるかに高いレベルで構築されたであろう。さらに、非暴力的なアメリカの革命家たちは奴隷制を存続させなかっただろう。「この国の先住民からだまし取ったり、腐敗させたり、抹殺したりしなかっただろう」し、死刑を含む「暴力と復讐の制度を彼らの政府の構成要素としては認めなかっただろう」(ibid., 10)

非殺人の考えは、その後南北戦争前までにもあった。苦難と犠牲を強いられたアメリカの愛国主義者たちは米英戦争(一八一二年)とアメリカ・メキシコ戦争(一八四五年)において、平和、女性の権利、そして奴隷制度廃止のために力を尽した。男性も女性も、黒人も白人も、宗教的な人々も世俗的な人々も協力したのであった(Cooney and Michalowski 1987 : 20–33 ; Lynd and Lynd 1995 : 13–41)。非暴力的な奴隷制度廃止運動は北部の議会において奴隷解放令の採択に成功した。南部と北部の境界にある州と南部の州では奴隷所有者たちに対して、宗教的・経済的な根拠でもって奴隷解放のための説得工作が行われた。そこではクエーカー教徒ジョン・ウールマン(一七二〇～七二年)の預言者的な解放運動が続けられたのである。非殺人的な奴隷解放は可能だったのである。イギリス本国では一七七七年に奴隷制度が、一八〇七年には奴隷貿易が、一八三三年には大英帝国内全域における奴隷保有が廃止されていたのである。カナダのようにイギリス本国との良好な関係があったならば、アメリカにおいても奴隷制度は平和的に廃止されていたであろう。

南北戦争(一八六一～六五年)中における拷問・投獄・処刑・暗殺といった戦争反対者への虐待が続い

た結果、良心的兵役拒否の条項がアメリカ連合国（南軍）（一八六二年）とアメリカ合衆国（北軍）（一八六四年）のそれぞれの法律に加えられた。この条項は一貫性を欠くような、悪意のある弁明によって適用されたりした。しかし、個人的事情に基づく兵役免除の嘆願はエイブラハム・リンカーン合衆国大統領、エドゥイン・スタントン合衆国陸軍長官、ジョン・A・キャンベル連合国陸軍次官などに同情的に受理されたのである（Moskos and Chambers 1993 : 30-31）。変転目まぐるしい戦況の中で、殺人を拒否するテネシー・ディサイプル・オブ・クライスト教会の会員たちはジェファーソン・デイヴィス連合国（南軍）大統領と、その後を受けたアンドリュー・ジョンソン合衆国占領軍総督に嘆願し、彼らを兵役義務から免除させることに成功した（Brock 1968 : 842-843）。南北戦争における同胞殺戮の真只中で、程度の差はあったものの非殺人良心は、南軍と北軍の双方によって受け入れられていたのである。

工業化と帝国主義的拡張の時代から、二〇世紀における三つの世界大戦（冷戦を含む）を経て今日に至るまで、非殺人は存在し続けている。経営者、警察、国家、時には労働者自らの暴力によって妨害されてきたものの、アメリカにおける労働者の組織化と労働条件改善のための闘争は基本的には非暴力的であった。この闘争は武装した労働者階級による革命ではなかった。女性の平等権獲得運動も同様に非暴力的であった。モンタナ州選出のジャネット・ランキン共和党下院議員は一九一六年に当選し、最初の女性連邦議会議員（Josephson 1974）になった。一九一七年、彼女は四九人の男性の下院議員(8)および六人の上院議員(9)と共に、アメリカの第一次世界大戦参戦に反対票を投じた。一九四〇年に再選された彼女は、一九四一年のアメリカの第二次世界大戦参戦の是非に関してもただ一人反対票を投じた。後年、八八歳になった彼女は「ジャネット・ランキン平和部隊」の女性五〇〇〇人を率いてワシントンDCで行進し、ベトナムにおけるアメリカの殺戮を終わらせる努力をしたのである。

第一次世界大戦では、徴兵された米兵のうちの約四〇〇〇人が殺人を拒否した。一三〇〇人が非戦闘的義務、主として医務を受け入れた。他の一五〇〇人は農業労働に従事し、九四〇人は隔離された軍事教練所に留置された。そして殺人に関わるいかなる協力をも拒否した四五〇人の〝絶対兵役拒否者〟は軍法会議にかけられ、軍の留置所に監禁された。そのうちの一七人が過酷な扱いと病気のために死亡したのである（Moskos and Chambers 1993 : 34-35, Kohn 1987 : 42 : Lynd and Lynd 1995 : 91-117 : Schlissel 1968 : 128-175）。

第二次世界大戦時の徴兵義務期間（一九四〇～四七年）においては、七万二三五四人が良心的兵役拒否者となった。二万五〇〇〇人は非戦闘的任務を担った。二一三の宗派出身の一万一九九六人は一五一の民間公共奉仕所での仕事をすることに同意した（資料D）。戦争に協力するあらゆる形態の協力を拒否した六〇八六人は収監されたのである。その四分の三は「エホバの証人」だった（Anderson 1994 : 1-2 : Moskos and Chambers 1993 : 37-38 : Cooney and Michalowski 1987 : 94-95 : Gara and Gara 1999）。

〝冷戦（一九四五～九一年）〟の核の時代では、第二次世界大戦、南北戦争、第一次世界大戦に次ぐ死傷者数の出たベトナム戦争（一九六四～七五年）、朝鮮戦争（一九五〇～五三年）が起こった。この時代にあっても、アメリカ社会に非殺人性が現れた。アメリカとソビエト連邦の冷戦によって、少なくとも世界中で二〇〇〇万人が革命、反革命、そして地政学的な理由による国家的殺人の犠牲者になった。朝鮮戦争では、徴兵された二万二五〇〇人の米兵が殺人を拒否した。大規模な反ベトナム戦争運動は未曾有の数の殺人拒否の青年を生み出し、それは、すでに増加傾向にあった〝非宗教的〟な根拠に基づく良心的兵役拒否者だったのである（Moskos and Chambers 1993 : 39-43）。一九七二年では、兵役登録者中で兵役に就いた者よりも、良心的兵役拒否者として分類された者の数が多かった。他のベトナム戦争反対者は、兵役登録を免除されるために、収監されたり、国外へ亡命したりしたが、これはアメリカ以外の国で徴兵を逃れてアメリカに移住してくるという、それまでの平和主義者の伝統的潮流を逆流させてしまったのである。ベトナムでの大量殺戮の真只中、前線での医療衛生兵といった任務に就いた非武装の良心的兵役拒否者たちも戦争拒否の態度をとったのである（Gioglio 1989）。

冷戦後のペルシャ湾岸戦争（一九九一年）でも、非殺人的信念がまたもや注目された。この時、政府の戦争誘導に対する市民の反対はほとんどなかった。なぜならば、この時、もはや徴兵義務は存在しなかったからである。むしろ反対運動は現役兵士、予備軍兵士から起こった。彼らは殺人自体を拒否したのである。良心的兵役拒否を主張する海兵隊員の五〇人が軍法会議にかけられ、収監されたのだった（Moskos and Chambers 1993：44）。

アメリカの歴史における非殺人の潜在的可能性は、死刑廃止の努力をみても明らかである。それは植民地時代において、死刑が妥当とする犯罪の種類を減らすことから始まった。ミシガン準州では一八六四年に国家反逆罪以外の死刑が廃止され、ロードアイランド州では一八五三年に死刑が全廃された。現在では五〇州のうちで一二州およびワシントンDCが死刑を廃止している。このことは、アメリカ人が、市民生活においては集団的に、個人的には戦争において、殺人を拒否できることを証明する。しかし、連邦レベルでは合衆国最高裁判所はいまなお市民の処刑がアメリカ合衆国憲法に違反するという判断には至っていない（Zimring and Hawkins 1986）。

アメリカにおける非殺人の源流にはほかにも存在する。核兵器のない社会を目指す運動団体「和解運動（Swords into Plowshares Movement）」、軍事的暴力による貧困を根絶する社会を目指す「カトリック労働者運動（Catholic Worker Movement）」、男性の支配的な暴力文化を根絶する運動（フェミニズム）、アフリカ系アメリカ人を含むすべての人種の自由と公正平等を求める運動（非暴力的な社会変革のためのキング主義運動）などに見られる。一九三六年にガンジーはアフリカ系アメリカ人の指導者たちと会った。ガンジーの非暴力の呼びかけは「黒人霊歌」に強く共鳴するものがあった。アフリカ系アメリカ人が非暴力の呼びかけを歓迎していることを聞くと、ガンジーはこう答えたのである。「非暴力の純粋なメッセージはおそらく黒人の方々を介して世界に伝えられるのでしょう」（Kapur 1992：89-90）。平和主義の源流における先住民と移民との関係性は、ガンジー主義者、キング主義者、世界中の非暴力運動の関係性とよく似ている。つまり、アメリカにおける非暴力運動は世界の非殺人歴史と切っても切り離せない関係にあると言ってよい。

アメリカの暴力礼賛的な政治伝統にもかかわらず、非殺人アメリカ社会の源流は、開拓時代から今日まで根強く息づいてきた生命尊限の倫理にみてとることができる。戦争における殺人拒否、死刑反対、堕胎反対、軍縮要求、軍事化と地球規模の派兵に対する抵抗、経済・人種間の関係・女性の権利・文化アイデンティティの構造的変革を求める非暴力的行動がある。また、宗教、芸術、文学表現などの分野においても非殺人源流が見出される（True 1995）。ウェールズの平和主義政党「ウェールズ党（Plaid Cymru）」の創始者グウィンフォー・エヴァンズがウェールズについて豊潤な情感で語るように、アメリカの非暴力的愛国主義、〝非暴力ナショナリズム〟ともいうべきものをみることができるのである（Evans 1973）。国歌は「アメリカ・ザ・ビューティフル」であり、行進曲は「ウィ・シャル・オーバーカム」であり、祈りは「主よ、非暴力のアメリカと世界を祝し給え！」となるだろう。

非殺人的な生き方

究極的には、非殺人社会の源流は人類の歩みそのものにある。男性にも、女性にも、個人にも集団にも、賞賛されたかどうかは関係なく、過去でも現在でも、人間は社会変革をなしうるような潜在性を発現してきた。それができた人がいたということは、他の人もできるはずなのである。

パリ市立近代美術館の入口にはラウル・デュフィの巨大な円形壁画がある。そこには電気の発見応用に貢献した古代の哲学者たちから近代の科学者・発明家たちまでが描かれている。同様に、人類は非暴力の精神・理論・実践に貢献した人々と、非殺人政治学の研究に打ち込む人々の巨大なパノラマを心に描くことができるだろう。ジョセフソンの『現代の平和指導者評伝（*Biographical Dictionary of Modern Peace Leaders*）』（一九八五年）をめくると、一八〇〇年から一八八〇年までに存命中の三九カ国七一七人の指導者が収録されている。この本の全一一三四頁を始めから終わりまで読むと、非暴力世界を追求する自己の使命とその方法の人文科学教育がそこにあることが分かる。暴力の一時的受容から非殺人原理への全面的傾倒まで価値観はさまざまである。非殺人への追求を歴史的・地理的・文化的に拡大し、そして現代の生活に当てはまれば、その地球的遺産は我々を鼓舞するだろう。非殺人的人生の世界規模の発見と共有が必要である。

非殺人的な人生は時間・空間・文化を超えて相互に作用・共鳴する。古代の支配者たちがその例である。エジプトではヌビア生まれのシャバカ王（紀元前七六〇～六九五年頃）が死刑を廃止している（Bennett

1993：11)。インドでは仏教徒のアショカ王が、カリンガ征服（紀元前二六二年頃）後に戦争を廃止し、命あるものの殺害を禁じている。それは、カリンガ征服戦争で一〇万人を殺し、一五万人を国外に追放し、無数の民衆を苦しめたことによるものであった（Chowdhury 1997：52)。宗教的指導者たちの非殺人の模範も世代を越えて創造的な競い合いを引き起こしている。ブッダ、マハヴィラ、イエス、ムハンマド、ジョージ・フォックス、グル・ナナーク、バハオラ等々がそうである。個人レベルにおいて、殺人的人間が非殺人的人間へと変化すると、世俗的・宗教的を問わず劇的な変化が起きるものである。それら兵士が絶対平和主義者になる（Crozier 1938；Tendulkar 1967；Khan 1997；Boubalt, Gauchard and Muller 1986；Roussel 1996)。革命家が殺人を拒否する（Narayan 1975；Bendaña 1998)。良心的兵役拒否者たちが徴兵に反対する（Moskos and Chambers 1993)、といったようなことである。人道主義者たちのケースではニュージーランドのアーチバルド・バクスターの例がある。彼は驚嘆すべき〝非殺人的勇気〟を示し、拷問と第一次世界大戦時での徴兵に抵抗した（Baxter 2000)。聖書に忠実なオーストリアの農民フランツ・イェーガーシュテッターは、ヒトラーのために戦うことを拒否し、斬首された（Zahn 1964)。非暴力的な救援者たちは、ユダヤ人をヒトラーのホロコーストから救い出した（Fogelman 1994；Hallie 1979)。現代の産軍複合の国家に対し、倫理的・物理的・労働的な協力を拒んだ人もいる（Everett 1989)。ある人々は大量破壊兵器を使用不能にした（Norman 1989；Polner and O'Grady 1997)。

幾百万人の名もなき民衆が、一メートル六三センチの小柄なインド人モハンダス・K・ガンジーの非暴力リーダーシップに呼応してきた。文化的には、暴力的なパータンスがムスリム教徒アブドゥル・G・カーンの非暴力的指導に随従している（Banerjee 2000；Easwaran 1999)。偉大なガンジー主義教育者

G・ラマチャンドラン博士は以下のように観察している。「有名なヒーローたちよりも無名の非暴力的ヒーローやヒロインたちの方がはるかに重要なのである」（Ramachandran 1984）。アメリカではガンジー主義的方法で訓練された小規模のグループのアフリカ系アメリカ人大学生が公民権運動を開始し、これがマーティン・ルーサー・キング牧師のリーダーシップと連携した（Halberstam 1998）。アーディン・バラウ（Adin Ballou）やヘンリー・D・ソロー（Henry David Thoreau）といった非暴力的アメリカ人はトルストイを奮起させている（Christian 1978：588）。そのトルストイはガンジーに影響を与え、ガンジーはキング牧師を奮い立たせ、これらのすべてがドイツ「緑の党」創設者ペトラ・ケリーを奮起させ（Kelly 1989）、地球規模における各地の非暴力の相互学習とその刷新の中で、他の多くの集団と個人を立ち上がらせてきたのである。一九九七年と九八年にヨルダンのアンマンで国連大学リーダーシップ国際会議が開かれた。この会議の最初の二つのプログラムで、六〇カ国二〇〇人以上の若い指導者たちはガンジーを「最も尊敬すべき世界的指導者」に選出した。彼らの賞賛は、世界の植民地制度が崩壊した一九四五年以後の多くの独立運動の指導者たちの賞賛と共鳴する。

非暴力的指導者の台頭は、世界中で続いている。カンボジアのマーハ・ゴーサナンダ、韓国の咸錫憲《ハムソクホン》、ナイジェリアのケン・サロウィワ、スリランカのA・T・アリヤラントネ、タイのスラク・シヴァラクサ、フランスのランゾー・デル・ヴァトトとジャック・ボラルディエール将軍、イギリスのロナルド・マローン、イタリアのアルドー・カピティーニ、インドのN・ラダクリシュナン、ブラジルのドン・ヘルダー・カマラ、アメリカのA・J・マスティなどがいる。ガンジーを無視した歴史を反省して、ノーベル平和賞は、非暴力へ顕著な貢献をした指導者たちに授与されるようになってきた。南アフリカのアウバート・J・ルトゥーリとデズモンド・ツツ司教、北アイルランドのマイリード・コリガン・マグアイア、アルゼンチンのアドルフォ・ペレス・エスクィヴェル、ミャンマーのアウン・サン・スーチー、チベットのダライ・ラマなどが受賞した。

女性たちもさまざまなドラマを演じながら、社会のあらゆる暴力に対し非暴力的な挑戦をしてきた。オーストリアのベルタ・フォン・ズットナー、バリのゲドング・バゴエス・オーカ、インドのメドハ・パトカール、アメリカのドロシー・デイ、バーバラ・デミング、ジーン・トゥーマーがそうである(Stanfield 1993：49)。

第二次世界大戦下のイギリスでは一七〇四人の女性が良心的兵役拒否を申したてた。そのうちで、非戦闘的任務だけでなく、民生的任務さえも拒否した二一四人は収監されたのである(Harries-Jenkins 1993：77)。集団的に団結した女性たちは、以下に述べるような問題に対して抵抗運動を展開してきた。軍による人権侵害(ブエノスアイレスの五月広場の母親たち)、民族殺戮(セルビアの「黒の女性」)、核戦争準備(イギリスのグリーナム・コモン女性平和キャンプ)、環境破壊(インドのチプコの「樹木抱擁」運動)である。そのほか多くの不正義をも糾弾している(McAllister 1982：1988：Morgan 1984：Foster 1989)。ジョウン・V・ボンドゥラント(Joan V. Bondurant 1969)、エリーズ・ボールディング(Elise Boulding 1980：1992)、ベレニス・A・カロル(Berenice A. Carroll 1998)ら女性学者たちは非暴力社会変革の知識をその平和研究の分野で発展させてきた。

既婚か未婚かは問わず、男女のペアもお互いも手を取り合って、非暴力的変革の戦いに参加してきた。カストゥールバ・ガンジーとモハンダス・ガンジー、コレッタ・スコットとマーティン・ルーサー・キング牧師、ドローレス・フエルタとチェザール・チャヴェス、ドロシー・デイとピーター・モーリン、フランシス・ウィザースプーンとチャールズ・レクト、エリザベス・マカリスターとフィリップ・ベリガンなどがそうである。一九八六年のフィリピンにおけるピープルズ・パワーの非暴力的介入は特筆に値する。聖職者の男女、一般信徒の男女たちが一致協力して、独裁と反革命勢力に対抗し勝利したのである（Santiago 1995）。グローバルな視点に立つならば、人類の非暴力的な生き方は揺るぎない確信を男性にも女性にも与えるのである。その確信とはすべての人々のニーズを尊重する殺人の存在しない公平な社会を建設することができる、というものである。

7　非殺人社会のための能力

非殺人社会の可能性は人類の経験とあらゆる創造の能力に根差しているものである。人類の大部分は殺人の経験が過去にはなく、これからも殺人を犯すこともない。私たちは殺人を犯すことができるが、本能的に殺人をせざるをえないように生まれてきたのではない。不完全とはいえ、偉大な宗教的伝統のおもな教えは今も健在なのである。それは、生への畏敬であって、〝殺してはならない〟というものである。人類は最も暴力的な状況に置かれても、思考をめぐらし非殺人的であることができたのである。殺人が発生すると、その原因を科学的に理解し、どのようにしたらその原因が除去され、どのようにしたら自分と社会が殺人から解放されるか、を究明できるようになっている。

非殺人社会の原型は過去と現在のグローバルな経験の中にすでに存在している。それはけっして仮説に基づくような想像上のものではない。非殺人原理に基づく宗教的、政治的、経済的、社会的、文化的な制度と実践は人類の経験のうちに見出すことができる。軍隊のない社会、死刑のない社会、兵器が実質的にない社会がある。人類の存続と繁栄への脅威になるような問題を解決するための非殺人を標榜する団体や運動がある。非殺人についての歴史的経験は、現在と未来の社会変革行動を導くための知識を我々に提供している。過去と現在における非殺人を貫いた人々の勇気と偉業は、教訓でありインスピレーションの源である。

人類が、この地球規模で得た経験上の要素を組み合わせ、調整し、クリエイティブに展開するならば、合理的で想定可能な非殺人社会は現在手の届くところまできている。もちろん、その可能性の存在が実現の可能性を保障するという意味ではない。ここで私が言っているのは、従来は〝思考不能〟とされてきた常識に疑問を呈し、私たち人類は非殺人のグローバルな社会変革を実現できるという確信である。

第3章　政治学への影響

非暴力は宗教上の問題だけではない。
非暴力は社会上の問題だけでもない。
非暴力は権力の科学なのである。

——G・ラマチャンドラン

これまで述べてきた人間の能力は、非殺人社会を実現するために、「政治学（political science）」という学問において、どのような重要性があるのだろうか。非殺人の可能性という「前提」が、殺人の不可避性という「前提」に取って代わると、政治学者は、どのような学問を追究することになるのだろうか。どのような価値が、私たちの研究を鼓舞し、指導することになるのだろうか。我々はどのような事実の調査をすることになるのだろうか。説明と予測のための理論は、一体どのようなものになるのだろうか。蓄積された知識をどのように応用できるのだろうか。我々はどのようにして政治学の教育と訓練を施すべきなのだろうか。どのような研究機関を創設できるのだろうか。非殺人世界の建設へ向けて、非殺人社会を実現するための知識の発見・創造・共有・利用のプロセスにおいて、私たちはどのようにして他の人々と協力することになるのだろうか。

非殺人社会の達成可能という学問的前提は、政治学の持つ専門性を非殺人の創出へと転換することになる。この前提は「暴力（殺人）の容認が政治の実践と政治学には不可避である」というヴェーバー的なドグマに疑いの目を向けることになる。それが非殺人倫理と相入れないことをも明示することになる。そして、この前提は従来〝考えられない〟としてきたことを問題にしてしまう。

1　非殺人政治分析の論理

非殺人政治学による「パラダイム・シフト（思考の枠組みの抜本的変革）」は、非殺人の四部構成の政治的分析の論理が必要になる。殺人の原因、非殺人の原因、殺人から非殺人への転換の要因、殺人絶無社会の特徴について、我々は知る必要がある。逆説的ではあるが、殺人を理解することは、暴力を前提とする既存の伝統的政治学よりも、むしろ非殺人政治学にとって重要である。これは、殺人に関するものが一切存在しないという状態を、非殺人的手段によって達成する、という目標があるからである。殺人が個人的・集団的にも不可避であり、受け入れられると想定している場合、自分と他人との関係における殺人というものを理解したり、その原因を除去しようとする必要性が低くなるのである。最終手段として「私あるいは私たちはあなたを殺すのだ」ということが前提であれば、問題はあるものの、「安全」という感覚はある。この前提が存在しない状態では、殺人の原因を理解し、それを除去することは人類の存続と繁栄にとって絶対的に必要なのである。

因果関係は非殺人分析において核心部分にあたる。殺人、大量虐殺、原爆投下による都市壊滅に至るどのようなレベルの殺人でも、多くの要因が複雑に絡んでいるものである。その原因と結果のプロセスを我々は理解する必要がある。どのような殺人事件でも因果関係の説明は要求される。誰が誰を、どのようにして、何処で、いつ、動機、犯行歴、状況、個人あるいは社会的意味、結果などを知る必要がある。そして集約的・簡潔・類型的な説明のために、いろいろな事件の間にある殺人原因の相関関係を見つける必要がある。

同じように、非殺人の原因も理解する必要がある。なぜ人間は殺人を犯さないのか。なぜ我々の生活の中で非殺人の思想が生まれたのか。なぜ人類は非殺人の原理に献身的であるのか。嘲り、追放、流刑、剥奪、投獄、拷問、損傷、殺害の脅迫、暗殺といった状況の中で、歴史上ある人々はなぜ〝殺〟ではなく〝生〟の原理に固執したのだろうか。なぜ彼らは非殺人的手段による非殺人的目的の方策、行動、組織を生み出したのだろうか。

さらに、なぜ、個人においても集団においても、殺人から非殺人へ、そして非殺人から殺人へと転換したのか。なぜ、ある殺人者たちは殺人受容からその拒否に変貌したのか。兵士が平和主義者になり、革命家が殺人を放棄し、殺人犯が非殺人者に転換するのはなぜか。さまざまな思想が、個人が、指導者たちが、団体が、制度が、政策が、非暴力的な方向へ舵を切ってきたのはなぜか。これまで非殺人に忠実だった人々が、殺戮の支持者に変節するのはなぜか。たとえば、死刑を廃止した国や州が死刑を復活させたり、平和主義者がある特定の戦争を、一時的にせよ支持したりするようなことである。非殺人分析とは、けっして不可逆の直線的な進展を想定しているわけではない。非殺人へと転換するうえでの、事件・規模・振幅を理解することは、非殺人への変化のためには必要不可欠である。我々の関心は個人から構造の要素を経て社会全体へと向けられる。

非殺人政治的分析のために、第四の必要条件は、非殺人社会のバリエーションが無限にあることを想定し、殺人がまったく存在しない社会の特徴を理解することである。非殺人社会のどれもこれもが、まったく同じような社会になるとの仮定はありえない。なぜならば、人間には独創性があるからである。この第四の必要条件はおそらく最もクリエイティブな作業である。ただし他の三つの必要条件も高い創造性を要求する。最初の三つは歴史的・現代的文脈から得られたさまざまな発見の確認作業を必要とする。さらに、個人・社会・地球的レベルにおける生命倫理のうえで潜在的に達成可能なものであり、時には仮定上の斬新的探求をする。第四の必要条件では、三つの必要条件下で得られた知識をこのような研究と組み合わせることになる。詩人ウォルト・ホイットマンが、「かなたへ跳躍し、それでいて手前に引きもどす」（Whitman 1855 : 71 : ホイットマン、二〇〇八年、二一八頁）と詠んだように、これは私たちへの挑戦である。

我々は、この社会が、まさか殺人的傾向などあるはずがないと考えている。しかし、これは人間が非殺人能力をどの程度持っているかどうかを十分に分かったうえで、そう考えているのではない。グローバルな規模で、歴史上の経験と照らし合わせて初めて可能になる。さまざまな証明済みの能力の組み合わせを想定することで、どのような社会にあっても、全面的な非殺人は実現可能だということが理解できるようになる。そのような経験上（empirical）の理解は、純粋理論（pure theory）探求への道をひらくことになる。その純粋理論は殺人皆無の社会のあるべき特徴と、殺人皆無の社会を実現する具体的道程を指し示すことになる。

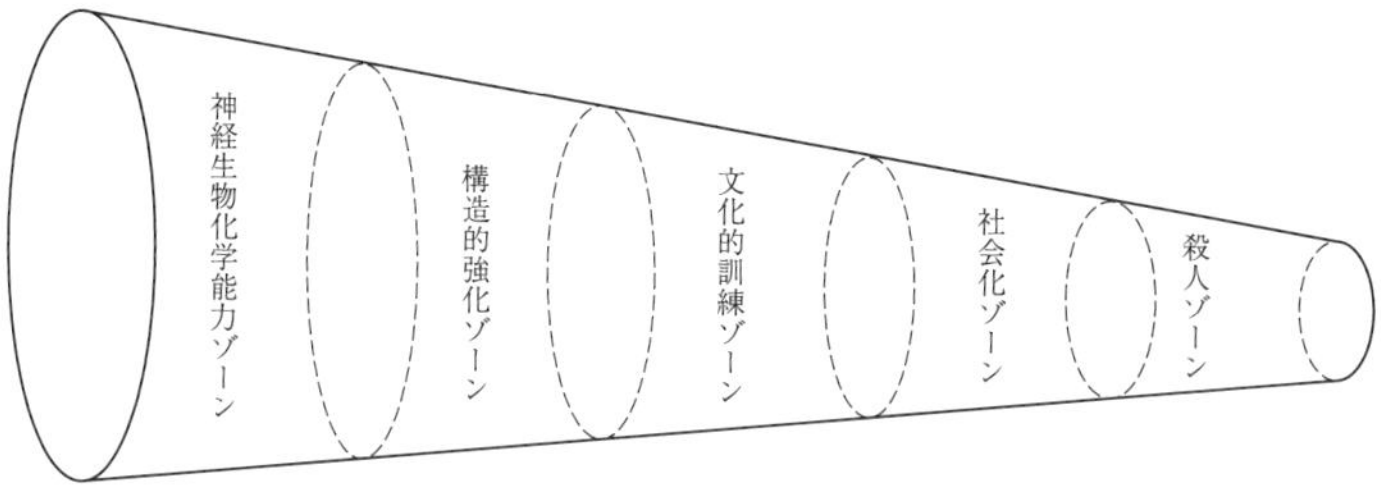

図1　殺人のファネル

純粋理論の発展が政策に応用できるものとされてきた数学、物理学、経済学といった〝科学〟とは違い、政治学は仮定に基づく理論的想像を受け入れない傾向性があった。暴力との関係ではこの傾向性が顕著である。暴力のあることが政治学の前提になっているため、政治学は非暴力創造性そのものを潰してしまう。非暴力的創造性を的外れの〝空想的〟〝観念的〟〝非現実的〟と決めつけることによって、政治学の思考は、未来永劫にわたって殺人性の牢獄に繋がれる。非殺人の創造的な発想は、その牢獄からの解放である。

非殺人分析から得られる基礎的知識は、五つのゾーンにおける選択肢を創造する変革的行動に適用される必要がある。これらのゾーンは図1のような「殺人のファネル」として描くことができる。

「殺人ゾーン」は、単純な殺人から大量殺戮に及ぶ流血の場である。「社会化ゾーン」は人間が殺人を学習する場であり、それは直接的訓練の場合もあれば、殺人の実例を観て、間接的な疑似体験の場合もある。「文化的訓練ゾーン」では、殺人が不可避的で正当性があると私たちは教え込まれる。「訓練」の拠り所には宗派や政治セクト、戦勝や虐殺の宣揚、家訓、法律、マスメディア、芸術などがある。「構造的強化ゾーン」では、殺人を容易にするような、またそれを支えるような社会経済の結び付き、制度、物質的手段が提供される。「神経生物化学能力ゾーン」は、肉体的・神経系・脳機能の要因

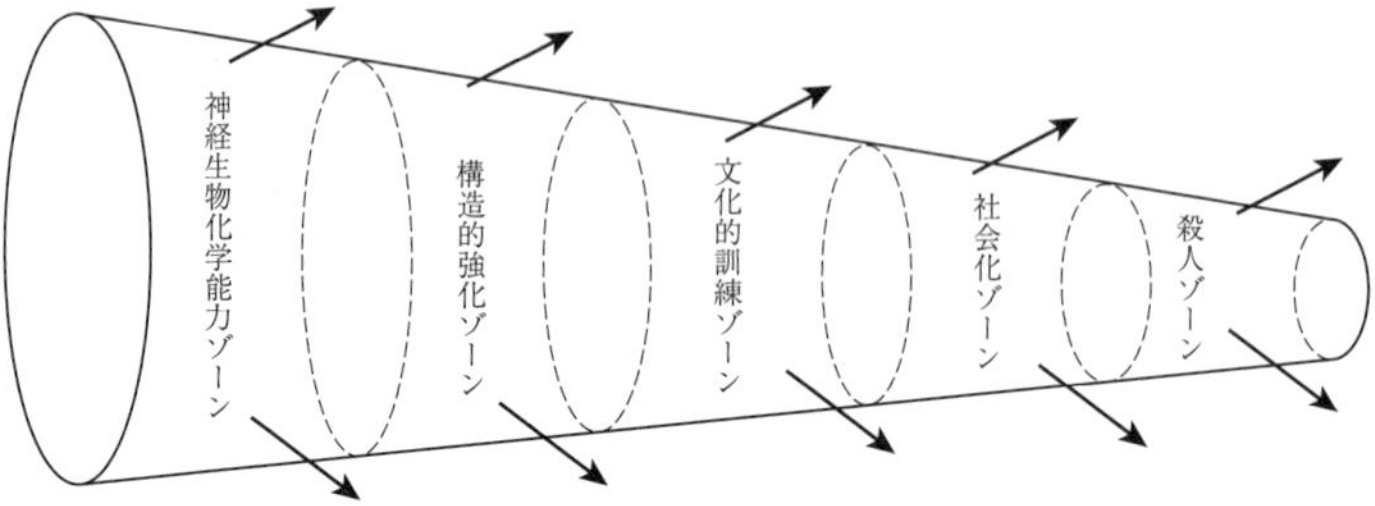

図2　非殺人選択の扇子

とプロセスから構成されるが、これらは人間の利己的・生存追求的な殺人性ならびに非殺人的行動を助長させる（Lopez-Reyes 1998；Morton 2000）。

非殺人への転換は、「殺人のファネル」を開いて、「非殺人選択の扇子」にすることである。これは各ゾーンと各ゾーンの間を〝貫く〟意図的な努力によって成される（図2）。この変化は殺人ゾーンにおける宗教的介入や、非殺人的ハイテク技術を使った介入、非殺人的な社会化と文化的訓練を経て社会的・経済的諸条件の構造変革にまで及ぶ。この広範囲にわたる〝変化〟は現状維持や変更のための殺人を必要とはしない。それらの変化は臨床的なもの、薬学的なもの、身体的なもの、自己変革のための瞑想、生体自己制御などによってなされる。それらが殺傷的な〝生物的傾向性〟というものから我々を解放するのである。

2　非殺人行動の原理

すべてのゾーンで最終的には「殺人」に集約されてしまうわけだが、そこで非暴力的手段を選ぶ際には、非暴力政治の分析論理に則って必要な知識を得ることが重要である。これに加えて、非殺人へのパラダイム転換には、日常の生活からグローバルな政治における個人的・社会的意思決定の原理を完成させなくてはならない。これは実際の経験と予備的シミュレーションを組み合わせる実験的認証方法によって発展可能である。この点では、軍事〝仮想空間〟における人間とコンピュータの戦闘シミュレーションはかなり先をいっていることになる。

二〇世紀における傑出した運動の中から出現した非暴力原理（ガンジー主義的運動とキング主義的運動がとくにそうである）は、我々にとって深く考察すべきものは以下のようになる。

生命尊厳のインスピレーションから力を得よ。
信仰者であろうとヒューマニストであろうと
自身と他者の生を敬え
すべての人の幸福を求めよ。
暴力は人々を分断し、非暴力は人々を団結させる
争いにおいては、徹頭徹尾、和解を求めよ
恥辱、蔑視、略奪、抹殺ではなく
人々を苦しめる状況を変えるために
建設的な奉仕に参加せよ

創造的であれ
現代の科学技術的な、構造的な暴力に立ち向かうためには
壮大なる創造性が必要であった
非殺人変革はさらなる創造性を必要とする

変化には実験的アプローチを採れ
成功と失敗から学びながら
限りなく非殺人社会への接近を、弛むことなく目指すのだ

道義的模範の影響も民衆の非暴力パワーも
個人の行動、大規模な社会的行動も尊重せよ

前を向いて奮い立て
暴力を棄てよ
非暴力に専念せよ　そこに力があるのだ

さあ、この地上を闊歩したまえ。
自然を　人間を
殺すことを拒みながら

非暴力の発見と行動に参加する人は誰でも、さらなる優れた原理の完成に貢献できる。グローバル的でありながら、特定の状況にでも対応可能な非殺人スキルの完成にも貢献できる。

現代の政治学の状況においては、非殺人社会の可能性を認めることは、この学問分野のあらゆる面に対し疑念を生み出すことになる。暴力の不可避性と正当性という一般的な傾向性の中で、政治学者は他の社会成員と同様に、以下のどれかになる傾向がある。まずは、暴力積極派（proviolent）である。このグループは自己または文明にとって殺人は有益なものとして肯定する。暴力容認派（violence-prone）は、有益と考えるならば殺人を支持する。中間派（ambiviolent）は殺人・非殺人、殺人支持・反対のどちらにも傾く。暴力回避派（violence-avoiding）は殺人を回避し、殺人を支持しないという傾向を持つ。ただし殺人の準備はしている。非暴力派（nonviolent）は殺人を犯さないことに専心し、殺人を生み出すような状況を改善する。最初の四派は暴力前提ないし暴力容認の政治と政治学と言える。最後の非暴力派は非殺人政治学の創出を要請するものである。それは学問と社会における非暴力の転換に貢献することを意味する。

明示的であろうが暗示的であろうが、現代の政治学が〝暴力容認的〟だからといって、すべての政治学者が、さながら軍事教練の教官のように「殺せ！　殺せ！」と、教室で学生に殺人を促しているなどと言っているのではない。また、政治学者が内戦や国家間戦争をなくすためにデモクラシーの制度（政党間の競合、選挙、議会、法律）を追求しているという事実を無視するものではない。しかし、現代政治学の暴力容認的な特徴と、非殺人的選択肢の可能性を認めることは、倫理的にも経験的にも希望をもたらす。それは、自由、平等、正義、民主主義とならび非殺人を政治学の規範的・経験的中心部分に据える必要性を意味する。

3　非暴力科学革命

非殺人社会の実現可能性を認めることは、政治学における非暴力科学革命を意味する。そのためには以下七つの相互補完的な学問上の革命が必要である。殺人の容認から否認への規範革命（normative revolution）、非殺人社会変革のために有利な要因を特定する事実調査革命（factual revolution）、非殺人的変化の原因と過程を理解する理論革命（theoretical revolution）、非殺人的知識を実践に移す応用革命（applied revolution）、非殺人的変革のための知識とスキルを提供する教育革命（educational revolution）、非殺人的変革を促すためにさまざまな組織や団体を改変したり新設したりする組織革命（institutional revolution）、そして非殺人変革という作業に最も適した問題設定、分析、現地での行動に関する方法論を創出し、それを採用するという方法論革命（methodical revolution）が必要である。

規範革命（Normative Revolution）

規範転換とは殺人の責務から非殺人の責務への転換である。積り積って、価値を提供する倫理的発見と、経験的発見というものの相互作用がこれを可能にする。倫理的な意味での進歩は、「殺人は倫理的な責務」から、「殺人が責務であるというのは問題である」「非殺人は仮説的に探求可能である」「非殺人規範への専心」へとなる。これと併行するような経験的進歩は、「非殺人社会は不可能である」から「非殺人社会は問題である」となり、さらに「非殺人的社会の実際の探求や仮説上の探求」から、「非殺人世

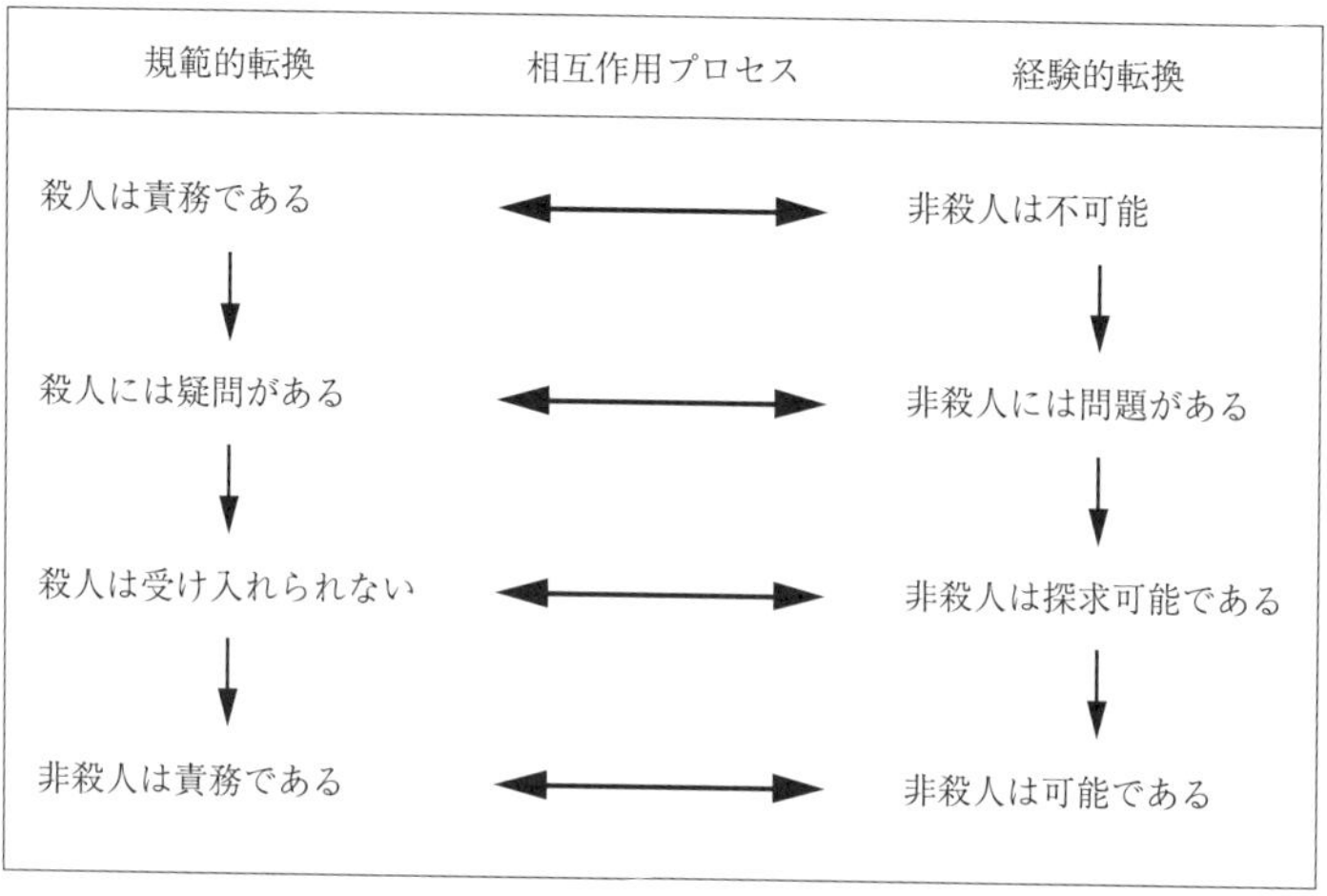

図3　規範的・経験的非殺人パラダイム・シフトのプロセス

界の非殺人社会を創造し、維持するための知識を探求する科学的コミットメント」へと向かうことになるのである（図3）。

以上のような倫理的挑戦と経験的応答、および経験的挑戦と倫理的応答の相互浸透のプロセスを経て、非暴力原則と暴力政治の間に立ちはだかるヴェーバーの〝壁〟を乗り越えることができる。このようにして不屈の生命への尊厳が、現代政治学の共通の倫理的基礎として、〝証拠と推論の規則への非妥協的な姿勢〟（Almond 1996：89）に追加されるのである。

事実調査革命（Factual Revolution）

暴力を容認する前提状態では、非殺人的な事実が看過されがちである。事実調査革命とは、この過小評価される非殺人的な人間能力を証明する事実の発掘や発見を意味する。そのような事実は神経科学から高度な科学技術にまで及ぶ。我々の興味を引く事実は、暴力的な歴史や文化の状況下でも非暴力的現象が起きていたということである。

たとえば、紀元前三九九年の古代ギリシャにおいて、アテネの議員五〇〇人のうち一四〇人がソクラテスの死刑に反対票を投じた（Stone 1989：187）。日本では、仏教的な平安時代（七九四～一一九二年）に〝約三五〇年間死刑が実施されなかった〟（Nakamura 1967：145）。アメリカでは一九一七年四月六日と七日に、五〇人の下院議員と六人の上院議員がドイツへの宣戦布告に反対の票を投じた。ロシアでは一九一七年一〇月二三日、五～六人のボルシェビキ（後のソビエト連邦共産党）党員（ソ連共産党中央委員会の公式発表でも最低二人）が、レーニンの武力革命政策に反対した（Shub 1976：271）。広島・長崎への原爆投下直前の一九四五年七月末に、アメリカでマンハッタン計画に参加した科学者一五〇人のうち一九人が、自分たちが製作に関わった兵器のいかなる軍事的使用にも反対するという決議をした（Giovannitti and Freed 1965：168：Alperovitz 1995）。一九九六年にはアメリカ海兵隊は国防総省および他の政府関係機関の非殺傷兵器の研究・開発・取得行為をすべて調整する〝最高執行機関〟になった（Lewer and Schofield 1997：45）。非殺傷兵器は現時点で殺傷技術の補助として採用されていて、依然として殺傷はしているものの、非殺人安全保障思想の先駆けであった。

非殺人事実の調査上の変化は、あらゆる社会の過去現在における非殺人傾向の指標の発見を促すことになる。

理論革命（Theoretical Revolution）

ここで意味する理論革命とは、非殺人分析の論理に則って、必要とされる知識の獲得を促進し、個人の決断、市民社会の行動、および公共政策に資する規範的・経験的な理論を創り出すことである。たとえば、「原理」「実用性」「プロセス」という理論上の三つの先駆的な業績は、非殺人政治パワーの持つ変革潜在力への可能性の高さを示している。

第一は、ガンジー主義者が強調するものであるものの一般的には見過ごされているものである。ガンジーが自著『サティアグラハの科学（*The Science of Satyagraha*）』（一九七〇年）で示したように、個人・集団で真理（正義）を追求するうえでの、生を畏敬する精神パワーの重要性である。ガンジーは、神に対する生き生きとした信仰を、真理（truth）、愛（love）、非暴力（nonviolence）として定義した。それは、すべての宗教を包含し、非暴力パワーの不可侵の源泉である。非暴力の精神とその現実は人間生活の基本法則であり、暴力（violence）はその侵害（violation）なのである。

第二は、ジーン・シャープ（Gene Sharp）の『非暴力行動の政治学（*The Politics of Nonviolent Action*）』（一九七三年）で示された非暴力パワー理論である。それは服従に依拠する政治の本質に鋭い分析を加えた。シャープは歴史的に証明された非暴力闘争テクニックの広範な実例を提示し、かつ非暴力的な政治変革ダイナミズムの戦略的分析を披露した。シャープの見解によると、非暴力的政治行動は単純に言えば強力だということである。精神的・宗教的・平和主義といった精神的コミットメントは、前提条件として必要ではない。

第三の理論的挑戦は、ジョン・バートン（John Burton）によるもので、暴力の起源としての〝ニーズ欠乏〟の分析である。その処方箋としては、〝ニーズ充足プロセス〟に非暴力的に参加することを示したのである。バートンの理論はその自著『逸脱・テロリズム・戦争――未解決の社会的・政治的問題を解決するプロセス（*Deviance, Terrorism & War : The Process of Solving Unsolved Social and Political Problems*）』（一九七九年）や他の著書（一九八四、一九九六、一九九七年）で展開されている。バートンの主張によると、殺人（homicide）から戦争（war）に至るあらゆる形態の殺人は、人間の「ニーズ」侵害に由来しているという。第一のニーズは〝アイデンティティの承認（recognition of identity）〟と〝尊厳（dignity）〟である。侵害者にも被侵害者にも同じニーズは存在している。ニーズが侵害されている状況下では、価値へのアピールや強制的措置などでは殺人を抑制することはできない。しかし、問題解決のプロセスが提供され、ニーズを侵害されたすべての者が、そのニーズ充足に向けてのプロセスに参加できるようになれば、非暴力的社会を実現することになるのである。

精神的な力、実際の効果、参加型の問題解決に関するこれらの研究は非暴力理論を構成する要素である。それらは歴史、国家、階級、経済、制度、ジェンダー、人種、エスニシティ、宗教、文化、環境、未来予測、その他のローカルな状況、グローバルな状況の中に位置づけられる。非暴力理論の創造性を進展させている重要な業績としては、ロバート・J・ボロワーズ（Robert J. Burrowes 1996）、ベルニス・A・カロル（Berenice A. Carroll 1998）、ヨハン・ガルトゥング（Johan Galtung 1996）、ブライアン・マーティン（Brian Martin 1989）、ケイト・マッギネス（Kate McGuinness 1993）の研究がある。

応用革命（Applied Revolution）

規範上の転換、事実調査上の転換、そして理論上の転換を組み合わせることによって非殺人政治学の建設に向けた新しい取り組みが生まれる。規範上の転換は非殺人の思想、個人、組織、運動、政策、制度への新たな関心と、建設的な（ただし無批判的ではない）支援を意味する。シャープ理論は明らかに、暴力的で抑圧的な政権を非暴力的に変化させるための取り組みである。これは無責任な民主主義国家にさえも影響を与えたり、変化させることにも応用できるであろう。バートン理論によると、政治学の主たる応用とは、社会的・政治的問題の解決のために、ヒューマン・ニーズに対応するプロセスに人々を参加させることにある。ニーズ不足状態における倫理、方法論、感受性を融合させることによって、ガンジー主義理論が明白に示しているのは、殺人の結果・原因である政治的、経済的、社会的、文化的、構造的な暴力の変革へのコミットメントである。非殺人的な精神に影響を受けたガンジーやキング牧師のような指導者たちが非暴力的な構造変革に全身全霊を捧げていたことを想起しなくてはならない。

応用上の挑戦とは、非殺人的分析の論理に則って「殺人のファネル」を開いて、「非殺人選択の扇子」へ転換し、ローカルとグローバルの両レベルにおける変革を支援することである。〝民主主義政治〟と〝自由主義市場〟という名の「保証人」では、個人と集団における殺人性の執拗さは、人間の幸福に対しあまりにも無力すぎる。「非民主主義政治」と「自由主義的ではない市場」と共に、応用的な非殺人的政治学の創造性に対する挑戦でもある。

教育革命（Educational Revolution）

非殺人政治学へ向かうということは、政治学者自身の受けてきた専門教育や、その他の社会構成員の受ける職業訓練の〝転換〟を意味する。殺人の伝統や条件を、やたらに回顧したり確認したりするのではなく、政治学教育自体がグローバルな非殺人的転換に、主要な貢献をなさねばならない。その目標は非殺人社会のための指導者と市民の育成である。ここでの課題は非殺人的な知識の発見、再発見、共有を通して、研究、教育、コンサルタンティング、リーダーシップ、市民行動、批判的反省をすることである。

非殺人政治学トレーニングはその受講生に特別の自覚を要求する。それは精神科医や精神カウンセラーのトレーニングにも匹敵する。暴力と非暴力に対する我々自身の信念、態度、そして感情を理解する必要がある。自己理解は非暴力的な社会変革の前提である。どんな宗教的アプローチにも通じるような科学的方法による瞑想トレーニングが適切である。お互いの利益と支援のために、各個人が持つ専門技能上の成功体験を共有することが重要である。非殺人政治学者は、生命尊厳の意見表明において、個人でも、同僚との共同作業でも、相互の協力を通して成長を追求せねばならない。ただ他の問題での多種多様な見解は、もちろんあるだろう。これらのニーズは他の社会構成員のニーズと違うわけではない。

指導的役割を担おうとする段階において、非殺人政治学者は医学者、医師、医師の指導教官、他の生死に関わる専門職と同等の能力を保有しなければならない。非殺人社会に対する政治学者の貢献というものは、個人・公共の健康保健における医師の重要性にも匹敵する。両者とも生死の問題において最新かつ最高度の知識に依る診断、処方箋、治療の重要性を共有する。

同時に社会の成員一人ひとりは、非殺人の地球規模な変革の貢献者になることができる。非殺人政治学教育の任務とは、受講生やその仲間の一人ひとりに、生涯にわたっての非暴力リーダーシップを提供する市民としての人格的成長、知識・技術といったものの増進のためのあらゆる機会を得ることでもある。すべての人が教え、すべての人が学ぶのである。授業計画を策定する際には、非殺人分析に必要な知識、殺人的傾向性を非殺人的傾向性へと転換するための応用技術の必要性、そして個人的・社会的行動を導く原理の必要性が骨子となる。

序論的講義や必須セミナーでは、受講者に対し人間の持つ残虐な殺人能力に関する歴史上・現代の実例をできるだけ生々しく示さなければならない。そうすることで、我々は人生をかけた挑戦に向き合うことになるのである。その挑戦とは、政治学の願いである殺人撲滅である。第二段階の体験講義では、人間の持つ非殺人への潜在的能力の証拠を地球規模でビビッドに紹介する。第三段階の体験講義では、個人的・社会的変革とその振幅を紹介する。第四段階の体験講義では、望ましい社会のための政治制度を形成する人間の創作力に焦点を当て、非殺人社会の特徴をイメージする力と、それに貢献する政治学の理想像を提示する。ローカルとグローバルな知識とニーズ、ならびにグローバル・ローカルな相互浸透は各段階の講義において紹介されることになる。

以上のことを基礎に、革新的な非殺人教育が構築される。非暴力政治に関する学部生向けの講義は、意義のある社会的関与を呼び起こすものになる。あるいは受講者が持っている、暴力のある側面に関する個人的憂慮を共有するものになる。具体的には以下のようになる。現時点での研究成果の傾向性とそれらの主張を概観する。暴力の発生、傾向、原因、代替策などを実際に取り組んでいる地元の住民たちに助言を求める。暴力に代わるものを受講生自身で考え、分析して、問題解決のための提言をすることになる。その提言については、グループで意思決定をしたうえでの合意形成となる。

組織革命（Institutional Revolution）

組織上で、非殺人パラダイムへの転換とは、政治学がどのように体系化されることなのか。その細分化はどうあるべきなのか。他の学問分野や社会団体との関係はいかにあるべきなのか。これらの問いは、グローバル、国、地方の各レベルで既存の学問体系の中で、非殺人的な見解から生ずる。それは新たな非殺人政治学部の設置あるいは学際的／複合的専門家の創出によって非暴力的な社会のニーズに対応することを意味するのである。

現時点で、グローバルな学問分野としての政治学は、世界政治学会（IPSA：International Political Science Association. 一九四九年創設）によく表れている。そこには五一カ国の政治学会と、少なくとも三万五一四二人の会員によって構成され、理事会によって運営されている（資料A参照）。一八の主要分野、五一の研究部会が会員の研究関心事に応じて設けられている（資料B参照）。各国の政治学会に所属していない政治学者や、世界クラスの大学教員に指導を受ける海外の学生もこれに加わる。

グッドゥインとクリンジマン（Robert E. Goodin and Hans-Dieter Klingemann）の共同編集『新・政治学ハンドブック（*A New Handbook of Political Science*）』（一九九六年）は、政治学の現状を概観した。これにはIPSAの調査プロジェクトに参加した四二人の研究者が寄稿している。二〇年以上にわたる政治学の展開に即した八つの専攻分野が挙げられ言及されている。八つの専攻分野とは、政治制度論（合理的選択、法治主義）、政治行動論（選挙研究、多党制、制度的／実験的アプローチ）、比較政治論（マクロ行動論、民主化研究）、国際関係論（ネオ・リアリズム、ネオ・リベラリズム、ポスト実証主義、フェミニズム）、政治理論（伝統哲学、経験的理論）、公共政策および行政学（比較政策分析、理念研究、利害研究、制度研究）、政治経済学（社会学的・ダウンズ主義）、および政治方法論（定性的方法、研究構想、実験的方法）である。ＩＰＳＡ会長によれば「新世紀へ向けた政治学の出版でこれ以上のものはない」（ibid., xii）となっている。

これだけの調査にもかかわらず、『新・政治学ハンドブック』は、非殺人政治学への必要性を示している。たとえば件名索引には、「戦争（war）」は六〇項目、「平和（peace）」は八項目あるが、「暴力（violence）」も「非暴力（nonviolence）」もない。「殺人（homicide）」もなければ「ジェノサイド（genocide）」もない。「死刑（capital punishment）」も「軍隊（military）」も「テロリズム（terrorism）」も「警察（police）」もない。人名索引では「ヒトラー（Hitler）」と「レーニン（Lenin）」はあるが、「ガンジー（Gandhi）」も「キング（King）」もない。民主主義・国家防衛・軍事クーデター防止のための非暴力的闘争理論と実践に関する世界的政治学者ジーン・シャープと彼の著作『非暴力行動の政治学（*The Politics of Nonviolent Action*）』（一九七三年）の言及もない。さらに、非暴力的紛争解決の独創的理論家ジョン・バートン（一九七九、一九八四年）も挙げられていない。平和学の傑出した世界的なパイオニアであるヨハン・ガルトゥングの著作（一九九六年）への言及さえもないのである。

ＩＰＳＡに属する最大の国別の政治学会は、一九〇三年創設のアメリカ政治学会（APSA：American Political Science Association）である。その会員数は一万三三〇〇人の規模を誇る。会員の研究関心の分野は八つの主要部会（major fields）、九六の分科会（subfields）、三一の専門研究会（special interest sections）に分かれている（資料C参照）。APSAとIPSAの分野の割り振り構造はよく似ている。アメリカ政治学会の部会は「アメリカ政府と政治（American Government and Politics）」「比較政治論（comparative politics）」「国際政治論（international politics）」「方法論（methodology）」「政治哲学・理論（political philosophy and theory）」「法と裁判所（public law and courts）」「公共政策（public policy）」、および「行政（public administration）」である。「紛争プロセス（conflict process）」と「国際安全保障と軍備管理（international security and arms control）」という専門分野は設けられているものの、非殺人の論理の分析と行動の知識に明白に焦点を当てた分野や分科会はない。たとえば、「暴力」と「非暴力」関係の特定の分野はなく、「平和」でさえも取り上げられていない。これこそが国際平和研究学会（IPRA：International Peace Research Association）が組織された理由である。殺人に由来し、殺人で護持される民主主義こそ文明最上の希望としているという前提が、文明的選択とも言うべき非殺人への探求を妨げている。

これらアメリカ政治学会と世界政治学会における分野の割り振りに象徴されているように、分野の内外を問わず、非殺人的転換は以下のような疑問に至るだろう。「非殺人社会とそのような社会を実現する非殺人的手段の可能性について、これらの分野はどう説明するのだろうか」。これは現存の業績を示すことと、新しい要素を加えることを意味する。たとえば、これらは近年にとみに増殖し多様化したアメリカ政治学の根底にある四つの〝伝統的〟分野たる「政治哲学・理論」「アメリカ政府と政治」「比較政治論」「国際関係論」の中で問うてみればよく分かる。

方法論革命（Methodological Revolution）

方法論的には、非殺人への転換は研究、教育、応用政治、制度構築においての新しい思考を意味する。それは、非殺人の発見とその応用に関する現在の方法論を採用し、必要に応じて新しい方法論を編み出し、神経科学などの他の学問分野の方法論をも奨励することである。そうすることで非殺人変革のための問題解決に応用できるのである。難題は、殺人ゾーンにおける研究と介入の方法である。同じく、殺人集中ゾーン内とゾーン相互間における分析のための方法も難題である。

非殺人政治学は、以下のように膨大な研究領域を包含することが可能である。哲学的分析（philosophical analysis）、歴史的分析（historical analysis）、制度論的分析（institutional analysis）、法律論的分析（legal analysis）、インタビュー（interviewing）、参与観察法（participant analysis）、事例研究（case studies）、比較分析（comparative analysis）、内容分析（content analysis）、文献解釈（textual interpretation）、ゲーム理論（game theory）、公共選択分析（public choice analysis）、統計的推論（statistical inference）、世論調査研究（public survey research）、実験室および実地での実験（laboratory and field research）、人間とコンピュータによるシミュレーション（human and computer simulation）、そして目的に応じて、以上挙げた方法のうちのいくつかの組み合わせが考えられる。

教育の方法論も伝統的な講義、読書研究、研究上の師弟関係を通しての議論、インターンシップ、コンピュータによる学習空間の拡大などがある。政治的な応用では憲法草案の作成、紛争解決、組織運営上のコンサルタント、選挙対策、メディアによる論評、警備体制の助言、社会的意思決定のプロセスへの直接参加などがこれに入る。これら広範な知性と技術の方法論に関する問いとは、「新旧さまざまな方法を使って、一体どのようにしたら殺人を除去することに最大の効果があるのか」である。

4　政治哲学・理論（Political Philosophy and Theory）

政治哲学・理論においての非殺人的転換とは、あらゆる文化において政治思想が遺したものを再検討することである。そして、そこにある非暴力的思考を再興し、新しい非殺人的創造性を示すことである。たとえば、プラトンが戦争、死刑、軍隊の文化といったものを認めているにもかかわらず、デニス・ダルトン（Dennis Dalton）はプラトン著作『国家（*Republic*）』に哲学者や政治指導者が追求すべきものとして「無傷害」の倫理的理想を見出した。この理想はプルタルコスの観察眼にも見出される。プルタルコス曰く、「刃の使用は名医や名政治家の印ではない。それは技術の欠如を示すものだ。とくに政治家の場合には不正と残酷さが加わることになる」（Plutarch 1967 10 : 249）。中国の伝統では、孟子（紀元前三七一～二八九）を参考にするとよい。孟子曰く、「武力を使いながら徳を装うのは暴君である。徳を用いながら仁を行うものは君子である」（Fung 1952 : 112）。戦争と抑圧の批判者で「普遍愛」の哲学者である墨子（紀元前約四六八～三七六）の思想は世界的に再評価が期待されている（ibid., 76–105）。

暴力を支持する古典でさえも、殺人を減じ、非殺人を推し進めるものとして再解釈することができる。その例はチャイワット・サタ・アナンド（Chaiwat Satha-Anand）の『非暴力の君主（*The Nonviolent Prince*）』（一九八一年）というマキャベリの再解釈である。また、非暴力的戦略防衛の基本原則を作り上げたボロワーズによるクラウゼヴィッツの『戦争論』再解釈がある。これらはヒンズー教経典『バガバドギータ』

をガンジーが再解釈したことを思い起こさせる。それはクリシュナ王の勇者アルジュナに与えた助言から、ガンジーは非暴力行動原理を導いたことである（Gandhi 1971）。

現在と未来にわたる非暴力的創造とは、暴力容認の古典への挑戦である。プラトンが軍事上の美徳を示す指導者によって治められる国家を提唱したのであれば、現在では非殺人原理に忠実な指導者と市民が非暴力的国家のビジョンを提示できるはずである。アリストテレスが戦争をする国家の憲法を起草できたのであれば、現在の我々は非殺人社会へと我々を導く憲法を考えることができるはずである。マキャベリが暴力による支配技術を提示できたならば、現在において、非暴力的な政治権力の戦略と手法を創案することができるはずである。ホッブズが暴力独占による社会的平和を強要する〝レヴァイアサン（国家）〟を提示できたのであれば、現在では殺人が不必要で、ヒューマン・ニーズに敏感な新しい統治体制が探求できるはずである。ロックが独裁的統治を倒す暴力革命を構想できたのであれば、現在では、非暴力の民主的解放の戦略と手法を構想できるであろう。マルクスとエンゲルスが最終的な解決手段としての暴力を行使する階級闘争を構想できたのであれば、現在の我々は、長年の悲願である経済的公正を実現する非暴力闘争のプロセスを構想できる。ルソーは違法者の死罪をもとにして社会契約を構想した。現在の指導者たちが、なお暴力に基づく「契約」と「誓約」について語るのであれば、私たちは非殺人社会の幸福への忠節を探求できるはずである。カントが「不戦」の不動的信念から「永遠の平和」を着想できたのであれば、私たちは現在のグローバル社会が非殺人社会に転換するには何が必要かを認識できる。アメリカ合衆国の政治的伝統が、古典的とも言える暴力による独立宣言と暴力肯定の憲法を遺したのだから、現在の我々は、アメリカ社会における暴力からの独立の非暴力的宣言と非殺人の新憲法を構想できる。マックス・ヴェーバーの『職業としての政治』が、暴力は不可避であるとの立場から構想したのであれば、現在では、職業としての政治と政治学を暴力からの解放の可能性を構想できるはずである（Arendt 1970：Muller and Semelin, 1995：Steger and Lind 1999）。

　非殺人への転換とは、ガンジー主義の政治思想を哲学思想分野へ真剣かつ批判的に導入することである。ガンジー主義の不在というのは、暴力を肯定するこの世界が、ガンジーにノーベル平和賞を授与しなかったという過去の失敗に似ている。この問題を取り上げた研究は多数存在している。このことに関しインドでは、多種多様なイデオロギー的見地と専門的見地から研究されているし、非インド人研究者による先駆的な研究もある（Dhawan 1957：Dange et al. 1977：Iyer 1973：Parekh 1989a：1989b：Bondurant 1969：Dalton 1993：Galtung 1992：Sharp 1979：Steger 2000）。

　現在も過去も、世界中の文化において、非殺人理論の創造的展開は、非暴力提唱者の思考によってなされてきた。アーサー・ワインバーグとリラ・ワインバーグ（Arthur and Lila Weinberg 1963）は紀元前五五〇年以降の世界中の文化を調査した。T・K・N・ウンニタンとヨゲンドラ・シン（T. K. N. Unnithan and Yogendra Singh 1973）は多宗教的起源を明らかにした。ギリシャ・ローマ・欧米の伝統においてはウィル・モリセイ（Will Morrisey 1996）が古代以降に存在した平和主義に関する傑出した批評を展開した。

　非暴力的政治思想へのグローバルな探求が進むにつれて、予期しなかったことも起きている。北朝鮮の政治哲学者である黄長燁《ファンジャンヨップ》の一九八七年一二月三日の平壌《ピョンヤン》市でのインタビューで示された「政治」の非暴力的定義がそれである。「政治とは、愛と平等に基づいて全社会構成員の利害を調和させることである」と語った。当時、黄も質問者も社会学者ソローキン（Sorokin 1948：1954）の研究については無知だった。ソローキンの研究は「愛」と「創造的利他主義」に基づくもので、アレント（Arendt 1970）の強調する会話、決断、共同行動およびバートン（Burton 1979）の強調するヒューマン・ニーズへの敏感な応答のプロセスと統合可能なものだったのである。

　あらゆるものは非殺人の新政治理論の起源になりえる。

5　政体研究（Polity Studies）

　政治的に組織された社会の構成要素には、村落（villages）・国家（nation-states）・脱国家主体（transnational entities）がある。これらは通常「アメリカ政治論（American Government and Politics）」の研究対象になっている。社会とその構成要素の全体的（ホリスティック）研究において、かつて未来学者ハロルド・リンストンが「仮定の呪縛（assumption drag）」と呼んだものを果敢に克服するためには、非殺人分析の論理によって問いを立てることが必要である。政治的殺人は愛国心という名の牙城の中で、不問に付されたままであろうとする。政体内の人間がこれに疑問を持たない場合、政体外の政治学者が疑問を持たなければならない。

　非殺人的アプローチは、いくつかの問いに答える必要がある。第一に問うべきは、殺人はそれぞれの政治社会の形成と維持にどう貢献してきたか、ということである。政体のイメージというものはどの程度まで〝賞賛されるべき殺人〟の歴史に依存しているのだろうか。政府あるいは非政府組織によるどの類の殺人が存続し、その将来予測はどうなのか。法的あるいは超法規的な殺人、政府側のあるいは反政府側の殺人、国内あるいは国外の殺人に、市民はどのように参加し社会化されているのか。政治・経済・文化における思考・習慣・構造は、どのように殺人に影響を及ぼすのか。物質あるいは自由や平等といった価値を追求する政体の能力に、殺人はどのような影響を及ぼすのか。

第二に、その社会における殺人についての認識、殺人の実施・政策・制度はどのような歴史的系譜を持っているのか。その現況とその将来予測はどうなのか。暴力的な政治権力に対する非暴力的抵抗の記録はどのようなものか。非殺人社会の実現に向けての創造性や建設的行動の記録はどのようなものか。

第三に、政体の研究上どうしても必要になってくるのは、殺人と非殺人の間の転向と逆転向の記録である。どの重要人物、集団、団体が転向に関与したのか。兵士は平和主義者に転向したのか。殺人者は生の畏敬者へと改心したのか。暴力的な革命家たちは非暴力的社会変革に取り組んだのか。宗教指導者は殺人の祝福を拒否したのか。文化人は暴力の容認と否認の間で揺れ動いたのか。

死刑の執行・廃止・再導入で、どのような変化が生じたのか。軍隊は動員を解除され、その後再召集されたのか。軍隊は廃止されたのか。警察と市民は武装解除と再武装の経験をしたのか。殺人が再発した後に、敵対者同士の間に真の平和的和解が成立したという例はあったのか。暴力を支える経済が、非暴力的な個人や社会の要望に対応したことがあるのか。

第四に、歴史的あるいは近現代的にみて、政治・社会・経済・文化の面における政体内の要素とは何であろうか。これらのいくつかを組み合わせて、非殺人的移行プロセスを作り出し、我々が望む非殺人社会を生み出せるとしたら、それはどのようなものであろうか。宗教、イデオロギー、法律、制度、政策、社会経済構造、教育、通信、芸術、政体間関係においてのどのような変化が、非殺人社会の実現に貢献するのだろうか。殺人や殺人の脅迫に屈することなく、どのような条件が自由、平等、物質的幸福、安全といった価値を促進するのだろうか。

6　比較政治論（Comparative Politics）

非殺人転換とは、政治を比較研究するうえで、非暴力的な人間の能力を探求の中心に据えることを意味する。社会の内外においての政府と市民による殺傷力使用やその脅迫を根絶させるような理念、制度、構造、過程、政策を世界的に比較してみると、どのようなことが明らかになるのだろうか。非殺人分析の論理に則り、変革に向けた実りのある行動を経て、比較研究は単一の政体の枠を超えて新しい知識を追究するのである。

民主主義制度、人権、女性の地位、児童福祉、経済発展の段階によって各社会を比較しランク付けするのと同様に、社会を殺人的傾向と非殺人的傾向によって比較しランク付けをすることができる。殺人を測るものとしては、諜報員、敵対国、犯罪的強奪、一般市民の他殺や自殺、国際的殺人、殺人の専門的訓練、殺人のテクノロジー、殺人の政治経済上の物理的指標などが挙げられる。単一の政体分析からでも、非殺人の特徴に関する類似したランク付けができる。殺人国と非殺人国の定期的な比較によるランク付けは、グローバルな政治学の公的サービスとして提供すべきである。連日の株式市場動向やスポーツの報道と同じように、殺人レベルの上昇・下降に関する報道と、非暴力変革能力の開発進展とその抑圧に関する報道もするべきである。

変革の原因と結果を理解するには、社会構成物において、〝類似〟している政体間および政体内の比較と、〝まったく似ていない〟政体間および政体内の比較が必要である。宗教、イデオロギー、芸術、政党、ジェンダー、年齢層、教育程度、階級、エスニック集団、企業、大学、専門職などにおける殺人と非暴力の傾向性がこれにあたる。

民主主義国家は互いに戦争はしない。民主主義国家は、権威主義国家に比べて自国民を殺すことが少ないと主張する現代政治学理論がある。この理論を発展させるためにも非殺人比較研究は必要である。リベラル・デモクラシー国家の内外において殺人の慣習が維持されているという事実は、大統領制・議院内閣制かを問わず、いかに暴力文化が蔓延しているかの証である。これは構造と文化における非殺人選択を比較研究することの重要性を示している。

たとえば第2章で見たように、メキシコの類似した二つの村の比較研究では、暴力度の高低を除けば似たような社会経済的状態にあって、村人の自己認識が彼らの性格を決定する要因であることが分かっている。暴力的な村人たちは自分たちが暴力的であると認識し、それを承認していた。非暴力的な村人たちは自分たちを平和的であると認識し、それを誇りにしていた（Fry 1994）。インドネシアの二つの村における、子供の遊びの比較研究では、一つの村では暴力度が高く、もう一方の村では低かった。暴力的な文化の中での子供たちは、人間と動物間での闘争を好むことが分かった。非暴力的な文化の中での子供たちは、ツタを揺り動かしたり大人や動物の平和的な行為の真似をしたりすることが観察されている（Royce 1980）。この発見はボクシング、ホッケー、レスリング、アメリカン・フットボールのような競争的で身体接触の競技における暴力的文化の相関性の理解を助ける。

7　国際政治論（International Politics）

「国際政治論（international politics）」「国際関係論（international relations）」「世界政治論（world politics）」などと呼ばれているこの研究分野とその研究者にとって、非殺人社会への転換は不安を与えるものである。国際政治での組織にとってマクロ的・ミクロ的視点を組み合わせる非殺人転換は心配の種なのである。その一方で、グローバルな政体の構成物（国家と非国家組織）と、構成物間の関係構造、問題解決のプロセスを一体的に見ることになる。これは歴史的視点を無視したり、前後の脈絡を無視したりするものではない。歴史とは人類の歴史のことである。脈絡とはグローバル・レベルでの状況とローカル・レベルでの状況との相互に依存し、交流するパターンである。

またその一方、人間個人の幸福に注目しなければならない。個人というものは世代が交代し、混ざり合い、生き続けていく中で、生から死までの人生を共有する。非殺人の政治的分析の基本単位は人間個人なのである。集団、構造、プロセスは集合した個人の行為の産物である。世界政治は世界の個人の政治なのである。非殺人グローバル社会は殺人をしない個人たちにかかっている。もし個人が誰も殺したり、殺されたりしなければ、すべての人々の利害が考慮に入ってくることになるわけである。

このことは非殺人分析と論理を、グローバル規模での人類全体に適用する必要を意味している。暴力ということに関して言えば、政治学の伝統的な研究分野である「政府の暴力」「反政府暴力」「戦争」といったものから、社会内部と社会と社会の間に発生するあらゆる形態の殺人にまで拡げて調査せねばならない。そして、それらを収集し、グローバル・レベルでの因果関係を詳らかにせねばならない。非暴力ということに関して言うと、それはグローバル・レベルでの政府組織と政府組織を横断する非殺人力の認識を意味する。非暴力的変革にとって、それはグローバルなシステムにおける、いくつかの国家間における殺人と非殺人との間の、相互作用のプロセスを理解することである。

実用的で、実現可能で、好ましい特徴を備えたグローバル非殺人社会というものを完全に理解するためには、非殺人理論のあらゆるバリエーションをもとに、過去と現在の社会現象と理想への探求が必要である。個人レベルでは、個人の暴力的／非暴力的性向、彼らの非暴力的変革の力学、個人の創造的非暴力の可能性を、生涯にわたって守り育むような社会の特徴、といったものを理解することになる。「殺人のファネル」（図1［八五頁］）を「非殺人選択の扇子」（図2［八六頁］）に開いていくことは、すべての殺人ゾーンに介入することを意味する。それは非殺人的問題解決のためのリーダーシップと、市民のグローバル・レベルでの社会化の訓練ということになる。それは非殺人変化のグローバル・レベルでの文化上の貢献を見つけ出し、それらを支援していくことにほかならない。それは殺人を正当化する政治、軍事、経済、社会、文化上の構造で、グローバルな非暴力的変革を理解し支援することを意味するのである。

非殺人政治学（Nonkilling Political Science）

非殺人社会が構築可能とする前提から出発すると、現代における政治学のすべての主要研究分野や専門分野に関するいろいろな疑問が生ずる。価値から解放される政治学などありえないとするならば、非殺人は受け入れ可能な学問的価値なのだろうか。非殺人政治権力の理論とその実践は、暴力的思考とその実践に立ち向かい、それらを変革できるだろうか。ローカル・レベルからグローバル・レベルにおいて、非殺人民主的組織は可能だろうか。暴力的な国家安全保障から、非暴力的な国家・グローバル安全保障への移行は可能だろうか。暴力的な政治経済体制から、非暴力的なグローバル政治経済体制への移行は可能だろうか。非殺人理論とその実践への貢献は、フェミニズム、人種、階級、エスニシティ、言語、宗教の面からでも可能だろうか。また、社会的暴力、非暴力への潜在性、変革のプロセス、安定的かつ創造的に多様な非殺人の結果を生み出し、それを確認することに適している方法論にどんなものがあるのだろうか。

これらの疑問に対し、現代の政治学が答えられないので、この学問は何の貢献もできないなどと言っているのではない。政治学が非殺人社会の実現可能性を真摯に考えるのならば、その学問体系はどういうものになるのか、ということなのである。それは、グローバルな非殺人問題解決に政治学が関与することを意味する。

第4章　問題解決への影響

「栄養失調と貧困による数千万人の死」という大虐殺と闘ってきたすべての人たちは、この問題が政治の問題であるということを知っている。

――ノーベル賞受賞者五三人による共同声明、一九八一年

非殺人政治学は、問題解決（problem-solving）においてどういう意味があるのだろうか。究極の目標は、この地球上で殺人に終止符を打つことである。それは、潜在的殺人者や潜在的犠牲者である我々一人ひとりにとって、人生と幸福に関わる最重要事項である。それは、個人への関心と、創造的目的への関心を、政治学の中心に据えることである。そして宗教、ジェンダー、年齢、エスニシティ、階級、職業的、民族的、政治的なアイデンティティを認め、それを超越する問題解決へと関わることである。それは非暴力的「多重的忠誠心」（Guetzkow 1955）であり、殺傷力の脅威や殺人がなく、すべての人のニーズに対応する問題解決プロセスを提供することへの確固たる姿勢なのである。

非殺人政治学とは、殺人を促す要因を減らし、非暴力を促す要因を強化することを意味する。それは「殺人のファネル」（図1）と「非殺人選択の扇子」（図2）における五つのゾーン内部とゾーン間での問題解決を目指す。政治学が問題解決に直接関わり、その責任を負うのである。それはまた他者の努力を支

援することでもある。つまり、公的あるいは民間における問題解決行動の研究と訓練を提供するのである。それは、個人や社会が意思決定をする際、全員参加によるニーズ充足を容易ならしめる。

非殺人政治学が万能などと言っているのではない。非殺人政治学は、精神・肉体・物質・文化といった社会生活のあらゆる分野の福利にとって、潜在性があると言いたいのである。それは、全体主義国家が行うような社会介入を意味するものではない。むしろ、政治家、組織、政府、国民が問題解決に取り組むこと、あるいは、それが失敗しても、それを認めることを意味している。肉体的生存から、経済的繁栄を経て、大志を抱くような人間の最高段階に至るまで、幅広い影響を社会に与えるのである。非殺人社会をつくるうえで、政治学が医学や公衆衛生よりも、責務と貢献において限定的である必要はない。

問題は望ましいことと、現実的なこととの不協和音として定義されるかもしれない。一つひとつの問題は、不確定性の複雑な問題を抱えている。すなわち、規範的（あるべきこと）、経験的（あること）、潜在的（ありうるべきこと）という問題である。個々の問題はさらに体系的な複雑性、すなわち相互依存的なフィードバック、プロセス、過去・現在・未来という時間の要素を体現している。しかし、どれほど困難で複雑な問題であろうと、それがたとえ倫理的・哲学的・経験的なものであっても、非殺人政治学は人類の生存と安全を脅かす問題の解決を追究する。非殺人政治学は、暴力行為を止め、構造的暴力の条件を変え、当事者間の問題を協力的に解決するように促す。殺人への支援を止め、非殺人を推進する現存の制度を支え、非殺人の新しい政策と制度を創造することを目指す。

応用科学、政治学のための応用人文学が問題解決の役割を果たすうえにおいて、その解決方法があらかじめ存在すべきであると難癖をつけるのは非科学的な態度である。たとえば、ある病気が治療不可だからといって、その治療法が予診、検診、治療に先立って知らされているべきであるということと同じである。そのような態度が基礎医学研究や応用医学の進歩を妨げるのは言うまでもない。基本的に政治学も生死の問題を扱うわけで、まったく同様のことが言える。

ただ、暴力容認の政治や政治学が長い間解決できなかった多くの問題を、非殺人政治学が「即座」に解決できるなどと期待するのは早計である。科学的・人的・物的な資源を投入し、途方もない流血を伴う暴力的方法で、暴力を抑え込むたいへんな努力がなされてきた。しかし、核兵器保有国は、その首都における暴力（戦争、大量虐殺、一般の殺人）は終焉させられなかった。膨大な工夫と努力はもっぱら殺人の方法に注がれてきた。それに劣らぬ創意・工夫・創造が有効な非殺人の方法には絶対に必要である。

もちろん、殺人の時代を終焉させることは、政治学だけの課題にとどまらない。それには、自然科学、人文科学、専門職、そしてすべての人々を動員せねばならない。ただ政治学はそのためのリーダーシップをとり、他分野の人々を応援する責任がある。当面の課題は、非殺人世界に奉仕する非殺人政治学というものが、この創造可能性すらも否定する「問題」を解決できるかどうかということである。これに関してつねについてまわる問題が三つある。「ヒトラーとホロコースト」「非殺人と暴力革命」、そして「非殺人と安全保障」である。

1　非殺人、ヒトラー、そしてホロコースト

政治的指導論たるものは、ヒトラーとホロコーストに代表されるような殺人に正面から向き合わねば

ならない。それは持続的かつ根本的なものでなければならず、応用科学的な問題解決の努力をも要する。大量虐殺、階級の消滅、市民抹殺などという戦慄すべき前例のせいで、非殺人の科学的創造をマヒさせてはならない。そうでなければ、政治学は無力である。虐殺やいかなる殺人狂的な独裁者、階級絶滅を目指す革命家、正義の名において市町村を破壊する者たちの暴力に対抗することなど覚束なくなる。

今開始すべき具体的な方法は、未開発である政治的リーダーシップ研究において学際的な研究を集中的に行うことである。これは殺人に傾きがちな行動変数とシステム変数を特定し、非殺人の指導とそれへ付随する現象に繋がる変化を特定することになる。目的に即した非殺人の変革的介入が可能なものとして、すでに特定されている変数は、暴力に傾くリーダーシップの概念、パーソナリティの前提条件、役割のパワー、集団的サポート、課題に伴う期待、顕著な価値、科学技術的能力、殺人のための経済的、社会的、文化的強化策などである（Paige 1977）。

二〇世紀の経験こそがこれらの出発点になる。つまり、殺人的傾向が強い人々の支持のもと、殺人的傾向の強い指導者が台頭することを、ある段階で阻止するためには、人々は殺すことを単純に拒否する、あるいは殺人システムへの協力を拒否しなければならないということだった。さもないと、復讐心に燃えた敗者とトラウマを持つ勝者との間の殺人のサイクルは、止むことがない。これはじつに単純な構図である。しかし、振り返ってみると、二〇世紀に起きたいくつもの残虐行為をみると、戦争廃止を主張した一九世紀末の平和主義者は完全に正しかった。第一次世界大戦、第二次世界大戦、冷戦、冷戦以後の数々の残虐行為には明らかな連続がある。現代のものであろうが古代のものであろうが、予防を重視する政治学の役割は、相手の復讐心が再燃する前に、それを見破り、和解することを助けることにあったのである。敵の絶滅に執念を燃やす指導者や、その信奉者たちの勢力拡大を阻止するために、政治学がしなければならないことは、殺人阻止への明白な態度表明であり、復讐心に燃える人々を宥和することであり、非殺人生活の創出に専心することである。

ヒトラー、スターリン、毛沢東、アミン、ポル＝ポト、原爆投下責任者トルーマンのようなタイプの指導者出現を阻止するには、政治指導者の概念を、「殺人の指令者」から「非殺人を原則とする社会問題解決の指導者」へと〝再定義〟せねばならない。ある指導者が暴力的傾向の性格を持っているか否かを早期の段階で見極め、もし暴力的傾向が強ければ支持を止めなければならない。殺人および殺人命令を、指導者の期待される役割と責任から除外しなければならない。絶対服従の下、高機能の兵器で武装した殺人のプロフェッショナル集団から、指導者を遠ざけねばならない。宗教団体、企業、労働団体、科学者、芸術家は殺人集団に対しての支援を止め、非殺人のオールタナティヴへ方針転換をせねばならない。ニーズに対応する紛争解決方法を、政治指導者と市民のおもな任務であるとせねばならない。我々は国民の誇りとアイデンティティの中核として、非殺人価値に誓約せねばならない。いかなる集団であれ、特定の集団を、人間以下としてみなしたり、絶滅すべきほど邪悪であると断ずることを止めなければならない。相互の幸福のために集団間の対話を求めねばならない。暴力によって満足するような、個人と集団を直接的・間接的に結び付けている社会や経済などの構造条件を転換させなくてはならない。殺人に資する経済を生命尊厳ニーズへ資する経済へと転換させなくてはならない。そして、芸術と科学において非殺人文化の創造を支援せねばならない。

ヒトラー型の残虐行為を阻止するための殺人ゾーンへの介入は、非殺人の応用科学的創造性のかつてない挑戦となる。しかし、それは思考不可能な挑戦ではない。かつてない科学技術イノベーションの現代においてはなおさらそうである。問題解決シミュレーションにおいて試された「方策」は、目に見えない微小な変化、特定の指導者への熱狂的な支持、宗教的心理、非殺人能力の制御、殺人に対する地球規模の弾劾、殺人支援からの撤退、殺人に対する抵抗（犠牲者からのみだけでなく）といったものになる。その方策によって緊急に避難させたり、殺人的な個人や集団、あるいはそのテクノロジーを無能力化する最新技術で装備された軍隊によって、宇宙・空中・海上・地上から介入することになる。包括的かつ緊急の介入行動は、複数の経路を経て、消極的であろうが積極的であろうが、特定された殺人性の源泉に、直接的に焦点を当てねばならない。それが殺人の予防になるのである。

ヒトラー型のトラウマを経験したその生残者（殺人者、犠牲者、親族）は非殺人能力を体得することを目指さなければならない。政治学は戦時の残虐行為・補償・和解における責任の認知のためのプロセスを作ることに専心せねばならない。最も重要なのは、非殺人国際社会における、国家レベルの非殺人社会の実現に資する予防的・構造的変化に取り組むことである。あらゆる宗教、科学そして伝統文化から学びとることができる「非殺人」は、未来の文化的アイデンティティの心臓部になる。それは民衆の誇りとして宣揚されるべきである。過去に行われたような残虐行為が、今後一切起こされないようにする実務的な取り組みが求められる。

ジェノサイドから戦争に至る大量虐殺の時代に別れを告げるためにも、政治学は予防、介入、トラウマ後の非殺人転換という三つの応用された科学的事業に取り組まなければならない。残虐行為は非殺人原則によっては根絶できないという従来の〝常識〟から、創造的精神は解放されなくてはならない。

2　非殺人革命と暴力革命

問題解決に向けた取り組みの中で、第二の大きな問題は暴力革命とその反動（反革命）である。それらは軍事クーデター、反クーデター、テロリズム、反テロリズム、ゲリラ戦、大規模な内戦などである。このような革命とその革命鎮圧を、伝統的な政治学は、暴力を容認する曖昧な態度でみなす傾向がある。つまり悪質な政権（良質な政権ではない）に対する暴力は賞賛される。邪悪な革命家（高邁な革命家ではない）に対する暴力は容認される。どちらのケースであっても、政治変革あるいはそれに抵抗する暴力は扱いにくいテーマではあるものの結局のところ賞賛される行為となってしまうわけである。たとえば、アメリカの学者の間でよくある議論はこうである。経済エリートというものは自分たちの財産や権力を平和的に放棄することはないのだから、革命における暴力は正当化されるというものである。しかし、別の学者は、財産を搾取する体制の変革を目指す反乱者たちを鎮圧する暴力を支持したりする。つねに革命的殺人に備えるべきであるとする思考は、選挙制度の下の民主主義国家アメリカにおいてさえ存在している。それは市民の自由を国家から守るという名目で、市民の銃保有が繰り返し主張されていることに表れている。

しかし、抑圧的な政権を打倒するという〝ニーズ〟や、許容範囲を超えた経済社会上の構造的暴力を変えるための〝ニーズ〟を前提にすれば、非殺人政治学は非暴力革命の方策を提供し、支援することができる。革命が暴力的であるべきとする前提に挑戦し、原理、戦略、作戦、組織論、実務上の技術などにおいて有効な非暴力的な代替案を提供する。

冷戦時代の後半には、非暴力革命の可能性に関する注目すべき政治理論が登場した。それは世界で最も暴力的かつ革命的伝統をもつ三つの国、つまりアメリカ、ソビエト連邦、中国から現れた。アメリカのジーン・シャープ（Sharp 1973）は、非暴力政治革命の理論と実践の「古典」というべきものを著した。それは国民を黙従させるために国家が一体何に〝依拠〟しているのかというものに関する分析であった。さらに歴史上成功した数多くの非暴力闘争も論じている。シャープは、「抗議行動（protest）」と「説得工作（persuasion）」から始まり、「社会的・経済的・政治的非協力（social, economic and political noncooperation）」「非暴力直接介入（direct nonviolent intervention）」など、一九八の非暴力行動（nonviolent actions）の方法を特定した。これらすべてを組み合わせ、「転換（conversion）」「順応（accommodation）」「強制（coercion）」（後にシャープは「解体（disintegration）」を加えた）の三つのプロセスの中で非暴力的転換を実現するダイナミックな理論を提示したのである。

ソビエト連邦ではE・G・プリマークとY・F・カリャーキン（E. G Plimak and Y. E Karyakin 1979）が、革命を〝多数の人々の生活に急激な変化〟をもたらすような、ある階級からある階級への権力移譲であるとした。そしてマルクス＝レーニン理論と、第二次世界大戦後の脱植民地化と民主化進展の経験的事実から、平和的な社会主義革命は可能であると論じた。二人は平和的な社会主義革命を〝軍事衝突のない、内戦のない、反革命的軍事介入のない〟革命と定義するのである。過去の失敗が新しい時代における平和的革命の追求を止めるべきではないとし、「平和的な革命的発展はあらゆる点において綿密かつ客観的に研究されるべきである（筆者の翻訳による）」とも提言した。

中国ではザン・イーピン（Zhang Yi-ping 1981：79）がマルクス主義とアジア・アフリカ・ラテンアメリカにおける非暴力的独立の成功例に論究した。とくにガンジーのインド独立運動における非暴力的大衆動員を根拠にして「時間と場所と状況を考慮もせずに、ことさら暴力革命を推奨し非暴力革命に反対するのは、理論上では間違いであり、実践上では有害になる」と主張するのである。

地球規模の複雑な革命と反革命の流血時代において、それぞれまったく独自に表明されたこれら三つの政治的分析は、非暴力的革命の理論と実践を発展させるための科学的な課題を示している。三者に共通しているのはインドにおけるガンジーの非暴力独立運動への言及だが、ガンジーは政治的独立のみでなく社会経済的・文化的変革をも追求した。

「資本主義的」「社会主義的」の立場いかんにかかわらず、これまで非暴力革命理論は、概して〝被抑圧者〟の立場から構築されてきた。これと比肩しうる〝非暴力的エリート〟の反応に関する理論は展開されなかった。非暴力行動に対するエリート側による暴力的抑圧に代わる理論は提供されてこなかった。ここにシャープ的分析の逆転的発想が求められる。裕福な財産家、支配的な民族集団、政治指導者、警察、軍隊等は、非暴力的かつ非武装でもって人権と経済的正義を主張する低所得者層、土地を持てない人々、被抑圧者、マイノリティ等と対峙する際における〝理論武装〟を果たしていると言えるのだろうか。優越な立場にいる人々は、尊厳と承認というものを得るために、無血の転換、順応、強制を追求するうえで、彼らと反対の立場を主張するものだろうか。

抑圧する側と抑圧される側の間での円満な関係によって、目に見える社会変革を達成する〝非暴力闘争〟あるいは〝非暴力的階級闘争〟といった応用理論とも言うべきものになるであろう。これは人間の本然的なものから引き出される非殺人要素である。だから暴力に肯定的で敵意に満ちたエリート層の中の平和的な変化を主張する者たちからも、非殺人要素を引き出すことができる。非暴力行動に抵抗する人は、殺人を犯す覚悟がないということで支持基盤を失いかねないという観念に取り憑かれている。たとえば冷戦時代には、アメリカとソ連のエリートとメディアが、平和主義者たちの意見を拒否したり、沈黙させることに躍起であった。それは非殺人的な思考が相手側の好意的反応を呼び起こし、それが翻って彼ら自身の軍事至上主義に対する自国民の支持が弱まるからであった。相手が弱まるという理由ではなかったのである。同様に、武力抵抗運動の研究者と活動家たちは、非暴力的革命の理論研究をすぐさま非難する。それは抑圧されている側における非殺人理論の理解をおそれていることを示している。もし非殺人の原理と実践への理解が抑圧者側と被抑圧者側の両方に存在するのであれば、非殺人的階級闘争は想定可能である。これは非殺人の革命的問題解決プロセスを容易にする政治学の応用を意味する。

社会変革を目的とした非暴力闘争が、そのあらゆる段階で示した、敵との〝和解〟が、ガンジーとキング牧師の方法論上の特徴であった。それは実践的な証拠を提供した。マキャベリでさえ〝暴政から自由〟への急激な変化、そしてその反対を辿る変化においても、〝国家を偉大なものにした市民たちの総意〟によって実現した場合には「無血で」達成できると主張したのである（『ディスコルシ』第三巻第七章）。

3　非殺人と安全保障

非殺人政治学は個人レベル、地方レベル、国家レベル、国際レベルにおける殺人を伴う侵略に対して、信頼性の高い安全保障の代替理論を示さなければならない。伝統的な安全保障理論とその実践は、究極的には「私（私たち）はあなた方を殺すということを完全に信じさせる」という脅迫思考をもとにしている。しかし、非殺人安全保障は「私（私たち）はあなたを殺さないことを完全に信じさせる」という真逆の原則に基づく。殺人を決意している者がいるならば誰も安心はできないものだ。殺人の創造性は盾、兜、濠、城壁、城塞、核シェルターなどといったあらゆる防御物を破壊するだろう。攻撃は防御を上回るものである。槍に対しては弓矢、マスケット銃に対しては機関銃、歩兵に対しては大砲、騎兵に対しては戦車、戦車に対してはロケット砲、戦艦に対しては潜水艦、他の兵器に対しては航空機とミサイル、そしてすべての兵器に対して核兵器、生物兵器、化学兵器が対抗することになる。防護壁に囲まれ、砲弾を装備した住居に住んでいても安心はできないのである。侵略者は防護壁を貫通するミサイル、強化された大砲、改良された戦闘技術を持っているかもしれない。さらに空気、食糧、水に毒を混入されれば、いっそう容易に破れる。唯一確実な安全保障は殺人の意思が存在しないことに尽きるのである。

非殺人安全保障への転換に際して、政治学の役割は殺傷力による脅迫とその使用に対峙するための、信頼性の高い新理論と実践を発展させることである。これには潜在的な敵の殺人意思を、非殺人へと予防的に転換することも含まれる。今までの政治学の伝統からみるならば、目立ってはいないが、この分野の研究論文と経験の数は確実に拡大しており前進している。

先駆的な研究には、ナチスのジェノサイドに対する市民的抵抗の検証（Hallie 1979 : Fogelman 1994 : Semelin 1994）、マフィア犯罪に対するダニロ・ドルチの非暴力的な地域住民抵抗（Amato 1979 : Chaudhuri 1998）、人権団体職員のための非武装ボディガード（Mahony and Eguren 1997）、軍事クーデターに対する非暴力的抵抗（Roberts 1975：Sharp 1990：1993）、非暴力的な国家、市民、社会防衛（Boserup and Mack 1974：Sharp 1990：Martin et al. 1991：Randle 1993：Burrowes 1996）、通常の軍事力の非殺人的運用（Keyes 1982）、代替理論による非暴力的な軍事力の使用（Banerjee 2000：Weber 1996：Moser-Puangsuwan and Weber 2000）、非殺人兵器の開発（Lewer and Schofield 1997）などが含まれる。

いくつかの国々では、通常の軍事的防衛の補完として、非暴力的市民防衛の可能性に関する研究がすでに始まっている。それらは、スウェーデン、ノルウェー、デンマーク、オランダ、フランス、ラトヴィア、リトアニア、エストニア、オーストリア、スイス、フィンランドなどである（Schmid 1985：Sharp 1990：Randle 1993：121-137）。タイでは、将来の軍事クーデターに対する非暴力的抵抗を正当化するユニークな内容が一九九七年の新タイ憲法の第六五条に盛り込まれた。それは「国民は憲法に定められていない方法によって行政権力を追求するいかなる試みに対しても、平和的に反対する権利がある」と定めている。

アメリカにおいては、警察・軍事使用のための非殺人兵器研究が少なくとも一九六五年以来続けられてきており、その研究は一九九〇年代になって加速化された。広範囲に及ぶ科学技術が開発されており、それらはレーザー、光、音、電磁波、化学、生物やその他多くのものがある。その中にはすでに警察行動や海外軍事行動に使用されているものもある（Lewer and Schofield 1997）。現状として非殺人兵器は、通常殺人兵器の補助程度としてしかみなされていない。それは政府が社会防衛に関心が低いことと似ている。しかし、非殺人兵器が専門家によって真剣に取り上げられているという事実は、政治学自体が、先進的で総体的な発展をしていることを思わせる。我々の挑戦は、非殺人安全保障へ転換する際の問題を解決することなのである。非殺人安全保障へのさらなる兆しは「生死に関わる紛争の予防に関するカーネギー委員会報告」（一九九七年）で見られる。そこでは「構造的予防：生死に関わる紛争の根本的原因を明らかにする戦略」ならびに「予防の文化」の創造が必要だとされている。殺人を犯さない個人とグローバルな安全保障へのさらなる進化の可能性が含まれている。グローバル非暴力平和部隊（Global Nonviolent Peace Force）の組織化の提言はその例である（www.nonviolentpeaceforce.org）。

非暴力社会の実現に向けて、非殺人政治学は、克服不能とされてきた問題に挑戦しなければならない。攻撃的な物理的暴力による絶滅の脅威を克服することは喫緊の課題であろう。なぜならば、第一に、人類の生存なしに、他の問題が解決されることなどありえないからである。第二に、今なお継続する殺人は個人と社会と宇宙の存在を脅かすような、構造的・環境的暴力に手を貸すことになるからである。

社会の問題解決アプローチとして非殺人を主張することで、次のような疑問にぶつかる。物理的な死よりも、むしろ心理的虐待、拷問、人種差別、性差別、経済的搾取、独裁といったものが、苦悩と死をもたらしてきた。なぜ非殺人にそこまで注意を払う必要があるのか。実は、この種の疑問は、殺人という選択肢があるからこそ、これらの問題は解決できるのだと暗に言っているわけである。それに対する回答はこうである。殺人を犯すという意思、能力、文化が社会経済の構造的不公平の根本的原因であり、それこそが、殺人の心理的・肉体的虐待の原因である。もし、恐怖と死の脅威がなかったならば、どのようにして虐待、拷問、人種差別、女性差別、経済的搾取、独裁などは持ちこたえることができるだろうか。個人の殺人から戦争に至る殺人行為のすべてを人間世界から除去することは、人類を脅かしている他のあらゆる問題を実質的に解決することに繋がるだろう。それは宗教的、心理的、物質的、民主的、そして環境的な解決である。

非殺人への関与とは、政治学が人々の生存と安全に関する問題の解決に関与するということである。村々へ呼びかけながら、ガンジーは主要な問題解決の課題を左手の指で数え上げた。そして不可触賤民たちの自由と平等、経済的解放のために綿製品の自給生産、麻薬とアルコールの忌避、ヒンズー教徒・イスラム教徒間の友好、女性の平等的な扱いなどを確認した。そして、「手首は非暴力である」と付け加えるのが常だったのである（Ashe 1969：243）。同様に、我々は五つの問題を数えることができる。それらは、止むことのない殺人と軍備撤廃の必要性、貧困の悲惨さと経済的平等の必要性、尊厳の侵害と人権の相互尊重の必要性、生物環境の破壊と地球規模での生命維持の必要性、問題解決に向けた協力の妨害である。

これら五つの問題は個人、家族、共同体、国家、人類全体に共通している。殺人、経済的困窮、人間尊厳の否定、環境汚染、協力的問題解決の失敗といった問題から解放されねばならない。これらの問題は相互に関連しており、最終的な解決を殺人に頼ることによって、問題をさらに悪化させている。私たちは殺人意思によって安全保障を追求し、それによって報復的な殺人を招いてきた。殺人意思は経済的困窮を増大し、構造的な不正を増大させる。人権の主張とその否定の間での憎悪はいや増している。戦争と軍需産業が環境を破壊する。そして、敵対的な少数民族を分離することが、すべての人が参加するべき問題の解決を阻んでいる。

非殺人の問題解決は殺人否定のみではなく、ニーズを充足するための建設的参加を意味する。それは戦争と軍備の撤廃、貧困の撲滅、非暴力的な人権擁護と責任、環境保護への努力を意味する。そして、ヒューマン・ニーズ充足の問題解決プロセスに対応し、個人と人類全体の無限で創造的な可能性を生むのである。

このようなアジェンダを、たんなるユートピアと思うかもしれない。しかし、それは現代において最も経験豊富な政治、軍事、経済、科学、文化、市民活動の先駆者たちによってすでに示されてきたことである（古代の人間の関心事に呼応する新しいグローバルな時代における要請なのである）。国連や他の国際機関が、彼らが主催する国際会議において、世界中の人々に要請しているのは変化に向けた〝政治的意思〟の形成である。政治学者は、このことにもっと注意を払うべきである。

この要請は、各国の政府のみでなく、政党、非政府組織（NGOs）、企業、組合、大学、メディア、宗教団体、芸術家などあらゆる方面に向けられており、問題解決行動のための広範な協力が期待される。そこにあるのは、地球規模で増大する全生命絶滅への危機感であり、現在なすべき行動が失敗した時の破滅的な未来像である。兵器の拡散、急増する世界人口、拡大する国家間の貧富の差とそれによって引き起こされる物質的・心理的な不満、生命を脅かす工業、自然を無節操に破壊する農業のほか女性や先住民、抑圧されたマイノリティが平等で公正に生きることが不可能な世界である。その世界では多くの文化が認知されない。国家単位の世界観ではなく、ユネスコのフェデリコ・マヨール事務局長のように世界の現状について豊富な知識を持つ人々にとって、世界は異常な緊急事態にある（Mayor 1995：83-93）。そうだとすれば、政治学にとって緊急事態ではないとはたして言えるのだろうか。

4　非殺人と非武装

解決されるべきさまざまな問題と、それに取り組むために登場した非暴力運動も、学問的な意味での政治学が発明したものではない。むしろ、現代のグローバルな政治活動によって生み出されたものであると言ってよい。政治学はこの問題の解決を迫られているのである。問題解決へ向けての明らかな挑戦は第一回国連軍縮特別総会（United Nations, 1978）の『最終報告』に収録され、「効果的な国際管理の下における包括的かつ完全な軍縮」を呼びかけている。唯一留保をつけたアルバニア以外の一五九カ国の合意によって次のような決議が採択された。それは、あらゆる核兵器の廃絶、すべての生物化学兵器と他の大量破壊兵器の廃絶、すべての外国軍基地の撤去、軍事力の限定的な領土防衛目的への削減、通常兵器の削減、地球規模での〝途方もない浪費〟である軍事支出に終止符を打ち、物的・人的資源を発展途上国の経済的・社会的ニーズに回すというものである。過度に暴力的な国家による非暴力的社会変革への基本的要請を、ほとんどの政治学者が不幸にも知らないのである。

非殺人政治学は、兵器の存在しない社会の実現を約束する政府や、市民社会のイニシアティヴを支援することに無関心であってはならない。そうした運動の中には拳銃所有禁止運動、対人地雷禁止運動、武器取引禁止運動、市町村内における非武装地帯の形成運動、非核兵器地帯運動などがある。

5　非殺人と経済的困窮

問題解決に向けたもう一つの有名な呼びかけは、化学から物理学に至る五三人のノーベル賞受賞者による宣言である。予防することが可能なはずの経済的困窮による〝地球的規模ホロコーストによる死〟と、彼らが呼んでいるものをストップさせることである（Nobel Prize Recipients 1981 : 61-63）[10]。彼らは「このホロコーストと戦う者すべての間で一致しているのは、この悲劇の原因は政治的なものだという点である」、として次のように述べている。

選挙、議会での採決、政府、国際会議と、さまざまなレベルで、市民と政治家が新しい法律、新しい予算、新しいプロジェクト、新しい政策を作り、何十億もの人々を栄養失調と低開発から救い、何世代にも及ぶ餓死から何億もの人々を救う緊急の措置をとることが絶対に必要である。(ibid., 62)

「今生きている人々を救い、殺したり、全滅させてはならない。ましてや惰性、怠慢、無関心によってそのような行為があってはならない」と表明し、彼らは変革への非暴力的経済革命を勧告した。

現在の権力者たちに最大の責任があるが、彼らだけの問題ではない。もし、無力な人々が自分たちの運命をその手に取り戻し、無数の人々が基本的人権に関するもの以外の法への服従を拒否し、社会的弱者が自身を組織し、わずかではあるものの利用可能で強力な武器、つまりガンジーが示した非暴力的行動によって、限定的かつ適切な目標を設定し、行動を起こすならば、この時代の大惨事に終止符を打てる。(ibid., 63)

そして結論は「今こそ行動の時であり、創造の時であり、他者に命を分け与えるべく生きる時である」。

不平等と人口増加と軍事化は相互に影響しており、経済による人の死、暴力、環境破壊を進行させる。一九九九年の世界銀行の試算によると、おそらく一五億人が一日一ドル以下で生活する「絶対貧困」の状態で生きており、三〇億人が一日二ドル以下で生活している。インドだけでも、絶対貧困層は一九八〇年代の後半から、三〇〇〇万人から三四〇〇〇万人に増大したと推定している(World Bank 1999)。同時に起きているのが所得の不公平である。世界銀行のタリク・フサインは一九九七年六月、国際連合大学の国際リーダーシップアカデミー第一回総会で、一六〇人の若手の指導者たちに向けて、以下のごとく簡潔に伝えている。

一九九〇年半ばの世界は一九八〇年の世界より貧富の差が増大した。過去三〇年間に、世界のGDPに占める世界の最貧困層の割合は二・三%から一・四%に減少した。その間、世界の最富裕層の所得は七〇%から八五%に増大した。つまり、最富裕層と最貧困層の占有比率は、三〇対一から六一対一と二倍になったのである。世界にいる三六〇人の億万長者の資産の総額は、世界人口の四五%の総所

得をも超えている。（Husain 1997：13）

世界銀行総裁のジェームズ・D・ウォルフェンソーンとマハトマ・ガンジーは不平等が暴力を生むという点で意見が一致するだろう。ウォルフェンソーン総裁は「不平等は不安定を生み、貧困は戦争に繋がる」（Husain 1997：6）と言う。ガンジーは「富裕層と飢えに苦しむ貧困層の大きな差がある限り、非暴力の統治システムなどまったく不可能である。裕福な人々が自発的に彼らの富と権力を一般の人々と分かち合わない限り、暴力的な流血革命はある日必ずやって来るのだ」と警告している（Gandhi 1958-1994 *Collected Works of Mahatma Gandhi 75*（1941：158）。世界銀行総裁とガンジーの見識を併せ持ったような若いアメリカ人のベッツィ・デューレンという平和運動活動家は、自分の世襲財産のほとんどを投げ出し、「持続的な平和を得る唯一の方法は富の再分配である。貧困と戦争と苦難は、必要以上の富にしがみつく人々によって引き起こされている」と宣言している（Mogil and Slepian 1993：100）。世界銀行総裁とガンジーと若いアメリカ人の考えは、二三〇〇年前にアリストテレスが示した不平等と殺人の関係についての分析と相通ずるものがある。

一般的にいって、国家隆盛の立役者となったものは、それが私人であれ、公人であれ、部族であれ、あるいは、総じて、国家のいかなる部分であれ、いかなる人間の集団であれ、内乱を引き起こしがちであるということを忘れてはならない。というのは、この人たちの栄誉を嫉むものがでて、そのものたちが内乱の口火をきるか、あるいは、この人たち自身が、自分の優越を誇ってもはや平等の地位に

とどまることを欲しないか、いずれかの事態にたちいたるからである

（アリストテレス、二〇〇九年、二二二頁）

世界人口は一九五〇年の二五億人から二〇〇〇年の六一億人へと増え、二〇五〇年の推定人口は八九億人へと急増するが、これは非暴力的な問題解決にとっては深刻な問題である。二〇五〇年の最大の人口国は一五億二九〇〇万人のインドであり、その次に続くのは一四億七八〇〇万人の中国、そして三億四九〇〇万人のアメリカ、三億四五〇〇万人のパキスタン、三億二一〇〇万人のインドネシアになると推定されている。ワールドウォッチ研究所のレスター・R・ブラウンとその同僚たちによると、毎年八〇〇〇万人を超える人口増加は、いずれ地球の生物の生命維持の限界点を超えるという。地球を脅かす深刻な問題には、水の供給、穀物生産、エネルギー、耕作地、森林、生物の多様性、気候変動、疾病、都市化、住居、教育、雇用、国内外の紛争がある（Brown, Gardner, and Halweil 1999）。伝統的な人口縮小の手段には、戦争、大量虐殺、間引き、堕胎、飢饉、伝染病などがある。しかしこれらが望ましいはずがない。非殺人政治学の挑戦は非暴力的対策の発見と実施なのである。それは人間生活のクオリティと生命維持のための環境を、経済問題を解決する政治学理論と実践の中心に据えることである。殺人のプロフェッショナルとして、世界最高の栄誉を受けた指導的軍人の中には「経済的非軍事化」の必要性を表明している者がいる。その一人は第二次世界大戦時の将軍で、後にアメリカ大統領になったドワイト・D・アイゼンハワー（一九五三～六一）である。殺人と経済構造的暴力の関係に関する彼の単純明快で強力な洞察を凌駕するものは他には見当たらない。

製造されるすべての銃、進水するすべての船舶、発射されるすべてのロケットは、結局、飢えているのに食物がない人々、寒さで凍えているのに衣服がないということで、これらの人々から盗んでいることを意味する。この世界はお金を浪費しているだけではない。この世界は労働者の汗と、科学者の才能と、子供たちの希望を浪費している。……いかなる意味でも、これは人間のとる道ではない。高まる戦争への不安の中で、人間性が鉄十字架に吊り下げられているのだ。

（米国新聞編集者協会での演説、一九五三年四月一六日）

人間性が「鉄十字架に吊り下げられている」理由の一つは、一九四〇年から一九九六年に至るアメリカの核兵器開発費による「窃盗」である。それはじつに五兆八二一〇億ドルと算出されている（Schwartz 1998）。これこそグローバルな軍事支出の「膨大な浪費」であり、一九九〇年代には年平均〝五〇〇〇億ドルをはるかに超える〟額に達したのだ（Sivard 1996：7）。非殺人政治学はグローバルな軍事化による経済的貧窮の継続を拒否することを意味する。それは貧困の「ホロコースト」を終焉させるために、「鉄十字架」から人類を解放する建設的な努力という意味でもある。

6　非殺人の人権と責任

問題解決へ向けた喫緊課題は世界人権宣言（一九四八年）と、その後に実施されている市民的・政治的・社会的・経済的な多くの国際協定に表明されている。その基本内容は政治学者と世界中のすべての人々に知られている。

しかし、人権は、普遍性と文化的特殊性に関する論争の狭間で定義され、非殺人政治学はそれらの主張と非暴力的手段による防衛を委ねられたと言ってよい。さらに、殺されないことを普遍的に承認し、人を殺さない責任をとるということの実施とその目標を設定させることである。一つの方法は以下の条文を世界人権宣言に加え、地球規模で実践させることである。

第三条第二項　およそすべての者は殺されない権利、ならびに他人を殺さない責任を有する。

非殺人政治学は、あらゆるレベルでの人権擁護とその発展を追求する個人と団体を助けるために、研究、訓練、コンサルタント、行動に従事する。たとえば、一九九五年の北京女性会議において採択された女性と少女に対するあらゆる形態の暴力を根絶する行動計画は、強力な行動アジェンダとなっている(United Nations 1996)。

政治学のもう一つの挑戦は、一九六一年設立のアムネスティ・インターナショナルによる非暴力的な人権擁護である。アムネスティ・インターナショナルの行動計画は次のような世界人権宣言の原則に立脚している。「何人も拷問又は残虐な、非人道的な若しくは屈辱的な取扱若しくは刑罰を受けることはない」(第五条)。「何人もほしいままに逮捕、拘禁、又は追放されることはない」(第九条)。「すべて人は、意見及び表現の自由に対する権利を有する。この権利は、干渉を受けることなく自己の意見をもつ自由並びにあらゆる手段により、また、国境を越えると否とにかかわりなく、情報及び思想を求め、受け、及び伝える自由を含む」（第一九条）。アムネスティ・インターナショナルは全世界レベルで死刑の廃止、拷問の禁止、すべての人に対する公正な裁判、暴力を主張したり振るったりしないような良心的囚人の速やかな釈放を要求している。これらの方法は、あらゆる非暴力的政治行動を含んでいる。

非殺人政治学を援護するような他の人権活動には、一九九一年創設の「代表なき国家民族機構（UNPO：Unrepresented Nations and Peoples Organization）」がある。UNPOは五大陸における五〇以上の先住民集団の集団的人権の承認を求めている。メンバーは、「非暴力の推進と政策手段としてのテロリズムの拒否」と謳っているUNPO憲章に書面上で誓っている。UNPOは「暴力使用の減少の原則に沿った政策を採用するよう、政府、国際機関、NGOとその指導者たち」に要請している。それには以下のことも含まれるべきである。

すべての人々が平等に有する権利を承認し尊重すること、同様の措置を集団の規模、宗教、文化を問わず少数派の人々にもなされること、代表なき民族・少数者集団のニーズや見解を真剣に受けとめること、代表なき民族・少数者集団に対する理由なき暴力とおぞましい人権侵害を公表、断罪すること、彼らの目的達成のための平和的・民主主義的手段を用いた運動と政府の正当性を承認すること、そのようなすべての活動と政府との真摯で開かれた対話の実施と、彼らの非暴力尊守への報酬、（最後に、）中央政府が国民、一般住民、少数民族集団との平和的紛争解決を促し積極的に支援すること、以上である。（UNPO 1998a：8）

さらに、UNPOは「人々が依存している資源を、企業・金融業者が暴力的に搾取することを終わらせること、無責任な兵器売買、およびメディアとその報道を通しての暴力商業化による暴力支援を停止させること」(ibid., 9)を呼びかけている。ジェノサイド、民族抹殺、環境破壊に苦しんだ民族によるこのような態度の表明は、一つの挑戦であり、明らかに非殺人政治学を支持することになる。世界の先住民族の数と、少数民族集団の数と、アイデンティティ集団の数を考慮すると、UNPOのメンバー数は国連加盟国数を最終的には上回ることになるであろう。

7　非殺人と環境学的な実現可能性

非殺人政治学は、生態学的殺人からの人類解放を支援する。私たちが環境を破壊すれば、環境は私たちを破滅させる。非殺人社会は非殺人生態学(nonkilling ecology)を要請するのである。

二〇世紀の終わりになると、生物圏の持つ生命維持能力を破壊するという、人間の行為に対して警鐘が鳴らされた。軍需産業と戦争における地球上の破壊行為は我々の破滅を招く。「世界自然憲章(The World Charter of Nature)」は一九八二年一〇月二八日の国連総会で一一一カ国によって採択され、次のように宣言された。「自然は戦争による破壊とその他の破壊的行為から護られなければならない」(第一条第五項)。悲劇的な環境破壊行為には、ベトナム戦争における米軍の森林での枯葉剤散布、湾岸戦争におけるイラク軍の油田への放火などがある。非殺人政治学は、バリー・コモナーの「地球と和解するためには私たちは地球に住む者同士の和解がなされねばならない」(Commoner 1990：243)という言葉に向き合わなくてはならない。

さらに、一九九二年にリオ・デ・ジャネイロで開催された国連地球環境会議のモーリス・F・ストロング事務局長は、「世界をより安全で持続可能で、公正な未来への道程に必要な生態革命」(United Nations 1993：1) を提唱した。会議の行動アピール「アジェンダ21」では「まぎれもなく戦争は持続可能な発展にとって破壊的なものである」(United Nations 1993：11, Principle 24) とされ、「平和と開発と環境保全は相互に依存的で不可分なものである」(United Nations 1993：11, Principle 25) と宣言している。この問題解決アピールの矛先にあるのは、国家、政府、市民、女性、若者、先住民族である。これに軍、軍需産業、企業、労働組合、政治学者を加えてもよいかもしれない。

安全保障問題や社会保障問題と同様、生態系問題は複雑かつ学際的かつグローバルな性質を持っている。公共政策の形成とその実施のためには、政治学の知的財産を非殺人的展望から適用させる必要がある。どの環境破壊が十分に理解されていて、緊急な対策を必要としているのか、どの問題が緊急調査を必要としているのか、どの問題が優先されるのか、どのようにして社会ニーズに対応する意思決定過程に、科学的知見を反映させるのか、といったことが科学的な課題として大事になってくる。そのモデルとなるアプローチは、スウェーデン王立科学アカデミーによってすでに提供されている (Royal Swedish Academy of Sciences 1983：Sebek 1983)。

非殺人政治学は非暴力的に生態系問題の解決に従事している個人、団体、社会運動を特別に支援する必要がある。現在際立った活動をしている非暴力的なエコロジー運動には、インドのチプコ村落女性の「樹木を守ろう」運動、政府の政策を変えた「グリーンピース」の直接行動、ドイツの環境運動と「緑の党」の政治活動などである。

「緑の党」創設に関わったペトラ・カリン・ケリー（Petra Karin Kelly 一九四七～一九九二）の遺産は、二一世紀の問題解決アジェンダとともに非暴力政治学を体現したと言える。彼女の行動への呼びかけは、経済と人権を通しての軍縮から、地球を救うための世界規模の協力にまで及んでいる。彼女は「エコロジカルな責任に基づく地球文化」を提唱し、「国家間におけるエコロジー原則」の確立を訴えている（Kelly 1992 : 76）。トルストイ、ガンジー、アブドゥル・ガファール・カーン、マーティン・ルーサー・キングなどと共に、ペトラ・ケリーは二〇世紀以後おける非暴力的な世界変革の主要な貢献者として将来評価されるに違いない（Kelly 1989 : 1992 : 1994 : Parkin 1994）。

8　非殺人と問題解決のための協力

ここでの課題とは、個人レベルからグローバルなレベルに至るまで、平和的問題解決のプロセスを促進することである。生命尊厳なしに、安全保障も、経済の繁栄も、人権の尊重も、生態系の維持も、その他の望ましい状態も実現不可能である。これは政治学がすべての問題を解決せよと言っているのではない。むしろ政治学は問題解決プロセスを助ける責任を負うということである。これは全体主義の必要性を意味しているわけでもない。無政府主義者でさえ彼ら自身の自由のためには、他の無政府主義者の協力を必要とするものである。非殺人的アプローチとは究極の権威として、暴力を伴う紛争と闘争に立脚する政治からの転換を意味する。非殺人政治は、生命を賛美する相互尊重に特徴づけられる、協力的問題解決のために恒常的に拡大する人間の輪を意味する。暴力は支配し分割するが、非暴力は協力し結合する。それゆえ、非殺人政治学は男性と女性間の、宗教間の、文明間の、人種間の、民族間の、階級間の、共同体間の、国家間の、国家と国際組織間の、グローバルな運動間の同盟関係を求める。ゴールはすべての者の幸福のために、殺人も殺人の脅迫もせず問題を解決することである。対話による「ウィン・ウィン」の紛争解決を追求する紛争解決理論とその実践への学際的かつ専門的関心の拡大が最も肝心である（Fisher and Ury 1981：Burton 1996）。

研究の進展に沿って、非殺人政治学は暴力によって特徴づけられる国家や市民社会が非殺人社会へ移行することを全面的に支援する。非殺人政治学は現代の政治体制における民主主義発展の歴史を承認はする。しかし、自由主義的政治と自由市場は、行動的な暴力と構造的な暴力にはまったく無力である。非殺人政治学はこれらの暴力の問題解決を追求することになる。非殺人政治学は恣意的権力を制限する市民主導の憲法、市民の自由を保障する権利の法典、司法権・立法権・行政権の三権分立制度の有効性、内戦にとって代わる政党政治、専門職官僚による官公庁業務、宗教の自由、出版と表現の自由、普遍的な政治参加へ向けた参政権の拡大等の価値を認める（Finer 1997：Goldman 1990）。非殺人政治学はこれらの価値を認める。しかし、それらを〝下支え〟するために、習慣的に暴力を振るう軍隊と警察にとって代わる組織を、非殺人政治学は追究することになる。

非殺人アプローチが注目するのは、以下のことである。これは先進的な民主主義国家でさえみられることだが、物理的・構造的暴力を生み出すほど、社会機能がヒューマン・ニーズを満足させられないという状態である。たとえば、アメリカにおける家庭内暴力と校内暴力、ギャング・麻薬・自殺等にみられる若者の絶望、広がる政治的疎外感、低い投票率にみられる政治と政府への不信感、非生産的軍事支出へ投じられる巨大な浪費などである。慢性的に経済的最下層の二〇％強は、栄養、健康、居住（ホームレスを含む）、教育、家庭崩壊、強盗において悲惨な状況にある。性差別とジェンダー問題が存在している。その一方で、二〇％の超富裕層がいて、彼らはますますその富を増やしている。彼らは中間層と結び、警察、刑務所、厳罰、軍事力によって自分たちの安全を追求している。以上挙げたすべては、暴力文化の反映なのである。

民主主義と市民社会の形成が、未熟な国々では状況はさらに深刻である。そこでは苛烈であらゆる形で、物理的・構造的な暴力が使われ、独裁政治と経済的搾取が、想像を絶する残虐性を発揮している。それを示すものに、即決処刑、拷問、民選議員の暗殺、ジェノサイド、民族浄化、強奪、テロリズム、暴力革命、経済失策による大量死などがある。

非殺人政治学の課題は、方法あるいは目的としての暴力を容認することから脱却し、民主的な社会の内部と社会間におけるニーズ対応プロセスを改善させることである。科学と人間性への挑戦は、計り知れない。しかし、この時点でも非殺人価値の導入、人間の非殺人能力に関する新情報の提供、民主的指導と市民による新しい非殺人スキル、政策形成への参加推進、新しい非殺人の問題解決の研究、その教育施設の新設などによって、建設的な変化は可能なのである。この変化を助けるために、政治学が、社会貢献の出発点として、非殺人へ取り組む姿勢を明らかにしなければならない。個人と家族と世界における満たされていないニーズに、制度のうえで対応できるようにならなければならないのである。

第5章　制度への影響

私たちが必要だと思っている制度は、ただたんに、それに慣れ親しんでいるだけにすぎない。そして、社会構造上、可能性という名の領域は、たんに人々が考えつきそうなもののはるか先にあるのである。

――アレクシ・ド・トクヴィル

地球上の生命を脅かすあらゆる問題は、集団的に生じたものであり、それらは、集団的に私たちに影響を与える。そして、それらの問題を解決するには、私たちが集団的に行動しなければならない。

――ペトラ・K・ケリー

政治学において、非殺人に向けての倫理上・経験上の転換というものは、制度の観点からみた場合、どのような意味があるのだろうか。それは政治に従事している人々にとって、どのような意味があるのだろうか。政治学の学術団体にとってどのような意味があるのだろうか。他の学問分野との関係においてはどうだろう。地元共同体から人類全体へと及ぶ、非殺人社会を実現するための組織にとって、どういう意味があるのだろうか。組織というものは、人間のニーズに応えるために作られてきた。それは、社会関係の目的に応じて複合的に作られてきた。

文明の歴史というものは、組織刷新の歴史でもある。宗教的信仰心からは、寺院、シナゴーグ、教会、モスクのある共同体が誕生した。政治参加の必要性からは、政党、選挙、議会などが生まれた。社会を規制する必要性からは、警察、裁判所、刑務所などが生まれた。戦争遂行の目的からは、陸海空における高技術の戦闘部隊が生まれた。軍と国家を支える徴税システムからは、官僚が生まれた（Finer 1997：16-17, 20-21）。原子爆弾を発明するために、国家の資源はマンハッタン計画に費やされた。未知の世界を探検するには信念、科学、技術、技能、資源といったものが必要であった。一五世紀にはエンリケ航海王子による大航海が始まり、二〇世紀には、人間を月に送るアポロ計画が生まれた。

政治学が非殺人の地球社会へと移行させるには、どのような組織的変化が考えられるのだろうか。地球上の生命体を殺さない組織的状態は、あたかも現代のグローバル通信情報技術の普及のような状態を思わせる。非殺人的思考は、政治学の専門分野である民主主義、ジェンダー問題、人種問題、階級問題、環境問題といったものと、統廃合されるかもしれない。あるいは、古い組織の改変、複数の暫定的組織の設置、全面的な非殺人的変革に向けた、混合的組織あるいは完全な新組織の創設が考えられるだろう。

非殺人社会の達成には、非殺人の科学的分析、非暴力教育とトレーニング、生命を肯定する問題解決、非殺人に基づく安全保障、社会のあらゆる分野における非暴力的福利厚生サービスの創設などを優先する研究機関が必要になる。民主主義を獲得し、成熟させるには、民主主義自体を理解し、民主主義をどのように機能させるかを知り、それを実際に動かす人間が必要である。同様に非殺人社会とその組織も、非殺人的個人によって作られるのである。非殺人政治学も同様である。非殺人の覚醒への道は、たった一つに限るわけではなく、いくつもある。生誕、信仰、知性、トラウマ、同情心、費用対効果、模擬実験、瞑想などは、すべて非殺人の方法の発見と行動への道となる。非殺人に関する過去と現代の膨大な証拠は、我々に変革的能力が備わっていることを雄弁に物語っているのだ。

1　非殺人を特徴とする政治学部

現存の政治学の研究学会や大学の政治学部・学科・専攻に非殺人精神を吹き込む必要がある一方で、現存のものを統廃合し、これから登場するであろう世界中の大学における新学部のモデルとして、非殺人を特徴とする新しい政治学部（Nonkilling Department of Political Science）を構想できるだろう。この新学部は殺人、殺人の脅迫、殺人のグローバル関係を根絶するという共通の目標から出発する。そして暴力を根底とする自由民主主義、科学的社会主義、権威主義的秩序から区別されることになる。非殺人政治学部は数多くの価値を〝満載〟するのではなく、むしろ一つの〝違った〟価値を持っているにすぎない。

学部の新入生向けの講義から大学院の博士課程へと進む学習課程を想像してみよう。非殺人政治学部では、非殺人社会を実現し維持するために必要とされる「人格」と「技能」を徹底して習得することに主眼が置かれる。その技能とは「研究」「教育・訓練」「行動」、それに「コミュニケーション媒体を通して日々表明される批判的反省」、の四項目である。

新入生は人類史における殺人の生々しい記録と向き合い、政治学研究者あるいは市民に奉仕する指導者として、この世界から殺人を根絶させるという責任感を培養することになる。創造力の理解について（Boorstin 1983：1992：1998）、政治の刷新について（Finer 1997）、あらゆる社会生活上における人間の尊厳を強化する平和的な奉仕生活について（Josephson 1985）といったものに関する能力が開発されることになる。

次の段階では、問題解決への関わり（暴力、経済、人権、環境、協力等の分野における）、現代の政治制度、そして問題解決プロセス（地方・国家・国際・グローバルレベルで）に関する近年の取り組みを概観する。そして、非殺人論理に関する最新知識と、非殺人未来に向けての行動原理についても学ぶことになる。

さらに次の段階に進むと、学生はさまざまな選択教科を学ぶ。そこで学生は自己の関心と適性を確認し、その両方を一致させたうえで、問題解決とコミュニティ奉仕の機会を得ることになる。これには、研究技術、教育と訓練、市民リーダー活動、批判的な政治的評価といったものの導入が必要である。これは、多様な関心と能力を否定するものではない。ただ、非暴力的な社会変革を円滑にするためには、四つの基本的な取り組みが、最高度に追求されねばならない。村の熟練工たちや優勝を目指すスポーツ・チームにみられるように、メンバー間で能力を認め合い協力することが大事なのである。

このような段階を経た次の段階では、適正な研究の技能、教育、行動、検証に向けた個人的・集団的プロジェクトで、ここでは物理的暴力、構造的暴力、人権侵害、環境破壊、問題解決を妨げるような暴力性に満ちた敵意などを転換させる選択肢を、個人または集団のプロジェクトで研究することになる。これらのプロジェクトは地方、国家、国際、あるいはグローバルなレベルを対象として行われる。また、このプロジェクトの結果は卒業論文として提出され、学部のデータバンクに収蔵され、個人や社会の意思決定のために、ウェブサイト上で全世界に公開される。

卒業生は公的機関や社会団体で、創造的な職業に就く（後で述べる組織を参照）。彼らは関連する分野で、非殺人政治学の大学院修士課程や博士課程でさらなる研究に取り組む。既存の分野で就職したり、政治学の新分野を開拓したりすることができる。あるいは他の分野や職業へ関心を広げることもできるだろう（資料Bと資料C参照）。

非殺人政治学部は、明らかに「奉仕」と「職業訓練」の学部である。その強みは学部から博士課程までの間で、知識を獲得し、技能を習得し、それらを向上させることにある。教授と博士課程の学生は、共通のテーマに関する研究チームを作り、その問題解決を研究し、その成果を応用するのである。この政治学部は新しい知識を発見し、教育と訓練の場でその知識を使用したり、社会問題に適応するのである。そして、これらの活動を互いに支援する。

紛争解決の言語空間と方法論において、この政治学部は非殺人社会の特徴を際立たせる役割を担う。平等主義の根本である男女共生の文化を尊重する。学部卒業生の長年のキャリアからの助言によって、研究すべき新たなニーズを生み出したり、まだ見ぬ未来へ向かう学生たちに適切な助言を与えることになる。経験豊富な地域のリーダーたちと他分野の研究者たちは、複数学部にわたる合同任命を通じて、学問の垣根を越える共同創造に貢献する。非殺人の知識と技能はグローバルなものであるので、非殺人政治学部は、直接ならびにコンピュータや他の手段を用いて有能な人材を探し出す。世界の繁栄に影響を及ぼすものは、同じように地元にも影響を与えるものであると捉える。

2 大学シャンティ・セーナ（平和部隊）

非殺人社会への移行とは、非暴力学生による奉仕部隊の創設を意味する。これは、世界中の大学に設置されている軍事教練に代わるものである。責任の主体は政治学部とするが、メンバーはすべての学部から集めてよい。このシャンティ・セーナと呼ばれる平和部隊は、訓練を受けた実力者集団であって、そのメンバーは非暴力的な紛争解決、和解、共同体の安全、市民防衛、人命救助における医療補助行為、災害救助、共同体のニーズに積極的に奉仕できる人でなければならない。この活動はリーダーとしての人格と技術を養う学問的訓練と併行して行われる。そしてその学問的訓練を補完する。それは生命を礼賛する宗教的なインスピレーション、音楽と芸術による精神の高揚、スポーツのバイタリティ、そして他者への純粋な奉仕による満足感を生むのである。平和部隊は大学のキャンパス内外での緊急事態への出動を要請される。それは、社会におけるあらゆる組織の指導者になるための予備軍として活用されるだろう。そのため軍事訓練と同等な予算措置と支援があるべきである。

またこれは、大学前教育のカリキュラムとしても採用できる。教育機関での「シャンティ・セーナ」の活用に関しては、ガンジー農業大学（インド）のN・ラダクリシュナン教授の事例がある（Radhakrishnan 1997a；1997b）。さらに、「神の使徒（Khudai Khidmatgars）」のトレーニング原則とその実践がある。一九三〇年から一九四七年までの期間におけるインドでの八万人からなる非暴力ムスリム解放軍の例がある（Banerjee 2000：73-102）。また非暴力的社会変革のM・L・キング牧師による運動（LaFayette and Jehnsen

1995：1996)、そのほかにもいくつかの非暴力訓練の例がある（War Resisters League 1989)。

3　非殺人を特徴とする大学

非殺人社会への移行は、一つの学問分野どころか、大学全体の能力をも超越する知識と技能を必要とすることになる。政治学の非殺人への変革はあらゆる社会科学、自然科学、人文学、専門職の協力を必要とするのである。それは、すべての大学が非殺人の理論と実践を地元、国家的、国際的、地球的なレベルで実践することを意味する。

かつて第二次世界大戦中、大学はその知的・人的資源を総動員して戦争遂行のために尽力した。ハーバード大学総長のジェームズ・B・コナント（James B. Conant）が一九四二年六月一八日に言っている。「枢軸国の無条件降伏の日を早めるためには、我々アメリカ最古の学者集団がその全力を傾注する必要がある」。ハーバード大学は〝コナントの兵器工場〟としてその名を知らしめるようになる。そして戦争加担は大学制度そのものを変質させた。ハーバード大学物理学部の若い学生は、ニューメキシコ州のロス・アラモスにおける原子爆弾開発研究の極秘プロジェクトに雇われた。そのうちの一人が回想してこう言った。「それは科学の夢の世界でした。最高の知性がそこに揃っており、年齢、職位、業績など関係なく自由闊達に議論をしたのです」（*Harvard Magazine*, September-October 1995：cover：32, 43)。

新旧を問わず、大学は人類の存続と安全を脅かしている戦争と殺人の廃絶に向けて責任を担うべきである。大学が平和学の科目設置や「平和学部」の設置に抵抗したり、数百万ドルの資金提供を受けている「倫理学」「価値論」などのカリキュラムの中心に「非暴力」を据えることに躊躇しているという事実は、非殺人のための高等教育の未来に暗い影を落としている。

4　非殺人政党

非殺人政治学を応用するということは、非殺人政党が社会ニーズを満たすための過程に参加することである。その結果、すべての人々の福利を増進させるのである。そのような政党の名前は「非暴力福祉党（Nonviolence Well-being Party）」とでもなろう。そのような政党は、各社会における政治の文化から由来する概念、名称、組織、活動などから創造的に生まれるだろう。

非殺人政党の目標は地元レベルと地球レベルにおける非殺人社会の実現にある。この政党は過去に存在してきた政党とは一線を画す。それは、特定の社会層に支持基盤を持たず、すべての国民の利害を統合し追求することである。なぜならば、すべての国民は殺人の根絶を求めるものだからである。非殺人的な環境から派生する自由・正義・物資的福祉を人々は求めるはずである。このような社会的利益を追求する政党が複数に存在し、非殺人の原則について互いに競争することが期待できる。

選挙、公共政策の策定、その他の活動での非殺人政党の積極的な貢献が期待される。ただ、これは政治への直接参加を禁じたガンジー主義とは相容れない。一九四七年一二月に、非暴力に徹していた建設労働者に向けてガンジーが与えた最後の忠告は、政治への不関与であった。その理由は政治の腐敗というものは避けられないから、というものだった（Gandhi 1958–1994 *Collected Works of Mahatma Gandhi*? 90 :

223-224)。その代わりに、非暴力的社会に向けて、労働者は社会の中でニーズが最も満たされていない人々のために活動すべきであり、政治家と彼らの政策に「外部」から影響を与えよ、というものだったのである。

論理的に言えば、これは他の人々を腐敗させることになってしまい、数十億ドルもの税金徴収、無数の人々、そしてあらゆる社会の局面（戦争、安全保障、食糧、衣服、住宅、健康、教育、経済、文化、環境）に悪影響を与えることになってしまう。非暴力的活動家たちは、外部から腐敗政治家とその支持者を正すよう働きかけることだけになる。だが、ガンジーはこのような政治的不関与の助言のほかに、政治参加にも期待を寄せていた。「ただ、民衆が他の誰でもなく我々を必要とする時が必ずやってくるだろう。その時に政治参加の問題は検討したらよい」とガンジーは言った（ibid., 223）。

論理的帰結として言えば、非殺人政党は非殺人社会への変革に向けて必要な組織である。この政党を登場させるには各々の社会が抱えるさまざまな状況があろう。たとえ政党、選挙、国民の声を代弁する組織の存在が認められている社会でも、それは容易ではないに違いない。それでも非殺人政党は出口の見えない政治紛争に関わることで、すべての国民のニーズを満たすための政策決定プロセスに貢献できるはずである。現在問題となっていることに対し、効果的な問題の解決に向けた新しい知識、新しい技能、組織の新しい形、新しい政策を結び付けるという野心的な試みができるのである。その中には妊娠中絶、死刑、徴兵、戦争、武力革命、テロリズム、大量虐殺、犯罪、社会的暴力、文化的暴力、軍縮、経済の非軍事化などがある。創造性、勇気、グローバルな連帯、社会学習の過程を経て克服は可能なのである。

5　非暴力の公共サービス部門

統治機構のあらゆるレベルで必要なのは、中央政府の下に置かれた非暴力公共サービス部門である。その業務は非殺人の政治的な分析の論理に従って、共同体を監視することであり、暴力の予防と殺人事件後の心理的リハビリテーションの訓練、非殺人共同体の福利を支えることでもある。暴力というものは共同体生活の質に大きく影響するので、公共サービス部門の存在は、ゴミの処理や清潔な給水と同じくらいに重要なのである。

非暴力公共サービス部門は、暴力撲滅に向けて、あらゆる政府系・民間団体から暴力に関するデータを集めて政策の提言をする。また、行政機関と非政府系団体に向けて、非殺人政策の提言を盛り込んだ定期刊行物を発行する。あらゆる見地からの監視が必要な分野としては以下のようなものがある。殺人、自殺、家庭内暴力（子供、女性、配偶者、高齢者への暴力）、校内暴力、職場内暴力、犯罪的暴力、暴力団による暴力、警察の暴力、刑務所での暴力、メディアの暴力、スポーツでの暴力、経済的暴力、軍事的暴力、準軍事組織による暴力、ゲリラ組織による暴力、殺人事件後における加害者とその親族、被害者の親族、社会全体のストレスなどである。刊行物での報告内容は非暴力への変化する能力の長所と短所を強調し、効果的な問題解決の提言をすべきである。この報告は株式市場の取引、スポーツ情報、天気予報と同じように重要なのである。

6　非殺人の共通安全保障組織

非殺人社会への移行は、非殺人の共通安全保障部隊を必要とする。これは軍や警察と似ていて、陸海空での予防的・人道的作戦のために運用される。この部隊は予防行動、危機処理行動、復興活動のために訓練されることになる。それらの効果は、活動後に検証されることにもなる。これら活動の指導にあたる人材は、軍・警察の幹部養成機関などから供給されたり、特定任務の特訓を施す新設の非暴力教育機関からも選抜される。前述の大学における「平和部隊」も供給源となりえる。

非暴力の共通安全保障部隊など創設できるはずがないと考えるのは早計である。なぜならば、現在の世界的関心は、暴力予防、軽武装の平和維持活動や人道支援活動、非殺人兵器の有効性に関する研究、紛争解決の非暴力的方法の訓練へと移行しつつあるからである。

非暴力の共通安全保障は、地元レベル、国家レベル、国際レベルでのすべての人々の関与を意味する。これは住宅地、学校、礼拝所、職場、インターネットで結合された共通安全共同体に集結した非暴力研究サークルや市民による平和部隊等々の組織によって促進される。地元住民組織の利用可能なモデルは、すでに多くの分野で存在している。

非暴力安全保障では、国家レベルと脱国家レベルで、非暴力共通安全保障会議（Nonviolent Common Security Council）、非暴力情報機関（Nonviolent Intelligence Agencies）と、外交上で非暴力文化駐在官（Nonviolent Cultural Attaché）を設置することなどを意味する。非暴力共通安全保障会議は、暴力傾向の強い国家とその同盟国のために、政策上の代案を提供する。たとえば、国際連合に設置されることになる非暴力共通安全保障理事会は、核兵器も軍も持たず、死刑もせず、殺人が少なく、武器貿易はしないといった殺人指標が最低の国々で構成されるのである。非暴力情報機構は、調査報道機関および市民監視団体と共に必要である。そして、あらゆる殺人の脅威に対する政府と民間の行動力が必要になる。外交では、非暴力専門家を必要とするが、従来から軍事や経済の専門家が外交に必要だったのと同じである。非暴力文化駐在官は、それぞれの国に存在する非暴力の源泉を発見し、それらを互いに学び、協力し合うことを促す。地球上の市民はインターネットによって、政府、企業、メディアに頼ることなく、共通の安全保障に関する情報を共有し、非暴力行動を組織化することができるであろう。

政府機関および民間組織における非殺人公共サービスのための技能の向上には、非暴力訓練に特化した教育機関が必要である。最初は補助的な学校として創立し、後に正規の学校として、非暴力訓練学校が必要となるであろう。これは陸軍大学校、海軍大学校といった戦争のための大学、防衛大学校、警察学校、行政専門学校、そして他の暴力を容認する教育機関に取って代わることになる。

7　非殺人市民団体

非殺人社会の誕生・維持・創出における市民社会に貢献する機会は無限にある。非殺人を志向する団体はすでに多く誕生しており、さらなる可能性が今後も期待できるであろう。

非殺人宗教審議会

社会のあらゆる繋がりの中で、生まれてから死ぬまでの間に生命への畏敬の念を忘れないためにも、非殺人の宗教的・精神的な審議会（nonkilling spiritual council）が必要である。この審議会は宗教家と人文主義者で構成される。そして宗教の歴史における非殺人という真理の伝統を統合したり、宗教性と人文主義を統合することになる。また、暴力を容認してきた従来の宗教組織や非宗教組織に取って代わり、世界から殺人を撲滅するありとあらゆる取り組みを、地元レベル・国家レベル・国際レベルにおいて援助するべきである。精神浄化の泉を総動員することで、非殺人宗教審議会は、すべての人々とその組織に内在している非殺人の良心を呼び覚まし、それを強化させることができるのである。

非殺人コンサルティング団体

非殺人コンサルティング団体は、グローバルな資源を動員することで、社会の内外における問題解決の方法を探るうえでの助言を与えることができる。宗教的、科学的、技術的、組織的、その他の資源を組み合わせることで、この団体は流血事件と大量殺人を防ぎ、安定した和解と復興を求めている人々を援助する。このような非殺人コンサルティング団体の活動は、殺人や経済制裁をちらつかせる従来の「交渉」、または道義的な「勧告」とも違うのである。簡潔明瞭な非殺人の方針、多様な能力、暴力的で敵意に満ちた国家とは違う方法、などを組み合わせることによって責任を遂行する。このようなコンサルティング・サービス、豊富な経験の活用、その効果を高めることのできる組織が必要となるが、それは民間の資金で運営されるのが望ましい。良心的兵役拒否で有名なクエーカー教徒の紛争解決や人道支援、その他の宗教的人道援助の活動はその原型とも言ってよいであろう。

脱国家的問題解決連合

上意下達的（トップダウン）な非殺人政治組織（政党、公共政策部門、共通安全保障組織がこれに入る）を補完するものとして、下から上に向かう（ボトムアップ）型の、強力な非殺人変革の組織連合体（consortia）が必要である。代表的な例としては「代表なき国家民族機構（UNPO：Unrepresented Nations and Peoples Organizations）」がある。彼らは非暴力に徹した明確なアイデンティティを持つ人々の連合体であり、彼らの「集団としての人権」を認知させるために、国連、政府、その他の機関に働きかけてきた。アムネスティ・インターナショナル（Amnesty International）、グリーンピース（Greenpeace）、国際友和会（IFOR：International Fellowship of Reconciliation）も類似の運動を展開している。ある団体が非殺人連合体に参加できる条件は、世界から殺人を撲滅するという点に同意するか否かだけである。この連合体は、殺人の通風筒のゾーンを通り抜け、暴力、経済、人権、環境、協力の分野において活動を展開する必要がある。最終的に、非殺人世界のために、男性・女性が共同参加する強力な地球規模の市民連合体が、普遍的で人類の福利実現の力になるべきである。

非殺人トレーニングの施設

暴力の増大に対する危機意識と建設的対処法が模索される中で、紛争解決と社会変革のための非暴力的リーダーシップへの期待は増大している。そのような技能を持つトレーナーの需要は高く、キング主義者、ガンジー主義者、仏教徒、キリスト教徒、世俗非暴力の組織からも期待されている。彼らに期待する人々とは、社会正義の問題に取り組む市民団体から、学校、職場、警察、刑務所へと多岐にわたる。非暴力的市民になるための訓練は、他の技能と同様に需要が高く、そのための専門的訓練士が市民団体に必要なのである。

非殺人指導研究および再活性センター

非暴力運動のリーダーたちには、ある一定の期間を与えられ、自己の再活性化、省察、執筆、経験の共有などのできる場が必要である。命懸けの非暴力活動に取り組んでいるリーダーたちにとって、そのような場所は今のところ刑務所か病院だけしかない。無償で運営されつつも、そのような場所と機能的に同じものが必要なのである。非暴力のリーダーたちが拷問されているようなところでは、このセンターはとくに不可欠である。世界中に設置されることになる「非殺人指導研究および再活性センター」は、精神的・肉体的な回復と社会復帰、自伝執筆への思索と準備、非殺人原則を堅持する経験豊かな各国の同志との交流、次のステップに向けた構想を練る機会を提供する。このセンターは民間機関あるいは、非殺人の社会変革を推進する研究所の一部でもよいだろう。

芸術における非殺人的創造性のための施設

非殺人的芸術を奨励する施設が必要である。スイスの作家ロマン・ロランが、トルストイを引用しつつ喝破したように、「芸術は暴力を抑え込まなければならぬ。芸術だけがそれをできるのだ」（Rolland

1911：203)。パーシー・シェリーは詩作の中で非暴力を研究した。アート・ヤングは「非暴力は政治思想体系を超越するものである。非暴力は詩と人間性の真髄である」(Young 1975：165) と言った。士気高揚のための軍歌の重要性をよく認識していたキング牧師は、「我らの活動があるところに歌がある」と言った (Young 1996：161-184)。

組織モデルの一つとして、このようなものが考えられる。それは七つの芸術分野のどれか創造的なものを支援する民間団体のようなものである。あるいは、創造性の豊かな画家、詩人、作家に非殺人的創造性を祝うために集まってもらう場にすることである。非殺人的創造が挑戦する芸術には文学、詩、絵画、彫刻、音楽、舞踊、演劇、映画、テレビ、写真、建築、服飾デザイン、メディアの商業広告などがある。暴力からの脱却は、それ自体芸術の挑戦である。たとえば、よくある殺人ミステリー小説は、非暴力刑事の物語となって、殺人や自殺が発生する前に、それを巧みに食い止めるというものになろう。芸術相互間の非殺人的創造の相乗効果は、未来の革新的作品のための決意と想像力を高揚することができる。彼らに対する世界的な顕彰のためには、ノーベル賞に匹敵するような褒賞を創設すべきである。

非殺人研究と政策分析機関

現在の民間研究機関は、政府と国民のために国際安全保障政策から、政治、経済、社会、文化の問題にまでに助言をしている。それと同じように、非殺人政策研究機関は、社会がある意思を決定するための、情報とその分析結果を報告する必要がある。そうした研究機関は非殺人政治学の問題解決的な取り組みを、暴力、経済、人権、環境、協力などの分野へ拡大できるはずである。この研究機関は非殺人的な宗教審議会、政党、共通安全保障研究所、非殺人政策提言集団、市民団体を援助し、市民が必要とする情報を提供するのである。

非殺人メディア

市民と公共政策の意思決定のために、非殺人メディアは情報、報道、解説を提供する必要がある。これはたんにメディアが殺人事件を軽く扱うべきという意味ではなく、殺人があたかも不可避のようであったり、賞賛されるものであったり、痛快でさえあるといった、これまでの報道を超越することである。非殺人マスメディアの編集部は、非殺人政治の分析論理を報道に反映できるであろう。社会へ発するメッセージとして、現実の暴力というものを深部に至るまで徹底的に取材し、それと非暴力を対置させ、変化の過程、成功例と失敗例について報ずる。そして、すべての芸術、科学、人文科学、知的専門職、職業についての非暴力の意識を高めるのである。メディアはこのアプローチに大きな価値を見出すに違いない。なぜならばメディアこそが、殺人の永遠性と暴力への悲観主義を我々の思考に植え付けてきたからである。新聞、雑誌、ラジオ、テレビ、映画、インターネットにおいて、従来のメディアに取って代わるものが必要である。非殺人政治学者はそれらの開設に関わるのみならず、報道分析をも担うことができるだろう。

非殺人記念碑

非殺人の文明遺産、個人、集団、組織、無名の英雄の記念碑、事実を掘り起こしたりして、それらを顕彰することはどの社会にあっても重要であろう。我々が賛嘆すべきは、殺人を拒否し、長い道のりの中で非殺人の地球文明へ貢献したすべての人々に対してなのである。これは世界中に設置されている勝利者の銅像や記念碑は、歴史上の殺人を想起させるので、撤去すべきだと主張するものではない。ただ、非殺人の記念碑が必要なのである。それは非暴力を選択した人間が存在したことと、非暴力が人類生存のために重要であることを想起させるためである。顕彰の対象者には宗教者、暴力的権力に抵抗して真理を訴えた殉教者、戦争に反対した人々、良心的兵役拒否者、死刑反対論者、平和の詩人、投獄と拷問と死を覚悟して非暴力で不正に抵抗した人々が含まれなければならない。

非殺人平和地帯

市民社会の制度として我々は、非殺人の平和地帯（zones of peace）の設置を思考できるであろう。これは農村・市街組織から全国・国際組織までをも含む。先駆的な例としては、宗教上の修練施設、革命軍と反革命軍の狭間で犠牲になった村々によって創設された平和地帯、拡大された停戦地帯、非武装化された社会、犯罪暴力やギャングを追放することで住宅街を再生する市民運動、非核地帯を設置する国際条約などがある。このような平和地帯の存在を確認し、お互いに結び付き、そこに非殺人組織を導入させることは、非殺人の制度的発展にとって重要である。

非殺人商業活動

暴力文化と軍需企業が生み出す商品が、大多数の人には唸るほど高額でも、一部に対し収益が上がっていることを考えると、非殺人企業の生み出す商品は「すべて」の人からさらなる収益が見込めるはずである。非殺人的観点に立つと、非暴力の物質的・文化的商品に対する需要が増すことになる。非殺人の商品、非暴力文化の商品、非暴力サービス、非暴力の娯楽、非暴力のレクリエーションなど、非殺人の潜在的ビジネス・チャンスは無限である。

一つの方法としては、暴力を促進しているような商品を見定め、その代替としての非殺人商品を開発することである。戦争のおもちゃに対しては平和のおもちゃ、殺人的ゲームソフトに対しては非暴力的で奇抜なゲームソフト、軍需産業に対しては兵器破棄産業、暴力的な娯楽番組に対しては非殺人的でドラマティックな芸術番組、交代制勤務を取りやめる労働に対しては生活の質を向上させる労働といった具合である。非軍事化に伴う非暴力経済への転換による実例は数多く存在している。しかし、経済の転換がなされると、次の段階では地球規模での非殺人社会における人々の純粋なニーズを特定することになり、それらに対応する商品とサービスを開発することになる。

グローバル非殺人センター

非殺人世界の未来を考えると、世界を非殺人の方向に総体的に推し進める組織が必要である。そのような組織は、世界中の精神・文化的伝統に存在している非殺人性という共通項に根を下ろさなければならない。非暴力的に殺人から解放される方法を啓蒙し、地球規模において科学的、技術的、芸術的、制度的な資源を動員させなければならない。この組織は、「ハードウェア」（コンピュータ用語で言えば）であって、人類のニーズを満たす非暴力の「ソフトウェア」を政府や市民団体へと伝える役割を果たす。それを効果的にするためには、この組織は暴力を当然視する政府や民間企業の私利私欲からは完全に独立させておく必要がある。その一方で、この組織は未来へのビジョンをもった支援者たちからの、潤沢な基金や不動産寄付が大事になってくる。

グローバル非殺人センターは、以下の分野において究極の創造性を発見・開発することを目指す。それらは、非暴力の宗教的・哲学的伝統、非暴力の神経生理学、非暴力の男女関係、非暴力的経済、非暴力的コミュニケーション、非暴力的な科学技術、環境と非暴力、職業と非暴力、教育と非暴力、芸術と非暴力、スポーツと非暴力、軍隊と警察における非暴力的転換、非暴力的リーダーシップ、非暴力的人間の未来である。

ここで歴史的な事業として、あらゆる国と地域で現地調査を行い、非暴力文化の資産リストを作成しなくてはならない。この作業は非殺人の歴史的伝統、現時点で明らかになっているもの、そして将来の展望に向けた調査である。地球的規模で調査をすることになるので、発見された資産は、我々が非殺人的未来に向かってどの程度進歩しているのかを測る物差しになるであろう。

グローバル非殺人センターではグローバル指揮センターが設置される。現時点で進行している殺人、殺人脅迫、殺人による強奪などに関する情報を集積し、それと非殺人的資源を比較し検討する。このセンターは、殺人脅威に対し継続的に向き合いながら、すでに述べたような知識の創造を引き出し、人類益のための革新的な政策、研究、教育、訓練を促進する精神的、科学的、技能的、芸術的、制度的資源の組み合わせを示すことができる。

8　必要な非殺人の研究教育機関

非殺人社会の実現に向けて、政治学は適切な教育研究機関を通して、行動のための教育とその創造に取り組むことになる。それは、政治学自体から始まる。この教育施設を支えるのは生命尊重の宗教的・精神的肯定である。発見・統合・知識の共有のために。公共政策のために。非暴力的共通安全保障のために。経済的な福利厚生のために。そして、あらゆる芸術と職業において生を謳歌するために。

過渡期において地球規模の非暴力のための創造的・統合的な教育研究機関が必要なのである。そして、すべての人に存在する非殺人ニーズへの理解とその充足に努めるのである。非殺人教育研究機関の強みは、お互いに助け合う個人に由来している。その結果、政治学者の一人ひとりが、非殺人世界を作り上げる非殺人グローバル「センター（中心）」になることができるのである。

第6章　非殺人グローバル政治学

私たちは新しい時代に生きているのだ。古い方法や解決法はもはや通用しない。我々は新しい思考、新しい理念、新しい概念を持たなければならない。我々は過去の囚人服を脱がねばなぬ。

——ダグラス・マッカーサー将軍

歴史上における破壊と暴力の連鎖を断ち切るための良識と戦略を、誰かが持たねばならない。

——マーティン・ルーサー・キングJr.

すべての歴史家は、ある真実に関して確信を持っている。それは、不可能と思えることを何回も希求しなければ、それを可能ならしめることはないということである。

——マックス・ヴェーバー

昨日は不可能と思えた現象が、今日は可能になっているということを、我々は日常的に目撃しているものである。

——モハンダス・K・ガンジー

1　死の恐怖からの解放

殺人は人類の運命なのであるから未来永劫にわたって耐えるしかない、というような思考を止め、殺人から解放される時がきている。個人間の殺人にせよ、群衆同士の殺人にせよ、兵器使用による大量殺人にせよ、殺人現象は病理学的にみても破滅的な段階に達している。解放、保護、富裕化を目指して行われてきたはずの殺人行為は、むしろ、逆に不安定化、貧困化、人類と地球の存続を脅かす原因となっているのである。クレイグ・カムストック（Craig Comstock）は「防衛の病理学」というものによって人類は苦悩しているといった。つまり、自己防衛の意思が、自己破滅の原因になるというのである（Comstock 1971）。家庭で常備している防御用の銃で家族を殺したり、要人警護官が国家元首を殺したり、軍隊が自国民を殺害したり貧困に追いやったり、核兵器が世界に拡散して、発明国と他の核兵器保有国を脅かしている。我々とその社会の「殺人からの独立宣言」が今ほど必要な時はないのである。

近代における人類の野心は、暴力によって追求されてきた。それらはおびただしい流血、膨大な物質の損失、幾世代も続く心理的トラウマを作り出した。過去二世紀における人類の希望は、「自由」「平等」「博愛」であって、それはフランス革命の三色旗として刻印された。自由のための殺人はアメリカ独立革命の遺産であり、平等のための殺人はロシア革命と中国革命の遺産である。平和のための殺人は二世紀にわたる戦争と、革命と反革命の遺産であると言ってよい。ここで我々は問わねばならない。真の自由、真の平等、真の平和は、はたして殺人なしでは実現できないのか。善と悪の戦いの犠牲となり、累々と積み上げられた屍の山は、そう叫んでいるのだ。

それは、殺人は不可避で人類を利するという従来の政治学体系に挑戦し、これを転換せよということである。つまり古代から現代に至るまで、暴力を当然視する政治信条を疑問視し、それを転換することなのである。格好の先例として、医学の歴史における「健全膿」論の破棄がある。約一七〇〇年もの間、不動の権威を誇ったギリシャ医師ガレノス（前一二九〜一九九／二一六?）の「健全膿」論によると「傷周辺にできる膿《うみ》は、自然な身体の回復過程を示す」とされ、一般には常識と捉えられていた。リスター（Joseph Lister）は、一八六七年に名高いランセット論文「手術時の消毒原則論」で、この説に挑戦した。論争を経て消毒法を開発し、その適用への道を開いたのである（Ackerknecht 1982 : 77 ; Garrison 1929 : 116, 589–590）。殺人は自然なことであり、政治のうえでは機能的かつ有益であるという信念は、政治学の「健全膿」論だと言ってよい。

政治権力の研究に専念している政治学者たちが、家庭問題から世界大戦に至るまで多様な形で現れる権力というものを研究するうえで、殺人という「暗黙の仮説」に向き合わなければならない。そうでなければ、どうやって世界中の政治家や市民に同じことを期待できるというのだろうか。それでも、歴史上あるいは現代でも、指導者や市民たちは政治学の助けも借りずに、規律ある非殺人的手段によって、自由、平等、平和の実現を追求しているのである。一例として、平和主義のドゥホボール派農奴七〇〇〇人による「銃の焼却」がある。一八九五年、彼らはロシアで兵役拒否を行った（Tarasoff 1995 : 8–10）。殺人容認の政治学と、殺人を拒否する政治的行動の先駆性との違いはあまりにも明らかである。二〇世紀におけるトルストイ、ガンジー、アブドゥル・ガファール・カーン、マーティン・ルーサー・キング、ペトラ・ケリーの遺業はダライ・ラマ、アウン・サン・スーチー、デズモンド・ツツによって継承されている。彼らは非暴力的指導を可能にした無名のヒーローやヒロインによって勇気を吹き込まれ、支持されて、未来の強力な非殺人政治的行動の先駆けとなったのである。

政治学者たちは暴力容認によって築いた地位に固執した後、個人や集団が犠牲的精神を持って非殺人的運動を成功させたならば、その事実をはたして認めるのだろうか。それはさながら、全体主義体制においで声を潜めている受益エリートたちが、激しい民衆デモにより彼らを叩き出すまで政権にしがみつくのと似ている。政治学者たちは非殺人民主主義の賞賛に加わるのだろうか。それとも、医学の事例と同様、世界からの殺人撲滅を追求するすべての人たちと共有できる、殺人病理学の診断とその治療法開発のために尽力するのだろうか。

2 非殺人能力の主張

ここで示される主張は、非殺人の地球社会は可能であり、政治学とその役割が非殺人社会の実現に貢献するというものである。非殺人社会の実現可能性は、最低でも七つの根拠に基づいている。まずは、ほとんどの人間は人を殺さないという事実がある。第二に、人間の持つ強力な非殺人の潜在的能力は人類の精神的な遺産にある。第三に、科学は人間に非殺人能力があることを証明している。第四に、死刑廃止や良心的兵役拒否の制度化といった政策は、暴力的な国家によって採用されてきている。第五に、実際に多くの社会団体が、非殺人社会の萌芽ともいうべきものを持っている。第六に、政治的・社会的・経済的な変革のための非暴力的な国民的運動が、革命における殺人の有力な代案として力を増している。第七に、非殺人の希望と経験のルーツが、世界中の歴史伝統の中で発見されている。非殺人的変革は、男女を問わず非殺人的個人に存在する。有名無名を問わず彼らの勇敢な人生はその達成の可能性を証明しているのだ。

3　政治学への影響

生物学的に、条件次第で人間は殺人能力と非殺人能力の保有が可能だという主張はすでに認められている。ただし、大部分の人間は殺人の経験を持たない。非殺人原理に基づく社会組織、制度づくりはすでに始まっている。それらは、非殺人社会の原型とも言うべきものを構成するに違いない。さらに、現時点および将来の科学進歩は、殺人の原因を除去し、非殺人の要因を発展させ、非殺人社会の環境づくりが期待される。ここで言えることは、政治学が殺人不可避性に基づいていることは、どんなに控えめに言っても〝大問題〟なのである。それゆえ政治学を他の学問と対比して「死の学問」と呼ぶことは妥当かもしれない。政治学は他の学問分野や専門職と共に、過去の非暴力的経験を掘り起こし、現在の非暴力能力を認め、将来に向けての非暴力能力を開発しなければならない。この知識を非殺人の社会変革のための研究、教育、公共サービスの発展のために活用せねばならない。

非殺人への変革のために、結合されねばならない主要な要素が明らかにある。第一は「精神（S1）」である。あらゆる信仰と哲学は「殺さない」ことへの誓約である。第二は「科学（S2）」で、殺人と非殺人への変革と関係するすべての芸術、科学、専門職の知識である。第三は「技能（S3）」で、変革行動において「精神」と「科学」を表現するための個人的・集団的方法である。第四は「歌（S4）」で、音楽や他の芸術のインスピレーションによる非殺人政治学と実践における生の賛嘆である。それは死の影が漂うものや陰気なものではありえない。これらの四要素を効果的に展開拡大するためには、民主的な指導

(L)、市民の能力(C)、実行する機関(I)、支える資源(R)が必要である。これらの要素の結合は以下のようにまとめられる。

$S^4 \times LCIR$ ＝ 非殺人のグローバルな変革

精神、科学、技能、歌は、民主的指導と市民パワーによるニーズ対応プロセスを通して、創造的に結合される。その結合は組織・制度的表現と資源の供給によって拡大されて、非殺人世界の実現に貢献できる。

4　理論と研究

殺人の恐怖は政治学の探求心を起こす。それは、分析上の論理として四つに分けられ、殺人ジェノサイド、核兵器による都市消滅、地球上の生命絶滅を阻止するために必要な知識を提供する。政治学的の意識において、殺人というものを「周辺的」な問題から「中心的」な問題へと位置づけを変えなければならない。それは、殺人を容認する立場から、分析的・問題解決的な立場への転換をも意味する。これは殺人の原因、非殺人の原因、殺人から非殺人への移行の原因とその逆方向の原因などの解明を意味する。それは完全に非殺人社会の理解に向けての集中的な努力でもある。ここで得られる知識は、「非殺人選択の扇子」と「殺人のファネル」(本書八五~八六頁を参照)の内側のゾーン(神経生物化学能力ゾーン、構造的強化ゾーン、文化的訓練ゾーン、社会化ゾーン、殺人ゾーン）を横断するのに必要なのである。

5　教育と訓練

以上のような知識の探求と変革の課題に取り組むことは、政治学者の教育と訓練、カリキュラム編成、政治学部の組織編成、他の学部学科との関係、社会における政治学への研究・教育・行動の役割に関する大前提となる。

政治学の教育とトレーニングの全般的な目標は、非殺人的な問題解決のための創造力を育成し、問題解決技能を磨き上げることである。指導原則の中には、次のような内容が入る。創造的人物と組織の遺産を再評価する。個人の関心と技能向上を助ける。蓄積された知識と新技能を追求する。自分で選択した問題の解決プロジェクトに関与する。類似する建設的な地域サービスを提供する。非殺人政治学のキャリアを推奨し支援する。

戦慄するような殺人の歴史を学んだ後には、感動的な非殺人の遺産を学ぶことになる。カリキュラムが進むと、続いて非殺人政治の分析論理が提示される。さらに、効果的な問題解決に向けての行動原則を精査したり、新しい問題解決プロセスを発見したりする。参加者は殺人、非殺人、更生を検証したり、非殺人社会の持つ特徴点を検討する。この視点から地元・国際政治制度における発展の歴史が研究される。問題解決は以下のような問題にも挑戦する。たとえば、殺人、虐殺、大量虐殺、軍備撤廃、経済的殺人、人権蹂躙、生態系破壊、破壊的分断と多様性における協力、などである。問題解決における技術の向上を目指す機会が提供される。さらに研究、講義、献身的指導、批判的コミュニケーションなどがある。これらを土台にして、問題を解決し、技能を磨く個人的・集団的プロジェクトが設けられる。これと併行して、大学を横断するかたちで編成されている平和部隊は、規律ある社会奉仕活動のための補助的な指導をしたり、訓練の機会を提供することになる。

公共・民間の組織は未だ転換の途上にある。卒業生はこれら組織の研究者・教育者・指導者・活動家のニーズを満たすことに取り組む。つまり、社会の持つ問題解決のニーズに応えるわけである。卒業後の訓練では、暴力予防と非暴力的社会変革へのニーズを満たすような政治・政府・市民社会でのいっそう高度なサービスを用意する。問題解決への関与は、学士レベル教育と同等に位置づけられる。研究、教育、行動、暴力問題解決に向けた改善策、経済、人権、環境、協力や、その他の問題における技能を高めるための作業グループが結成される。修士課程と博士課程の大学院生は、教授と共に、学士レベルの学生のアドバイザー、指導教官、共同学習者になる。

非殺人政治学は崇高な博士課程創設を目指すことになる。それは、自らが創造者になるとともに、他人の創造を助けるような専門家を育成することなのである。全員がすべての技能を習熟することを求めるわけではない。ただ学生全員には、必須項目を理解し、能力の限界まで挑戦しながら創造的貢献を追究し、大学内外における問題解決に貢献する方法を学ぶことに熟達することが最低限求められる。

博士課程のトレーニングでは、非殺人政治学の基礎を徹底的に研究することが要求される。ローカルとグローバルな問題解決ニーズの理解、非殺人の学問的指導上の訓練、定性的方法論と数量的方法論の理解（言語修得を含む）、目下の課題に必要な研究方法論の習熟、上級プロジェクトへの参加などがある。

上級プロジェクトでは新知識の発見を目指す。それとともに、既存の知識を教育と訓練、組織の発展、問題解決の改善に応用することも目指す。

非殺人政治学の学術的リーダーシップは、社会の求めに応じてさまざまな役割を果たすことができる。根本的には、殺人・非殺人に対する社会通念の起源とその傾向について省察することである。他には以下のような役割がある。学生の独創力を促進させること。学部学科を指導するためには教員同士が協力して独創性を生み出すこと。学際的な協力をすること、国家と市民社会における非殺人への変化を促進させるような助言をすること。批判的かつ建設的なメディア発信をすること。奉仕的指導をすること（Greenleaf 1977）である。

非殺人教育を特色とする政治学部は、試行錯誤を繰り返しながらも、非殺人社会の特色を明らかにせねばならない。それは無宗派的であり、すべての宗教に寛容でありながら、人間主義的な意味での生命を尊厳することである。万人の幸福に対し責任を持つことである。ニーズに対応する参加型の意思決定プロセスを作ることである。多様性と尊厳を賛嘆することである。男女共同による指導体制を実験することである。克服不能と思える紛争を非暴力的に解決することに奮闘できることである。他の学部学科からの貢献に対し好意的であることである。科学的問題を解決する代案を奨励することである。非殺人グローバル社会は、個人と地元の共同体に根差すと認識することである。

研究、教育、政治、報道などの分野で活躍している卒業生との長期にわたる協力関係を築くべきである。何の研究が必要なのかを特定し、必要とされる技能を改善し、非殺人的変革を妨害させないためにも、卒業生の経験は重要である。どれほど意見が異なろうと、この非殺人政治学の挑戦に賛同する人々は皆、この協力関係に絶え間なく参加できる。

6 問題解決

非殺人政治学とは、問題解決における、基礎科学と応用科学の結合である。問題の性質というものは、社会の複雑な変化に応じて変わる。地球規模の最重要問題は五つである。それらは暴力と非軍事化、経済的収奪、人権蹂躙、環境破壊、問題解決協力の失敗である。これらすべては直接的あるいは間接的に殺人と関係している。よく耳にするスローガンに「正義なくして平和なし」というものがある。それは不正に抵抗し正すためには暴力と戦争は存続すべきという意味にとれる。しかし、非殺人的な視点で言えば「非殺人なくして正義なし」になる。なぜならば、殺人こそが不正そのものを絶え間なく生み出してきたからである。女性蔑視の場合で言うと、ペトラ・ケリーが言うように「男女間においての権力・資源・責任の不公平な配分は、古代からの伝統によって正当化され、法律によって規定され、必要な場合には男性の暴力によって強制されてきた」(Kelly 1994 : 15)。

問題解決への取り組みが教えてくれるのは、非殺人政治学が万能ですべてを解決できるわけではないということである。むしろ非殺人政治学の分析と非暴力原理とその実践から得られた知識を適用することとは、万人のニーズに対応できるように、意思決定プロセスを向上させることができる。それは暴力的な民主主義の伝統を超えて、非暴力的な貢献が期待できるのだ (Goldman 1990)。

7　組　織

非殺人の知識を追求したり、教育を通じて訓練したり、問題を解決していくうえでは、それらを実践する団体が必要である。この団体は政治学部を新設・再編したり、あるいは大学自体の新設・再編（現存の組織内外にいる才能豊かな人材の結集）でもよいし、非軍事的平和部隊の訓練部隊、非殺人公共政策研究所、非殺人共通安全保障部隊、非殺人政党、社会のあらゆる分野における非殺人組織の改変でも可能である。このような組織とそのサービスの創出は、非殺人政治学を研究実践する人々に最高の創造的職業を生み出す。

8　障害とインスピレーション

二一世紀の幕開けとともに、政治学は非殺人の地球社会実現へ向けてのチャレンジが期待されている。非殺人地球社会はたんに望ましいだけでなく必要になってきたからである。政治学者は価値からの自由を唱え、実際には安易な殺人容認の「現実的」科学中立性などと言って、社会的責任から逃げてはならない。実際には、そのような「中立性」がこれまで真実だったことは一度もない。もし中立であるならば、政治学者は我々が住む社会・世界が自由であるか不自由であるか、公平であるか不公平であるか、豊かか貧しいか、平和か戦争か、勝利か敗北か、ということに関心はなかったはずである。政治学者は学生に価値の優先順位などを持つ必要はないと教えたであろう。研究、教育、公共奉仕のプロジェクトなどは無意味であると説いたであろう。学生にはヒトラーの大量虐殺と、ガンジーの「サティアグラハ（真理の把握）」との違いはないとなるであろう。

政治学者は、自由、平等、安全保障などの価値が、非殺人よりも重要であるという理由で、非殺人政治学の登場から目を背けることはもうできない。非殺人という価値は他の価値と同等である。なぜならば、非殺人倫理が、政治と政治学を支えなければ、他の大事な価値さえも脅かされている段階にまできているからである。

物質主義と道徳は同じ結論に達している。自由・平等・安全であるためには殺人が必要であると「伝統」が我々に説いてきたならばどうであっただろうか。自由と平等が危機に陥るであろう。そして我々の（個人的、社会的、生態学的）存在が危機に曝されることも教えている。我々は、科学と政治の実践が、社会と自然の生命維持力と協力すべき地点に到達している。それは単なる崇高な倫理でも、効果的な行動でもなく、良識ある政治学の現代的使命なのである。

もちろん、過渡期には殺人継続に親近感を持ち、その既得権益を持つ人々からの反発が予想される。その中には国家の暴力装置、国家の敵対者、殺人文化からの政治的、経済的、心理的な受益者の存在がある。また、一部の退役軍人、反体制派、これらの子孫、社会的に承認された「正当な殺人」に軍人としてのアイデンティティと誇りを持つ人々がいる。戦没兵の墓に参拝する時、敵軍死者への同情は禁物となっている。敵味方共に政治的な失敗の犠牲者であることを忘れる。このような悲劇を二度と繰り返さないと決意するよりも、次回も同じような犠牲を厭わず戦うという覚悟をもって墓から立ち去るとなる。

しかし、非殺人政治学への移行を支援するような感動的な事例の中には、有名な軍人の体験的訓戒もある。たとえばダグラス・マッカーサー将軍が、一九五五年の米国退役軍人協会で行った講演では、戦争廃絶は絶対的に必要な「科学的リアリズム」であるとした。

皆さんはこう言うでしょう。戦争廃絶は幾世紀もの人類の夢だったが、そのような提案は不可能であり空想であるとして退けられてきたではないかと。世界中の冷笑家、悲観主義者、冒険家、戦士はその実現可能性をつねに疑ってきた。しかし、それは最近の科学が莫大な破壊をもたらす以前のことである。当時の議論はもっぱら宗教的・道徳的なものに終始していた。今やそのような議論もない……。

しかし、現在の核兵器やその他の兵器の驚嘆すべき発達の結果、問題は突然、宗教的・道徳的議論から離れ科学的リアリズムの問題として浮上してきた。それはもはや哲学者や宗教的指導者にのみ委ねられるものではなく、生存の危機に直面している民衆の大問題になっている。

指導者たちの決断は鈍い。次の文明への偉大な進歩は戦争を廃止せずして不可能であると、彼らは決して言わない。一体いつになったら、時の偉大な権力者が創造力をもってこの普遍的願望、しかも急速に普遍的な必然性を伴ったこの願望を叶えるのか。

私たちは新しい時代に生きているのだ。古い方法や解決法はもはや通用しないのだ。我々は新しい思考、新しい理念、新しい概念を持たなければならない。我々は過去の囚人服を脱がねばならぬ。

（Cousins 1987 : 67–69）

フランス革命のスローガン「自由・平等・博愛」の非暴力版は、後のアメリカ大統領ドワイト・D・アイゼンハワー将軍による自由・平等・博愛の名の下に維持される軍事力に対する警告で知られる。「自由」について、「意図的か否かは別にして、政府の審議会における軍産複合体の行き過ぎた影響力は警戒すべきである。この複合体が我々の自由民主主義的手続きを危機に陥れるようなことを許してはならない。何事も当たり前と考えてはならないのである」（大統領離任演説、一九六一年一月一七日）。「平等」については、「製造される銃砲、進水する軍艦、発射されるロケットは、最終的な意味では、空腹なのに食べ物がない人々、寒くても服がない人々からの盗みである」（米国新聞編集者協会での演説、一九五三年四月一六日）。「博愛」については、「民衆は実際に平和を渇望しているのだから、近い将来、政府を民衆に明け渡したほうがいいのではないか」（BBCテレビのインタビュー、一九五九年八月三一日）。

一九九六年一二月四日、ワシントンDCのナショナル・プレス・クラブで行った演説で、退役したアメリカ核戦略軍最高司令官ジョージ・リー・バトラー将軍は核兵器の完全な廃絶（たんなる削減ではなく）について演説し、核兵器を発明し、最初に使用した国として、アメリカが核兵器廃絶の先頭に立つことを提言した。もしそうしないならば、アメリカは他国の核兵器保有を阻止する道義的説得力を持たないだろうと警告した。彼の挙げた理由によると「核兵器は本質的に危険であり、途方もなく高価であり、軍事的に非能率的であり、道義的に弁護不能である」というものだった。こうして、バトラー将軍は「剣を鋤に」運動のメンバーたちのような宗教的信念を持ったアメリカ人が長年主張してきた結論に達したのである。ちなみに、この核兵器反対運動は彼自身が連邦刑務所へ収監される可能性をはらんでいる。核兵器廃絶論者たちの運動の論理は他の殺人の道具についても当てはまる。

もし殺人の専門家であるこれら最高司令官たちが、自分の職業的前提とその社会との関係について以上のような疑問を抱いているのであれば、政治学者は彼ら自身の職業の暴力容認的前提とその社会的役割に関して問いかけ、非殺人社会の地球規模での実現に邁進できるはずである。

多くのアメリカ政治学者と、アメリカ政治学の手法を導入している他国の研究者たちは、アメリカ政治学の誕生秘話とも言える非殺人的な物語については意外と知らないものである。その一つは、若い連邦軍兵士ジョン・W・バージェスが一八六三年に行った戦場での宣誓であった。テネシー州西部での南軍との終日に及ぶ血みどろの戦闘が終わった後、彼は夜間歩哨の任務についていた。

ずっと土砂降りの雨だった。電光がその邪悪な舌のような光を暗黒の空高く斜めに走らせ、天空にとどろく大砲の一斉射撃のように、雷鳴は怒号し、こだました。自然のこの轟音と雄叫びに、傷を負い死んでゆく動物たちの悲鳴、負傷し死んでゆく兵士たちの叫びと苦悩する声とが入り混じった。それは歴戦の兵士にとっても恐怖の夜だった。私のような若い兵士にとっては、とても表現できない恐怖であり、今でも耐え難い悪夢である。しかし、この恐怖体験の最中に私のライフワークとなる最初の啓示が訪れた。目をこすって闇の中を見つめ、耳をそばだてて、近づく敵の物音を聞いた時に、私は独りつぶやいていたのである。「神の似姿に創造され、理性の持ち主である我々人間が、あらゆる問題を理性の力によって、物理的な暴力に訴えることなしに解決することは可能だろうか」と。そして私は天に向かって誓いを立てたのである。「もし、摂理によってこの戦争の危険から生きて解放されたならば、私は流血と破壊の代わりに、理性と合意に人生を捧げます」と。

(Burgess 1934：28)

この誓いを抱いてバージェスはドイツの大学院に進み、帰国すると一八八〇年にニューヨークのコロンビア・カレッジ（コロンビア大学の前身）に政治学部を創設したのである。バージェスのその後の歩みは、これから非殺人政治学者が遭遇するかもしれない障害について考えさせるものがある。バージェスが直面した妨害は、些細なものから深刻なものまでさまざまであった。その克服には勇気と国際的な協力が必要だった。バージェスは、第一次世界大戦に、アメリカが参戦することに反対した。彼は、ドイツ人を共に生きる人類として見ていたのである。参戦の日である一九一七年八月六日は、彼にとっては「悲痛な一撃が、私のライフワークを修復不能な廃墟にした」。愛国的な反ドイツ戦争の最中、彼は「今日、平和と理性の人であることは世界の人々によって裏切り者であり臆病者であるとみなされている」（ibid., 29）と嘆き悲しんだ。バージェス教授は、ドイツの美点と欠点両方とも知っていたために、米独両方の人間から弾劾された。その後の世代の平和活動家たちが経験するような生命の危険にもさらされた。

非殺人政治の持つ宗教的でヒューマニスティックな生命尊厳観を学び、「真実で、柔和で、大胆であれ」というガンジーの主張を、非殺人政治学は取り入れなくてはならない。それには勇気が必要である。グローバルな流血が絶えないこの世界で、一九九二年にメキシコのチアパスで設立された小作農による「アベヤス市民社会（蜂の市民社会）」のように、非殺人政治学は生命尊厳原理に忠実でなければならない。「蜂たち」は武装したサパティスタ反乱軍と抑圧的な支配者の残虐行為に直面しながらも、非暴力的に正義を希求している。彼らはサパティスタの抗議行動には同調する。しかし「私たちの方法は異なる。私たちは神の言葉を信じている。私たちはどのように聖書を読むべきかをわきまえている。私たちは敵を愛さなければならない。私たちに殺人はできない。何よりも私たちは貧しい小作農、兄弟姉妹である……私たちは死を恐れない。私たちは死ぬことを覚悟しているが、殺しは断じてしない」と誓いを立てたのであった（*Peace News*, July 1998：13, 14）。

非殺人への原則に基づく取り組みがいつも「ボトムアップ」であるのはなぜなのだろうか。つまり、イギリス帝国主義で植民地化されたインド人、白人人種主義者の抑圧下にいるアフリカ系アメリカ人、貧しいメキシコの小作農などから非殺人運動が起きることを期待するのはなぜか。同様に地元、国家、国際的なエリート層（政治学者も含めて）からの「トップダウン」はどうして起きないのだろうか。

非殺人能力に関する研究によると、非殺人の地球的変革の基盤は存在することが分かっている。非殺人社会に必要とされる構成要素は、すべて人類の経験ですでにどこかで示されているのである。それらを、ローカルとグローバルな状況で特定し、強化し、独創的に導入するだけなのである。過去から現在までの流血に対する嫌悪感は、強力な非殺人へのモティベーションと、その社会化の源泉である。人類は残忍な過ちを繰り返してはならないはずだ。だから殺人継続は不可能にしなければならない。

文化人類学者のクレイトンとキャロル・ロバーチェック（Clayton and Carole Robarchek 1988）によって報告されているように、エクアドルのワオラニ人による殺人は、一九五八年以来の三〇年間という短期間に三〇％激減した。それは人間が非殺人へ急速に変化できることを証明している。一九世紀には争いで六〇％が死んだという記録を持つワオラニ人社会は、かつて「文化人類学で分かっている中で最も暴力的な社会」だった。殺人率は一〇万人に対して一〇〇〇人だったのである。ちなみにアメリカでは一〇万人に対して一〇人かそれ以下である。

改善に貢献したのは二人の勇気ある女性キリスト教宣教師である。一人は一九五六年にワオラニ人との接触に失敗し命を落とした男性の未亡人であり、もう一人はその男性の妹である。彼女らは何人かの地元ワオラニ人女性たちの助けを借りながら、非殺人的な新しい価値体系を導入したのである。外部世界を見てきたワオラニ人女性の証言によって、外国人は人間の肉を食べたりしないことも地元に理解させた。家族を守るため、恐怖に満ちた復讐をするという悪循環を止めたいとするワオラニ人自身の願望が、そこに存在していた。教会が集会を催し、殺人を止める祈禱会が執り行われ、殺人事件数の減少が実現したのである。これらは警察や他の強制力によるものではなかった。これをもたらすような社会的・経済的な構造変化によるものでもなかった。

むしろ構造変化そのものは、新しい宗教的信念と新情報を組み合わせることによって起きたのである。非キリスト教徒であるワオラニ人集団でさえも変化したのである。

ロバーチェック夫妻にとって、価値観と構造におけるこの劇的変化は、不完全とはいえ、人間の行動に関する大事な理論的前提を明らかにした。

人間は受動的な存在で環境的・生物的・社会文化的な要因によって行動させられるわけではない。むしろ能動的な意思決定者であって、自由選択や抑制を介して決定を行っている。つねに再構築し続ける文化の中で育まれた「現実」というものの中で、人間は目標を追求するのである。

非殺人政治学の視点からすると、ワオラニ人の体験は変革への創造的なリーダーシップの持つ潜在力を明らかにしたと言える。ワオラニ人ができたことは、政治学の専門家としても、社会奉仕活動の一環としても実行可能なはずである。もちろん、ワオラニ人も世界も、殺人を根絶させるためになすべきことは、まだまだ山のようにある。資源開発のために侵入した外部の人間や、ワオラニ人の近隣で未だ非殺人的な精神と認識上の影響を受けていない人間によって、流血沙汰が再発している。非殺人状態にある飛び地の存在は可能である。それはむしろ本質的なことなのであり、地球規模の変化でもある。ただし非暴力精神とその実践は普遍的であるべきである。

9　地球規模での緊急性

非殺人政治学はグローバルな学問でなければならない。発見、創造、多様性、効果においてグローバルでなければならない。精神、科学、技能、歌、組織形態、資源においてグローバルということである。創造的リーダーの育成と生命を賛嘆するうえでグローバルであるべきである。万人を強く賢くすることにおいてグローバルでなければならない。ヒューマン・ニーズに応え問題解決するような憐れみ深い態度においてグローバルでなければならない。あらゆる殺人を根絶させなければ、どこの誰も決して安全ではないという信条においてグローバルであるべきである。学問がなくとも、専門職に就いていなくても、団体に所属していなくても、知恵と技能と資源が必要という意味でグローバルである。地元の繁栄にこそ、普遍性が見出されるという意味でグローバルである。多様性とあらゆる社会の繁栄を願うという意味においてグローバルである。自由・平等・繁栄・平和を妨げてきた殺人について研究し、それを教育し、行動し、殺人の時代を終焉させるべく働く人々同士が助けあうという意味でグローバルである。

地球という我々の故郷を月から眺め、自分たち一人ひとりが、数十億の命の中で一瞬の閃光であるかもしれないが、その一人が非殺人世界への偉大なる貢献者になりえることにおいてグローバルである。グローバルな生活で、殺人を終焉させるという目標は、暴力を容認する政治学から、愛と幸福と自己実現のニーズへの応答する科学への転換なのである。

非殺人社会は可能だろうか。

非殺人グローバル政治学は可能だろうか。

答えはイエスである!

注　釈

引用句

Alfred North Whitehead in Alan L. Mackay, comp., A Dictionary of Scientific Quotations (Bristol, UK : Institute of Physics Publishing, 1991), 262.

第1章：Bertrand Russell, Wisdom of the West (New York : Crescent Books, 1977), 10 ; Jawaharlal Nehru, An Autobiography (New Delhi : Oxford University Press, 1982), 409.

第2章：David N. Daniels and Marshall F. Gilula, "Violence and the struggle for existence," In Daniels, Gilula, and Ochberg 1970.

第3章：G. Ramachandran, remarks at the Conference on Youth for Peace, University of Kerala, Trivandrum, India, February 23, 1986.

第4章：Nobel Prize Recipients. Manifesto of Nobel prize winners, IFDA Dossier, 25, 1981.

第5章：Alexis de Tocqueville, quoted in Wilson, 1951 : 244 ; Petra K. Kelly, Thinking Green! (Berkeley, Calif. : Parallax Press, 1994), 38.

第6章：General Douglas MacArthur in Norman Cousins. The Pathology of Power, New York : W. W. Norton 1987 : 69 ; Martin Luther King, Jr., "The Future of Integration," pamphlet of speech at a Manchester College convocation, North Manchester, Indiana, February 1, 1968, 9 : Max Weber, 1958 [1919]. Politics as a vocation. pp. 77–128 in From *Max Weber : Essays in Sociology*, ed. H. H. Gerth and C. Wright. Mills. New York : Oxford University Press : 128 : *The Collected Works of Mahatma Gandhi*. Vols. 1–100. New Delhi : Publications Division, Ministry of Information and Broadcasting, Government of India 1958–1994 : Vol. XXVI, 1928, 68.

（1） アメリカの愛国心を示す例として、以下の内容は常軌を逸している。それは連邦議会議事録に収録されているもので、戦時中において国民の闘争心を煽るものである。アメリカの第一次世界大戦参戦を支持するオクラホマ州選出民主党のロバート・L・オーウェン上院議員の演説である。

「大統領閣下。数日前、オクラホマ州マスコギー・フェニックス市発行の西部新聞のある社説を、私は読みました。筆者は、ドーウェス委員会の前委員長タマス・ビックスバイ氏です。それはキリスト教信仰心の厚い愛国心の息吹に満ちる純粋なものでした。今この時、これは記録に載せる価値があると思い、ここで読みたいと存じます。短いものです。題名は『立てよ、いざ立て、主の兵《つわもの》』です。

アメリカ合衆国よ。ピルグリム・ファーザーズに与えられし世界よ。愛と、人類の運命を定める全能神への献身を通し、キリスト受難を記念する我々の戦いが宣された。

すべての意味においてこれは正しい。忠誠心溢れるアメリカ人は、民主主義と自由と慈愛の擁護者としてだけでなく、十字軍の兵士として戦いに臨むのだ。二〇〇〇年前キリストは人類救済のために死んだ。アメリカ人はよりよき世界のために戦場で死ぬのだ。

己が欲望のためにキリストを忘れし野蛮な異教徒の王朝は、アメリカ人の血によって滅ぼされるのだ。それは高貴な死であるとともに、神に召されるための苦しみである。

アメリカよ。恐れるな。正義の甲冑で身を包め。そして闘いに踏み出せ。我々の心に憎しみはない。敵に恨みはない。報酬のために勝利を望んでいるのでもない。アメリカよ。この伝統が、そなたに高邁なキリストの戦争を与えたのだ。もしすべての人々に、地上に平和をもたらす神の意志を伝える必要があるのであれば、我々は死ぬことを厭わないであろう。そして神聖なる時間の中で、アメリカは敵に十字架の祈りを捧げてこう言うのだ。『主よ。彼らをお赦しください。彼らは自分のしていることが分からないのです』

戦闘準備の招集は発せられた。アメリカよ。正義と文明とキリスト教の擁護者たるそなたは、澄み切った心と意志の手を持ち前進する。喧騒と雄たけびの中で、団結した人類の連合軍の歌の調べがやってくるのだ。〝立てよ、いざ立て、主の兵《つわもの》〟」（*Congressional Record*, 65th Cong., 1st sess., 1917, Vol. 55, Pt. 1, 719.）。

（2）セビリア宣言に署名したの以下の人たちである。David Adams, psychology（U.S.A.）; S. A. Barnett, ethology（Australia）; N. P. Bechtereva, neurophysiology（U.S.S.R.）; Bonnie Frank Carter, psychology（U.S.A.）; José M. Rodríguez Delgado, neurophysiology（Spain）; José Luis Días, ethology（Mexico）; Andrzej Eliasz, individual differences psychology（Poland）; Santiago Genovés, biological anthropology（Mexico）; Benson E. Ginsburg, behavior genetics（U.S.A.）; Jo Groebel, social psychology（Federal Republic of Germany）; Samir-Kumar Ghosh, sociology（India）; Robert Hinde, animal behaviour（U.K.）; Richard E. Leakey, physical anthropology（Kenya）; Taha H. Malasi, psychiatry（Kuwait）; J. Martín Ramírez, psychobiology（Spain）; Federico Mayor Zaragoza, biochemistry（Spain）; Diana L. Mendoza, ethology（Spain）; Ashis Nandy, political psychology（India）; John Paul Scott, animal behavior（U.S.A.）; and Riitta Wahlström psychology（Finland）.

（3）The Fellowship Party, 141 Woolacombe Road, Blackheath, London, SE3 8QP, U.K.

（4）Bündnis 90/Die GrÜnen（Alliance 90/The Greens）, Bundeshaus, Bonn 53113, Germany.

（5） The United States Pacifist Party, 5729 S. Dorchester Avenue, Chicago, Illinois 60617, USA. Internet: http://www.geocities.com/CapitolHill/Lobby/4826

（6） The Sarvodaya Party, Unnithan Farm, Jagatpura, Malaviya Nagar P. O., Jaipur-302017, Rajasthan, India.

（7） Transnational Radical Party, 866 UN Plaza, Suite 408, New York, N.Y. 10017, U.S.A. Internet：http://www.agora.stm.it or www.radicalparty.org

（8） 下院において三七三人が賛成、五〇人が反対、九人が棄権した。戦争反対の票を投じた下院議員は以下のとおりである。Edward B. Almon, Democrat of Alabama；Mark R. Bacon, Republican of Michigan；Frederick A. Britten, Republican of Illinois；Edward E. Browne, Republican of Wisconsin；John L. Burnett, Democrat of Alabama；William J. Cary, Republican of Wisconsin；Denver S. Church, Democrat of California；John R. Connelly, Democrat of Kansas；Henry A. Cooper, Republican of Wisconsin；James H. Davidson, Republican of Wisconsin；Charles R. Davis, Republican of Minnesota；Perl D. Decker, Democrat of Missouri；Clarence E. Dill, Democrat of Washington；Charles H. Dillon, Republican of South Dakota；Frederick H. Dominick, Democrat of South Carolina；John J. Esch, Republican of Wisconsin；James A. Frear, Republican of Wisconsin；Charles E. Fuller, Republican of Illinois；Gilbert N. Hauge, Republican of Iowa；Everis A. Hayes, Republican of California；Walter L. Hensley, Democrat of Missouri；Benjamin C. Hilliard, Democrat of Colorado；Harry E. Hull, Republican of Iowa；William L. Igoe, Democrat of Missouri；Royal C. Johnson, Republican of South Dakota；Edward Keating, Democrat of Colorado；Edward J. King, Republican of Illinois；Moses P. Kinkaid, Republican of Nebraska；Claude Kitchin, Democrat of North Carolina；Harold Knutson, Republican of Minnesota；William L. LaFollette, Republican of Washington；Edward E. Little, Republican of Kansas；Meyer

London, Socialist of New York ; Ernest Lundeen, Republican of Minnesota ; Atkins J. McLemore, Democrat of Texas ; William E. Mason, Republican of Illinois ; Adolphus P. Nelson, Republican of Wisconsin ; Charles H. Randall, Prohibitionist of California ; Jeannette Rankin, Republican of Montana ; Charles F. Reavis, Republican of Nebraska ; Edward E. Roberts, Republican of Nevada ; William A. Rodenberg, Republican of Illinois ; Dorsey W. Shackleford, Democrat of Missouri ; Isaac R. Sherwood, Republican of Ohio ; Charles H. Sloan, Republican of Nebraska ; William H. Stafford, Republican of Wisconsin ; Carl C. Van Dyke, Democrat of Minnesota ; Edward Voigt, Republican of Wisconsin ; Loren E. Wheeler, Republican of Illinois ; and Frank P. Woods, Republican of Iowa.（*Congressional Record*, 65th Cong., 1st sess., 1917, Vol. 55, Pt. 1, 413）.

（9）　上院において八二人が賛成、六人が反対、八人が棄権した。戦争反対の票を投じた上院議員は以下のとおりである。Asle J. Gronna, Republican of North Dakota ; Robert M. LaFollette, Republican of Wisconsin ; Harry Lane, Democrat of Oregon ; George W. Norris, Republican of Nebraska ; William J. Stone, Democrat of Missouri ; and James K. Vardaman, Democrat of Mississippi.（*Congressional Record*, 65th Cong., 1st sess., 1917, Vol. 55, Pt. 1, 261）.

（10）　経済的困窮による「地球的規模ホロコーストによる死」宣言に署名したノーベル賞受賞者は以下のとおりである。Vincente Aleixandre（literature, 1977）; Hannes Alfven（physics, 1970）; Philip Anderson（physics, 1977）; Christian Afinsen（chemistry, 1972）; Kenneth Arrow（economics, 1972）; Julius Axelrod（medicine, 1970）; Samuel Beckett（literature, 1969）; Baruj Benacerraf（medicine, 1980）; Heinrich Böll（literature, 1972）; Norman Ernest Borlaug（peace, 1970）; Owen Chamberlin（physics, 1959）; Mairead Corrigan（peace, 1976）; André Cournand（medicine, 1956）; Jean Dausset（medicine, 1980）; John Carew Eccles（medicine, 1963）;

Odysseus Elytis (literature, 1979) ; Ernst Otto Fischer (chemistry, 1973) ; Roger Guillemin (medicine, 1977) ; Odd Hassel (chemistry, 1969) ; Gerhard Herzberg (chemistry, 1971) ; Robert Hofstadter (physics, 1961) ; François Jacob (medicine, 1965) ; Brian Josephson (physics, 1973) ; Alfred Kastler (physics, 1966) ; Lawrence R. Klein (economics, 1980) ; Polykarp Kusch (physics, 1955) ; Salvador Luria (medicine, 1969) ; André Lwoff (medicine, 1965) ; Sean MacBride (peace, 1974) ; Cweslaw Milosz (literature, 1980) ; Eugenio Montale (literature, 1975) ; Nevill Mott (physics, 1977) ; Gunnar Myrdal (economics, 1974) ; Daniel Nathans (medicine, 1978) ; Philip Noel-Baker (peace, 1959) ; Adolfo Pérez Esquivel (peace, 1980) ; Rodney Robert Porter (medicine, 1972) ; Ilya Prigogine (chemistry, 1977) ; Isidor Isaac Rabi (physics, 1944) ; Martin Ryle (physics, 1974) ; Abdus Salam (physics, 1979) ; Frederik Sanger (chemistry, 1958 and 1980) ; Albert Szent-Gyorgyi (medicine, 1937) ; Hugo Theorell (medicine, 1955) ; Jan Tinbergen (economics, 1969) ; Nikolas Tinbergen (medicine, 1973) ; Charles Hard Townes (physics, 1964) ; Ulf von Euler (medicine, 1970) ; George Wald (medicine, 1967) ; James Dewey Watson (medicine, 1962) ; Patrick White (literature, 1973) ; Maurice Wilkins (medicine, 1962) ; Betty Williams (peace, 1976).

訳者解題　非暴力（nonviolence）から非殺人（nonkilling）へ

酒井英一

さて学問的観点から、この『殺戮なきグローバル政治学』はどう捉えたらよいのだろうか。さらに言えば、「非暴力（nonviolence）」や「平和（peace）」ではなく、どうして「非殺人（nonkilling）」なのか。なにゆえそれが「政治学」に結び付くのか。この問題に関してここで少し解説をしたいと思う。

まず「非暴力」について考えてみたい。「非暴力」と言えば、必ずといっていいほど連想するのは、あのインド独立運動の指導者マハトマ・ガンジー（本名はモハンダス・ガンジー）である。ガンジーはインドのイギリスの植民地支配からの脱却を目指し、非暴力を独立運動の主要手段として採用し、イギリス帝国に敢然と挑戦した。これはガンジーの戦略であった。なぜならば「非暴力」の抵抗運動をすることによって、「暴力」で応えるイギリスの国際的地位とその名誉を、徹底的に地に貶めることを目的としていたからである。結果的には、世界覇権を長期間維持したイギリスは、その覇権の源泉つまり「暴力」というハードパワーを使うことで、インドにおける「領土」というハードパワー財産のみならず、「地位」や「名誉」といったソフトパワーをも失うことになった。さらいえば、ガンジーはこの独立運動の過程で、イギリスからの輸入綿製品を拒否するという全面的なボイコット運動を展開した。これはイギリスによるインドの経済的搾取体制からの決別宣言であり、インドが構造的に貧困になるシステムからの脱却宣言でもあった。ほかにもイギリスによる塩税徴収に抵抗し、インド自ら塩を作る全国運動「塩の行進」として展開した。さらに、イギリス統治の下、長い間放置かつ利用されてきたカースト階級制度の除去にもガンジーは挑戦した。それはガンジーがサティアグラハ・アシュラムという道場を作り、そこで、カーストに関係なく、すべての住人が平等に扱われ、共同生活を営んだという事実に象徴されている。ガンジーがここで自ら手紡ぎ車で綿糸を紡いだことはあまりにも有名なエピソードである。これらの事実から、ガンジーの展開した非暴力闘争は、じつに包括的なものであったことが分かる。ガンジーの非暴力闘争は、その後の平和学（peace study）に対し重大な影響を与えることになる。

戦後、平和学（当初は「平和研究（peace research）」と呼ばれた）は北米を中心に誕生し発展した。背景としてあったのは、インド独立が成就した頃（一九四七年）と軌を一にするかのように開始された、アメリカとソビエト連邦との冷戦（the Cold War）であった。この冷戦は、米ソ間の熾烈な核軍備競争を招き、相互確証破壊（ＭＡＤ）に基づく核抑止体制という人類未曾有の暴力体系を創出する。平和学は、この究極の「暴力」である核戦争への危機意識から誕生した（高柳　一九八九：三〇一）。

一九五〇年代の終わり頃になるとノルウェーからヨハン・ガルトゥングが登場する。ガルトゥングは、それまで北米で採用されてきたゲーム理論やコンピュータ・シュミレーションといった数理的手法に依らず、構造的な視点からの暴力の概念化に挑んだ。その淵源はかつてガンジーがとった包括的な思考であったのである。詳しく言うと、ガルトゥングは、暴力を「直接的暴力（direct violence）」と「構造的（間接的）暴力（structural violence）」の二種類に分類した。特定の人間あるいは集団によって引き起こされる人為的な身体的・心理的な害や苦しみといった暴力を「直接的暴力」と呼び、暴力の主体を確定できないが、直接暴力と同様の結果を引き起こすものを「構造的（間接的）暴力」と呼んだ。途上国における貧困、飢餓、疫病、犯罪、抑圧、差別といったものが、この「構造的暴力」の産物であるとし、それは先進国と途上国との間の帝国主義的構造が生み出したものと論じたのである（Galtung 1969：167-191；1971：81-117）。

この「構造的暴力」という概念は、発表された当時、大論争を巻き起こした。フランスのガストン・ブートール（Gaston Bouthoul）は次のように酷評している。

構造的暴力論は、暴力の概念を際限なく拡張し、これを不愉快なこと、有害なこと、苦悩の原因、強制の原因と判断されるすべての物事に適用することから成立している。そこから完全な混乱が生じてくる。人々はいたる所に暴力を見出すことになるのである…仮にアマゾンのインディオやベンガル人がスウェーデン人と同じような便益を享受していないとすれば、これは犯罪的な構造的暴力ということになる。かれは、このような不平等や格差の歴史的・社会的・心理的な起源を想起するのを忘れている。（Bouthoul 1974=1978：118）

そして、圧政と搾取の構造的原因を除去できれば、それで真の平和が容易に確立されるかのようなガルトゥングの思考は、あまりにも単純すぎるとも批判した。なぜならばそこには半ダースもの経済学や政治学の難問が横たわっているし、各種産業ごとに異なる技術の問題と人口問題も存在するからである（Bouthoul 1974=1978：118-119）。

ケネス・ボールディング（Kenneth Boulding）は、構造的暴力は分析モデルではなく、いわゆる「比喩（metaphors）」にしかすぎないとまで言い切った。「比喩」はたしかに人々を納得させる力を持ってはいるが、もしそれが間違ったモデルを提供するとなるとあまりにも「危険」であると論ずる。なぜならば、街中や家庭で起こる暴力、反政府ゲリラによる暴力、警察による暴力、軍隊による暴力はそれぞれ貧困とはまったく違う現象であるからである。この点はブートールの批判と重なる。さらにガルトゥングの「構造的暴力」による比喩は、皮肉にも、これら直接的暴力への研究上の関心を薄める結果にもなってしまったと批判した（Boulding 1977 : 83）。

ガルトゥングの暴力の概念拡大は、平和学の地平を拡大し、ガルトゥングの名を不朽のものにした。しかし、その概念は、その分析上の曖昧さのゆえに厳しい批判にもさらされた。悲劇的なのは、途上国における抑圧体制に対する革命的暴力を正当化するために構造的暴力概念が政治的に利用されたことである（高柳 一九八九：三一〇〜三一二）。

ここで考えるべきは、直接的暴力への知的関心の回帰である。そもそも我々が一般に想起するような直接的暴力の解明自体さえも、未発達であるのが現状である。ブートールが言及したように、これは政治学上の難問なのである。その意味で、ペイジ教授が「殺人（killing）」という直接的暴力の最たるものを研究対象にしたのは、当然の帰結であったと言える。暴力という言葉が曖昧化・政治化する可能性をはらんでいる以上、研究上の概念として具象性の高い「殺人」という言葉を選択したのは、方法論の上で不可避であったとも言える。

では、なぜ「政治学」でなければならないのか。それは、人間の生命を奪うという行為を、最も大規模に、そして確実に実行する人間の集団は紛れもなく国家だからである。この国家を研究することこそ政治学の使命である。国家には「軍隊」「警察」「裁判所」という組織が存在しており、我々の生命を「合法的」に奪うことができる手段を有している。政治学を志す者は御多分に洩れず、トーマス・ホッブズ（Thomas Hobbes）の『レヴァイアサン』を読まされ、「万人の万人に対する闘争」という人間社会の自然状態を教え込まれる。この無政府状態の中での、人間の生涯は惨めで残酷で短い。だから我々は契約によって政府を形成し、彼らに暴力の行使と法の執行権限を与え、この生命が脅かされる状態から逃れることができるとしたのである。これは後にマックス・ヴェーバーが国家権力の究極とは「暴力の独占」である、としたこととほぼ同じである。

しかし、暴力の独占と社会治安との関係はそれほど単純なものではない。一般市民の銃の保有率でアメリカは世界第一位の三〇％で、スイスは第二位で二四％である。二〇一六年にアメリカでは一万人近くが銃により命を落としたが（Pew Research Center 2017）、スイスではゼロであった。これは一体何を意味しているのか。さまざまな説明が可能であるが、私は何といっても政治のリーダーシップの違いであると考える。どちらも民主主義国家であるが、銃の使用と規制に関してはスイスがアメリカよりも格段に厳格である。リーダーシップの背景にある国家の安全保障に関する伝統的思考、これを支える政治哲学や思想、倫理、教育、社会通念などを詳細に検証して、銃による殺人という直接的暴力の状態が初めて解明される。決してヴェーバー的「独占」だけが安全をもたらすわけではないのである。このように銃問題だけを考えてみても、政治学が解明すべき地平線はとてつもなく広いのである。

しかし解明だけでは不十分なのである。リーダーシップとはオールタナティヴ（代替するもの）を示すことでもある。アメリカでは少なくとも八年ごと（あるいは四年ごと）に大統領が入れ替わることになっている。連邦議会も四年ごとに入れ替わる。ところが人が変わってもアメリカの銃社会の闇はなかなか消えない。これは政治学者に責任があると言える。つまり政治学者による銃問題の研究が不足しており、銃社会のオールタナティヴが示されてこなかったということである。実際、銃暴力の研究に投じられる予算自体にも、意図的に法規制がかけられており、結果、研究に投じられる額もきわめて小さいことが分かっている。アメリカでは銃保有を規制することに繋がるような調査すらできないのが現状である（Business Insider 2018）。殺人是認の政治学が存在する以上、それを大学で学んだ卒業生が、法律家、下院議員、海兵隊幹部、国防長官、大統領などになるわけで、その再生産は今後とも続くことになってしまう。このような殺人是認の政治指導者の誕生連鎖は、どこかで断ち切らなくてはならない。

となれば、学問上のオールタナティヴを示すことは、新しい政治指導者を生み出すことになると考えられる。そしてこの問題は、アメリカに限らず、日本においても、他のすべての国家において考えられなければならない。政治学の「非殺人化」は殺人のない社会実現に向けて、未来への射程を長くすることになるであろう。ここに『殺戮なきグローバル政治学』の出版をもって、非殺人社会に向けた政治学の挑戦は始まったと言える。そして、これに続く研究者をペイジ教授は望まれているはずである。この本を読んだ人の中から、そういう人が輩出されることを祈りながら、この解説文を終わりたい。

二〇一八年一二月二三日

引用・参考文献

高柳先男「平和研究のパラダイム」山本吉宣編『講座国際政治1　国際政治の理論』東京大学出版会、一九八九年、二九九～三三〇頁。

Boulding, Kenneth. 1977. "Twelve Friendly Quarrels with Johan Galtung," *Journal of Peace Research*, vol. 14, no. 1 : 75-86.

Bouthoul, Gaston. 1974. *La Paix*《*_Que Sais-Je?*》（『平和の構造』中原喜一郎訳、白水社、一九七八年）

Business Insider,（October 29, 2018）"The US spends less on gun violence research than nearly every other leading cause of death in America — and that's on purpose," Access December 23, 2018. https://www.businessinsider.com/gun-control-in-america-how-many-dollars-the-us-spends-on-gun-violence-research-2018-3?utm_source=intl&utm_medium=ingest

Galtung, Johan. 1969. "Violence, Peace, and Peace Research," *Journal of Peace Research*, vol. 6 : 167-191.

Galtung, Johan. 1971. "A Structural Theory of Imperialism," *Journal of Peace Research*, vol. 8 : no. 2, 81-117.

Pew Research Center,（June 22, 2017）, "Key takeaways on Americans' views of guns and gun ownership," Access December 23, 2018. http://www.pewresearch.org/fact-tank/2017/06/22/key-takeaways-on-americans-views-of-guns-and-gun-ownership/

監訳者あとがき

さてお読みいただいた感想はいかがであったであろうか。この本をお読みになった方々は、政治を専門に研究されている人、あるいは政治を生業にされている人、あるいは政治に関心を持つ学生や一般の人であるかもしれない。いずれにしても、ほとんどの人にとって、頻繁に登場する「非殺人」という用語には困惑されたと思う。原語（英語）では〝Nonkilling〟となっているが、これ自体が英語の辞書には載っていないグレン・ペイジ教授の造語である。実はアメリカでも、この用語はしばしば戸惑いを持って受け止められてきた。ペイジ教授がこの用語を駆使して口頭発表している姿を、ハワイ大学の講堂やアメリカ国際関係学会（International Studies Association）の会合で、聴衆の一人としてしばしば聞く機会があった。そこでの聴衆の反応は実にさまざまであったが、同じパネルのコメンテーターの反応が、何とも歯切れが悪かったのを鮮明に覚えている。オリジナルの言葉がアメリカで、そんな具合で受け止められていたので、その日本語訳である「非殺人」が、しっくりこないのは当たり前であろう。

この言葉を日本語に訳する際に、私とペイジ教授は何回も話し合った。最初は「不殺生」という案もあった。「不殺生」はたしかに日本語としては定着している。ただどうしてもそこには仏教的な臭いがある。ペイジ教授には、アカデミックで世俗的な内容でアピールしたいとのお考えがあり、ここで新しい日本語の言葉「非殺人」を編み出すことになったわけである。その意味で、これは監訳者としても一つの挑戦である。〝Nonviolence〟という言葉がガンジーのインド独立闘争とともに世界中に広まり、日本語では「非暴力」と訳され、今ではすっかり馴染みのある言葉になっているのと同様に、「非殺人」という言葉も、いつかは常識的な言葉になるものと私は信じている。

ここで、著者グレン・D・ペイジ教授について少々語っておきたい。教授は一九二九年六月マサチューセッツ州ブロックトン市に生まれた。高校卒業後にプリンストン大学政治学部に入学するが（一九四七〜四八年）、陸軍に入隊し対空砲撃手として朝鮮戦争に従軍した（一九四八〜五二年）。復員しプリンストン大学を卒業すると、ハーバード大学大学院に進み、そこで東アジア学（朝鮮研究）で修士号（一九五七年）、ノースウェスタン大学大学院で政治学博士号を授与された（一九五九年）。教授を一躍有名にしたのは、*The Korean Decision : June 24-30, 1950*（Free Press, 1968）という本である。この本は、日本語版では、東京大学教授の関寛治氏の翻訳でサイマル出版会から『アメリカと朝鮮戦争――介入決定過程の実証的研究』として一九七一年に出版されている。今では政策決定論（Decision-Making）の分野での必読文献となっており、政治学研究者の中では、この本から多くを学んだ方もいらっしゃると思う。この『アメリカと朝鮮戦争』は、ペイジ教授自身が従軍した戦争を題材に執筆した博士論文が土台になっている。

執筆中にペイジ教授は衝撃的な体験をしたという。それは、参戦に決断を下したトルーマン元大統領本人にインタビューをした時（一九五七年）のことである。教授は「アメリカが参戦した中で四番目に大きい戦争（ベトナム戦争後は五番目になるが）への参戦を決断するにあたり、敬虔なバプティスト派キリスト教徒である貴方は、神に祈りましたか」と尋ねた。するとトルーマンは不機嫌そうに「そんなことをするか！　古代ギリシャ・ローマの時代から正しいことと間違ったことは厳然とあるのだ。私は正しい決断をし、そして寝ただけだ」と答えたという[1]。朝鮮戦争において兵士として死線をくぐった教授にとって、この返答にはただ啞然とするばかりであったという。

この体験が教授を変えた。それは、殺人を正当化する学問的立場からの離脱であった。その後、リーダーシップの研究、非暴力の研究、そして政治学そのものを「殺人否定の学問」にする〝コペルニクス的転換〟とも言うべき壮大なプロジェクトへと変貌した。『アメリカと朝鮮戦争』から約半世紀、教授の学問的挑戦が遂に〝形〟となったのがこの本なのである。

ありし日のペイジ教授（右）と私（左）
（ホノルル市にて。2010年９月13日）

本書の英語オリジナル版は二〇〇二年にアメリカで刊行された。その後、タミール語（二〇〇四年）、ヒンズー語（二〇〇四年）、シンハラ語（二〇〇四年）、ロシア語（二〇〇五年）、フランス語（二〇〇五年）、モンゴル語（二〇〇五年）、ポルトガル語（二〇一一年）、アラビア語（二〇〇七年）、フィリピン語（二〇〇七年）、韓国語（二〇〇七年）、タイ語（二〇〇七年）、ドイツ語（二〇〇九年）、イタリア語（二〇一〇年）、スペイン語（二〇一二年）、ウルディー語（二〇一四年）、など世界二八言語に翻訳されている。そしてこのたび待望の日本語版の出版となったわけである。今後も他言語に翻訳されるものと思われる。初版から数えてわずか一六年で、これだけの言語に翻訳される書籍というのは、そう滅多にあるものではない。それは世界がこの種の本の登場を長く待ちわびていたという証拠である。

ペイジ先生は、私自身がハワイ大学政治学部大学院博士課程に一九九〇年代に在籍していた時の指導教授である。博士論文に四苦八苦していた私とほぼ同じ時期に、教授もこの『殺戮なきグローバル政治学』の草稿に全身全霊で取り組まれていた。教授と私は大学のカフェテリアで、決まってオレンジジュースを飲みながらよく語り合ったものである。そこで私は論文の進捗状況を報告し、またご本人も自身の研究について語られた。ペイジ先生の口癖は「今、私は人生で最も重要な本を書いているんだ!」であった。しかし、あまりにも原稿が進まないので、ご本人は意を決して髭を伸ばし放題にされ、「この原稿が完成するまで断じて髭は剃らない!」と宣言された。何かライオンのようになった姿でキャンパスを闊歩する、そんなペイジ先生を学生たちは敬愛した。そしてその学生たちをペイジ先生は慈愛を持って指導された。私もその学生の一人であった。あれから二〇年以上が経ち、この大プロジェクトの日本語版の監訳を担えたことは、私にとって生涯の誉である。と同時に日本語版の出版を見ることなく、二〇一七年一月にペイジ先生が逝去されたことには悔恨の念が尽きない。二〇一六年一一月の電子メールで、「翻訳すべて終わりました」とご報告したところ、「それは素晴らしい!」との返信をいただいたのが、最後の言葉になった。

最後になったが、最初に翻訳を始められた岡本三夫先生(広島修道大学名誉教授)、大屋モナさんには心から労いの言葉を贈りたい。英語の原文から日本語に翻訳されるご苦労は、並大抵のものではなかったはずである。内容自体が既存の学問体系に挑戦するものであっただけに、翻訳側にも戸惑う箇所が相当数あったと思う。最終的な仕上げは、私が担うことにはなったが、このお二人の先立っての労作業がなければ、この翻訳事業はついには完成しなかった。心から敬意と感謝の意を表するものである。
ミネルヴァ書房の編集部の方々にはたいへんなご苦労をいただいた。とくに担当者の田引勝二さんにはこの本の趣旨をご理解いただき、出版に至るまでさまざまなご指導をいただいた。ここに深く謝意を表するものである。

二〇一八年一二月一九日

関西外国語大学の研究室にて　酒井英一

注

（1）Glenn D. Paige, *To Nonviolent Political Science : From Seasons of Violence* (Honolulu, HI : Matsunaga Institute for Peace at University of Hawaiʻi, 1993), 4-5.

現代日本のアジア外交	宮下明聡・佐藤洋一郎 編	四六判三七二頁 本体四八〇〇円
人間の安全保障	武者小路公秀 編著	A5判三二八頁 本体三五〇〇円
核拡散防止の比較政治	北野充 著	A5判四六八頁 本体六〇〇〇円
グローバル・ガヴァナンスの歴史的変容	緒方貞子・半澤朝彦 編著	A5判三一四頁 本体三五〇〇円
国際政治のなかの国際保健事業	安田佳代 著	A5判三二〇頁 本体六〇〇〇円
国際規範はどう実現されるか	西谷真規子 編著	A5判三九二頁 本体六〇〇〇円
政治にとって文化とは何か	越智敏夫 著	A5判二七二頁 本体六〇〇〇円
流動化する民主主義	R・D・パットナム 編著　猪口孝 訳	A5判四六六頁 本体四八〇〇円
アメリカ人であるとはどういうことか	M・ウォルツァー 著　古茂田宏 訳	四六判二四四頁 本体三二〇〇円
日米における政教分離と「良心の自由」	和田守 編著	A5判三二八頁 本体六〇〇〇円
熟慮と討議の民主主義理論	柳瀬昇 著	A5判三一六頁 本体六〇〇〇円
社会契約論を問いなおす	菊池理夫 著	A5判三六八頁 本体六五〇〇円
国際法の現場から	小田滋 著	四六判四〇〇頁 本体三二〇〇円

ミネルヴァ書房
http://www.minervashobo.co.jp/

《監訳者紹介》

酒井英一（さかい・ひでかず）

1964年　佐賀県生まれ。

2000年　ハワイ大学政治学部大学院博士課程修了。政治学博士（Ph.D.）。

現　在　関西外国語大学外国語学部教授。

著　作　*Re-rising Japan：Its Strategic Power in International Relations*, New York：Peter Lang, 2017.（共編著）
US-Japan Security Community：Theoretical Understanding of Transpacific Relationships（New York：Routledge, 2018），など論文著作多数。

《訳者紹介》

岡本三夫（おかもと・みつお）　広島修道大学名誉教授。

大屋モナ（Mona Meyer Ohya）　翻訳家，通訳。

殺戮なきグローバル政治学

2019年 6 月30日　初版第 1 刷発行　〈検印省略〉

定価はカバーに
表示しています

監訳者　酒　井　英　一
発行者　杉　田　啓　三
印刷者　田　中　雅　博

発行所　株式会社　ミネルヴァ書房
607-8494　京都市山科区日ノ岡堤谷町 1
電　話（075）581-5191（代表）
振替口座・01020-0-8076番

創栄図書印刷・新生製本

ISBN978-4-623-08549-1
Printed in Japan

人名索引

さ 行

た 行

な 行

は 行

ま　行

や・ら　行

わ　行

事項索引

さ 行

た 行

な 行

わ　行

欧　文

資料A　世界政治学会（IPSA：International Political Science Association）に登録されている各国の政治学会（1999年）

団体名称	創立年（前身団体の創立年）	会員数（人）
African Association of Political Science	1974	1,360
Argentine Association of Political Analysis	1983（1957）	180
Australasian Political Studies Association	1966（1952）	425
Austrian Political Science Association	1979（1951）	537
Flemish Political Science Association	1979（1951）	450
Association Belge de Science Politique/ Communauté Française de Belgique	1996（1951）	125
Brazilian Political Science Association	1952	*
Bulgarian Political Science Association	1973（1968）	72
Canadian Political Science Association	1968（1913）	1,200
Chilean Political Science Association	*	*
Chinese Association of Political Science	1980	1,025
Croatian Political Science Association	1966	50
Czech Political Science Association	1964	200
Danish Association of Political Science	1960	350
Finnish Political Science Association	1935	550
Association française de science politique	1949	1,030
German Political Science Association	1951	1,250
Hellenic Political Science Association	1957（1951）	53
Hungarian Political Science Association	1982（1968）	410
Indian Political Science Association	1935	1,600
Political Studies Association of Ireland	1982	247
Israel Political Science Association	1950	250
Italian Political Science Association	1975（1952）	220
Japanese Political Science Association	1948	1,522
Korean Political Science Association	1953	1,700
Korean Association of Social Scientists	1979	1,465
Lithuania Political Science Association	1991	75
Mexican Political Science Association	*	*
Dutch Political Science Association	1966（1950）	400
New Zealand Political Studies Association	1974	*

団体名称	創立年（前身団体の創立年）	会員数（人）
Nigerian Political Science Association	*	*
Norwegian Political Science Association	1956	400
Pakistan Political Science Association	1950	300
Philippine Political Science Association	1962	*
Polish Association of Political Science	1950	200
Romanian Association of Political Science	1968	188
Russian Political Science Association	1991（1960）	300
Slovak Political Science Association	1990	115
Slovenian Political Science Association	1968	220
South African Political Studies Association	1973	186
Spanish Association of Political and Administrative Science	1993（1958）	253
Swedish Political Science Association	1970	264
Swiss Political Science Association	1950	1,000
Chinese Association of Political Science（Taipei）	1932	350
Political Science Association of Thailand	*	*
Turkish Political Science Association	1964	120
Political Studies Association of the UK	1950	1,200
American Political Science Association	1903	13,300
Association of Political Science of Uzbekistan	*	*
Venezuelan Political Science Association	1974	*
Yugoslav Political Science Association	1954	*
会員数合計		35,142+

*資料なし

出所：Participation（1999）23/3, pp. 33-41. Bulletin of the International Political Science Association. Bulletin de l'association internationale de science politique.

資料B　世界政治学会（IPSA：International Political Science Association）により分類されている研究分野（2009年）

主要分野（Main Fields）

Area Studies
Central Government
Comparative Politics
Developmental Politics
Elections and Voting Behavior
International Law
International Relations
Judicial Systems and Behavior
Legislatures
Local and Urban Politics
Political Executives
Political Parties
Political Science Methods
Political Theory and Philosophy
Pressure Groups
Public Administration
Public Policy
Women and Politics

研究部会（Research Committees）

RC01 – Concepts and Methods
RC02 – Political Elites
RC03 – European Unification
RC04 – Public Bureaucracies in Developing Societies
RC05 – Comparative Studies on Local Government and Politics RC06 – Political Sociology
RC07 – Women, Politics and Developing Nations RC08 – Legislative Specialists
RC09 – Comparative Judicial Systems
RC10 – Electronic Democracy
RC11 – Science and Politics
RC12 – Biology and Politics
RC13 – Democratization in Comparative Perspective
RC14 – Politics and Ethnicity

RC15 – Political and Cultural Geography
RC16 – Socio-Political Pluralism
RC17 – Globalization and Governance
RC18 – Asian and Pacific Studies
RC19 – Gender Politics and Policy
RC20 – Political Finance and Political Corruption
RC21 – Political Socialization and Education
RC22 – Political Communication
RC24 – Armed Forces and Society
RC25 – Comparative Health Policy
RC26 – Human Rights
RC27 – Structure and Organization of Government
RC28 – Comparative Federalism and Federation
RC29 – Psycho-Politics
RC31 – Political Philosophy
RC32 – Public Policy and Administration
RC33 – The Study of Political Science as a Discipline
RC34 – Comparative Representation and Electoral Systems
RC35 – Technology and Development
RC36 – Political Power
RC37 – Rethinking Political Development
RC38 – Politics and Business
RC39 – Welfare States and Developing Societies
RC40 – New World Orders?
RC41 – Geopolitics
RC42 – System Integration of Divided Nations
RC43 – Religion and Politics
RC44 – Military's Role in Democratization
RC45 – Quantitative International Politics
RC46 – Global Environmental Change
RC47 – Local-Global Relations
RC48 – Administrative Culture
RC49 – Socialism, Capitalism and Democracy
RC50 – Language and Politics
RC51 – Political Studies on Contemporary North Africa RC52 – Gender, Globalization and Democracy

出所：International Political Science Association, http://www.ipsa.org (2009).

資料C　アメリカ政治学会（APSA：American Political Science Association）によって分類されている研究分野（2008年）

総合分野（General Fields）（APSA メーリングリストによる所属会員数）

名　称	会員数（人）
American Government	4,777
Comparative Politics	5,456
International Relations	4,812
Methodology	1,629
Political Philosophy and Theory	2,709
Public Administration	1,147
Public Law and Courts	1,383
Public Policy	2,883

分野（Subfields）（APSA メーリングリストによる所属会員数）

名　称	会員数（人）
Advanced Industrial Societies	336
Africa	443
African American Politics	264
Asian American Politics	64
Australia	26
Bureaucracy and Organizational Behavior	665
Caribbean	71
Central America	125
Central Asia	71
Civil Rights and Liberties	743
Conflict Processes	857
Congress	734
Constitutional Law and Theory	1,007
Criminal Justice	220
Declines to State	3
Defense	427
Developing Nations	902
East and Central Europe	437

名　称	会員数（人）
Economic Policy	413
Education Policy	393
Electoral Behavior	905
Electoral Systems	557
Energy Policy	112
Environmental Policy	617
Ethnic and Racial Politics	847
Evaluation Research	131
Executive Politics	232
Federalism and Intergovernmental Relations	721
Feminist Theory	402
Foreign Policy	1,662
Gender Politics and Policy	443
Health Care Policy	283
Historical Political Thought	1,327
History and Politics	990
Housing Policy	56
Immigration Policy	262
International Law and Organizations	969
International Political Economy	1,162
International Security	1,463
Judicial politics	595
Labor Policy	123
Latino/a Politics	159
Leadership Studies	206
Legislative Studies	694
Lesbian, Gay and Bisexual Politics	124
Life Sciences and Politics	84
Literature and Politics	263
Middle East	593
Native American Politics	48
NE Asia	560
Normative Political Theory	1,154
North America	122

名　称	会員数（人）
Political Behavior	1,165
Political Communication	671
Political Development	585
Political Economy	1,380
Political Parties and Organizations	1,223
Political Psychology	728
Positive Political Theory	436
Post Soviet Region	415
Presidency	693
Public Finance and Budget	189
Public Opinion	910
Regulatory Policy	210
Religion and Politics	838
Research Methods	799
Science and Technology	294
SE Asia	202
Social Movements	654
Social Welfare Policy	454
South America	428
South Asia	189
State Politics	596
Trade Policy	130
Urban Politics	626
Western Europe	1,031
Women and Politics	648

分科会（section）（APSA メーリングリストによる所属会員数）

名　称	会員数（人）
Comparative Democratization	597
Comparative Politics	1,508
Conflict Processes	396
Elections, Public Opinion, and Voting Behavior	823

名　称	会員数（人）
European Politics and Society	500
Federalism and Intergovernmental Relations	271
Foreign Policy	621
Foundations of Political Theory	715
Human Rights	381
Information Technology and Politics	265
International History and Politics	440
International Security and Arms Control	529
Law and Courts	809
Legislative Studies	594
New Political Science	478
Political Communication	470
Political Economy	653
Political Methodology	943
Political Organizations and Parties	562
Political Psychology	405
Politics and History	654
Politics and Literature, and Film	361
Presidency Research	385
Public Administration	534
Public Policy	981
Qualitative Methods	909
Race, Ethnicity and Politics	569
Religion and Politics	603
Representation and Electoral Systems	378
Science, Technology and Environmental Politics	325
State Politics and Policy	477
Undergraduate Education	468
Urban Politics	354
Women and Politics Research	637

出所：American Political Science Association, Mailing Lists to Reach Political Scientists (2008).

資料D　第2次世界大戦中に非戦闘公共奉仕部隊に従事した良心的兵役拒否者の出身宗派別人数

名　称	会員数（人）
Advent Christian	3
African Methodist Episcopal	1
Ambassadors of Christ	1
Antinsky Church	1
Apostolic	2
Apostolic Christian Church	3
Apostolic Faith Movement	2
Assemblies of God	32
Assembly of Christians	1
Assembly of Jesus Christ	1
Associated Bible Students	36
Baptist, Northern	178
Baptist, Southern	45
Berean Church	1
Bible Students School	1
Body of Christ	1
Brethren Assembly	1
Broadway Tabernacle	1
Buddhist	1
Calvary Gospel Tabernacle	1
Catholic, Roman	149
Christadelphians	127
Christian Brethren	1
Christian Catholic Apostolic	1
Christian Convention	1
Christian Jew	1
Christian & Missionary Alliance	5
Christian Missionary Society	1
Christian Scientist	14
Christ's Church	1
Christ's Church of the Golden Rule	3
Christ's Followers	1

名　称	会員数（人）
Christ's Sanctified Holy Church	2
Church (The)	1
Church of the Brethren	1,353
Church of Christ	199
Church of Christ Holiness	1
Church of Christian Fellowship	1
Church of England	1
Church of the First Born	11
Church of the Four Leaf Clover	1
Church of the Full Gospel, Inc.	1
Church of God of Abrahamic Faith	13
Church of God of Apostolic Faith	4
Church of God Assembly	1
Church of God in Christ	12
Church of God, Guthrie, Okla.	5
Church of God, Holiness	6
Church of God, Indiana	43
Church of God & Saints of Christ	12
Church of God, Sardis	1
Church of God, Seventh Day	21
Church of God, Tennessee (2 bodies)	7
Church of God (several bodies)	33
Church of the Gospel	1
Church of Jesus Christ	1
Church of Jesus Christ, Sullivan, Indiana	15
Church of Light	1
Church of the Living God	2
Church of the Lord Jesus Christ	1
Church of the Open Door	1
Church of the People	1
Church of Radiant Life	1
Church of Truth (New Thought)	1
Circle Mission (Father Divine)	10
Community Churches	12

名　称	会員数（人）
Congregational Christian	209
Defenders	1
Disciples Assembly of Christians	1
Disciples of Christ	78
Dunkard Brethren	30
Doukhobor (Peace Progressive Society)	3
Elim Covenant Church	1
Emissaries of Divine Light	1
Episcopal	88
Essenes	5
Ethical Culture, Society of	3
Evangelical	50
Evangelical-Congregational	2
Evangelical Mission Convent (Swedish)	11
Evangelical & Reformed	101
Evangelistic Mission	3
Faith Tabernacle	18
Federated Church	1
Filipino Full Gospel	1
Fire Baptized Holiness	3
First Apostolic	1
First Century Gospel	28
First Divine Assn. in America, Inc.	16
First Missionary Church	2
Followers of Jesus Christ	4
Four Square Gospel	2
Free Holiness	3
Free Methodist	6
Free Pentecostal Church of God	4
Free Will Baptist	2
Friends, Society of [Quakers]	951
Full Gospel Conference of the World, Inc.	4
Full Gospel Mission	3
Full Salvation Union	1

名　称	会員数（人）
Galilean Mission	1
German Baptist Brethren	157
German Baptist Convention of North America	4
Glory Tabernacle	2
God's Bible School	1
Gospel Century	1
Gospel Chapel	2
Gospel Hall	1
Gospel Meeting Assembly	1
Gospel Mission	2
Gospel Tabernacle	2
Gospel Temple	1
Grace Chapel	1
Grace Truth Assembly	1
Gracelawn Assembly	1
Greek Apostolic	1
Greek Catholic	1
Greek Orthodox	1
Hepzibah Faith	6
Hindu Universal	1
Holiness Baptist	1
Holiness General Assembly	1
House of David	2
House of Prayer	1
Humanist Society of Friends	2
Immanuel Missionary Association	13
Independent Assembly of God	2
Independent Church	2
Institute of Religious Society & Philosophy	1
Interdenominational	16
International Missionary Society	2
Jehovah's Witnesses	409
Jennings Chapel	9
Jewish	60

名　称	会員数（人）
Kingdom of God	1
Kingdom Missionaries	1
Latin American Council of Christian Churches	1
Lemurian Fellowship	9
Lord our Righteousness	1
Lutheran (nine synods)	108
Lutheran Brethren	2
Mazdaznam	1
Megiddo Mission	1
Mennonites	4,665
Methodist	673
Missionary Church Association	8
Moody Bible Institute	2
Mormons (Church of Jesus Christ of Latter Day Saints	10
Moravian	2
Moslem	1
Multnomah School of the Bible	2
National Baptist Convention, U.S.A., Inc.	5
National Church of Positive Christianity	5
Nazarene, Church of the	23
New Age Church	3
Norwegian Evangelical Free Church	2
Old German Baptist	7
Open Bible Standard	1
Orthodox Parsee Z.	2
Overcoming Faith Tabernacle	1
Oxford Movement	1
Pentecostal Assemblies of Jesus Christ	1
Pentecostal Assemblies of the World	3
Pentecostal Assembly	2
Pentecostal Church, Inc.	2
Pentecostal Evangelical	1
Pentecostal Holiness	6
People's Christian Church	1

名　称	会員数（人）
People's Church	3
Pilgrim Holiness	3
Pillar of Fire	1
Pillar and Ground of the Truth	1
Placabel Council of Latin Am. Churches	1
Plymouth Brethren	12
Plymouth Christian	1
Presbyterian, U.S.	5
Presbyterian, U.S.A.	192
Primitive Advent	2
Progressive Brethren	1
Quakertown Church	1
Reading Road Temple	1
Reformed Church of America (Dutch)	15
Reformed Mission of the Redeemer	1
Rogerine Quakers (Pentecostal Friends)	3
Rosicrusian	1
Russian Molokan (Christian Spiritual Jumpers)	76
Russian Old Testament Church	1
Saint's Mission	1
Salvation Army	1
Sanctified Church of Christ	1
Scandinavian Evangelical	1
Schwenkfelders (Apostolic Christian Church, Inc.)	1
School of the Bible	1
Serbian Orthodox	1
Seventh Day Adventist	17
Seventh Day Adventist, Reformed	1
Seventh Day Baptist	3
Shiloh Tabernacle	1
Spanish Church of Jesus Christ	1
Spiritual Mission	1
Spiritualist	1
Swedenborg	1

名　称	会員数（人）
Taoist	1
Theosophists	14
Trinity Tabernacle	1
Triumph the Church & Kingdom of God in Christ	1
Triumph Church of the New Age	1
True Followers of Christ	1
Truelight Church of Christ	1
Twentieth Century Bible School	5
Unitarians	44
Union Church (Berea, Ky.)	4
Union Mission	1
United Baptist	1
United Brethren	27
United Christian Church	2
United Holiness Church, Inc.	1
United Holy Christian Church of Am.	2
United International Young People's Assembly	2
United Lodge of Theosophists	2
United Pentecostal Council of the Assembliesof God in America	1
United Presbyterian	12
Unity	3
Universal Brotherhood	1
Universalist	2
War Resister's League	46
Wesleyan Methodist	8
World Student Federation	2
Young Men's Christian Association [YMCA]	2
Zoroastrian	2
Total affiliated with denominations	10,838
Non-affiliated	449
Denominations unidentified	709
合　計	11,996

出所：Anderson 1994, pp. 280–286. Cf. Selective Service System 1950, pp. 318–320.

参考文献

ABUEVA, Jose V. 2004. *Towards a Nonkilling Filipino Society : Developing an Agenda for Research, Policy and Action.* Marikina City : Kalayaan College.

ACKERKNECHT, Erwin H. 1982. *A Short History of Medicine.* Baltimore : Johns Hopkins University Press.

ACKERMAN, Peter and DUVALL, Jack. 2000. *A Force More Powerful : A Century of Nonviolent Conflict.* New York : St. Martin's Press.

ADAMS, David et al. 1989. Statement on violence. *Journal of Peace Research* 26 : 120-121.

—— 1997. War is not in our biology : a decade of the Seville statement on violence. In Grisolía et al. 1997 : 251-256.

ADAMS, David. 2007. *Why Do They Kill? Men who Murder Their Intimate Partners.* Nashville, TN : Vanderbilt University Press.

ALMOND, Gabriel A. 1996. Political science : the history of the discipline. In Goodin and Klingemann 1996 : 50-96.

ALPEROVITZ, Gar. 1995. *The Decision to Use the Atomic Bomb.* New York : Al- fred A. Knopf.

AMATO, Joseph A. 1979. Danilo Dolci : a nonviolent reformer in Sicily. In Bruyn and Rayman 1979 : 135-160.

AMNESTY INTERNATIONAL. 2009. Figures on the death penalty (access January 2009), http://www.amnesty.org/en/death-penalty/numbers

ANDERSON, Richard C. 1994. *Peace Was In Their Hearts : Conscientious Objectors in World War II.* Watsonville, Calif. : Correlan Publications.

AQUINO, Corazón C. 1997. Seeds of nonviolence, harvest of peace : The Philippine revolution of 1986. In Grisolía et al. 1997 : 227-234.

ARENDT, Hannah. 1970. *On Violence.* New York : Harcourt, Brace & World.

—— 1982. *Lectures on Kant's Political Philosophy.* Chicago : University of Chicago Press.

ARISTOTLE. 1962. *The Politics*, trans. T. A. Sinclair. Harmondsworth : Penguin.

ASHE, Geoffrey. 1969. *Gandhi.* New York : Stein and Day.

AUNG SAN SUU KYI. 1998. *The Voice of Hope.* New York : Seven Stories Press.

BAHÁ'U'LLÁH. 1983. *Gleanings from the Writings of Bahá'u'lláh.* Wilmette, Ill. : Baha'i Publishing Trust.

BANERJEE, Mukulika. 2000. *The Pathan Unarmed.* Karachi & New Delhi : Oxford University Press.

BARBEY, Christophe. 1989. *Les pays sans armée. Cormagens*, Switzerland : Éditions Pour de Vrai.

—— 2001. La non-militarisation et les pays sans arḿee : une réalité! Flendruz, Switzerland : APRED.

BAXTER, Archibald. 2000. *We Will Not Cease.* Baker, Ore. : The Eddie Tern Press.

BEBBER, Charles C. 1994. Increases in U.S. violent crime during the 1980s following four American military actions. *Journal of Interpersonal Violence* 9(1) : 109-116.

BEER, Michael. 1994. Annotated bibliography of nonviolent action training. *International Journal of Nonviolence* 2 : 72-99.

BEISNER, Robert L. 1968. *Twelve Against Empire : The Anti-Imperialists, 1898-1900.* New York : McGraw-Hill.

BENDAÑA, Alejandro. 1998. "From Guevara to Gandhi." Managua, Nicaragua : Centro de Estudios Internationales.

BENNETT, Lerone Jr. 1993. *Before the Mayflower : A History of Black America.* New York : Penguin Books.

BHAVE, Vinoba. 1963. *Shanti Sena*, Second editon., trans Marjorie Sykes. Rajghat, Varanasi, India : Sarva Seva Sang Prakashan.

—— 1994. *Moved by Love : The Memoirs of Vinoba Bhave*, trans. Marjorie Sykes. Hyderabad : Sat Sahitya Sahayogi Sangh.

BING, Anthony G. 1990. *Israeli Pacifist : The Life of Joseph Abileah.* Syracuse, N.Y. : Syracuse University Press.
BISWAS, S. C. ed. 1990 [1969]. *Gandhi : Theory and Practice. Social Impact and Contemporary Relevance.* Shimla : Indian Institute of Advanced Study.
BONDURANT, Joan V. 1969. *Conquest of Violence : The Gandhian Philosophy of Conflict.* Berkeley : University of California Press.
BONTA, Bruce D. 1993. *Peaceful Peoples : An Annotated Bibliography.* Metuchen, N. J. and London : Scarecrow Press.
—— 1996. Conflict resolution among peaceful societies : the culture of peacefulness. *Journal of Peace Research*, 33 : 403–420.
BOORSTIN, Daniel J. 1983. *The Discoverers.* New York : Random House.
—— 1992. *The Creators.* New York : Random House.
—— 1998. *The Seekers.* New York : Random House.
BOSERUP, Anders and MACK, Andrew. 1974. *War Without Weapons : Non-Violence in National Defence.* New York : Schocken Books.
BOUBALT, Guy, GAUCHARD, Benoît, and MULLER, Jean-Marie. 1986. *Jacques de Bollardière : Compagnon de toutes les libérations.* Paris : Non-Violence Actualité.
BOULDING, Elise. 1980. *Women, the Fifth World.* New York : Foreign Policy Association.
—— 1992. *New Agendas for Peace Research : Conflict and Security Reexamined.* Boulder, Colo. : Lynne Rienner Publishers.
BOURKE, Joanna. 2001. *An Intimate History of Killing : Face-to-Face Killing in Twentieth Century Warfare.* New York : Perseus Books.
BOURNE, Randolph S. 1964 [1914–1918]. *War and the Intellectuals.* New York : Harper & Row.
BROCK, Peter. 1968. *Pacifism in the United States : From the Colonial Era to the First World War.* Princeton : Princeton University Press.
—— 1970. *Twentieth Century Pacifism.* New York : D. Van Nostrand.
—— 1972. *Pacifism in Europe to 1914.* Princeton : Princeton University Press.

—— 1990. *The Quaker Peace Testimony 1660 to 1914.* York, England : Sessions Book Trust.

—— 1991a. *Studies in Peace History.* York, England : William Sessions Limited.

—— 1991b. Conscientious objectors in Lenin's Russia : A report, 1924. pp. 81–93 in *Studies in Peace History.*

—— 1992. *A Brief History of Pacifism : From Jesus to Tolstoy.* Syracuse, N.Y. : Syracuse University Press.

BROWN, Lester et al. 1997. *State of the World 1997.* New York : W. W. Norton & Co.

——, GARDNER, Gary, and HALWEIL, Brian. 1999. *Beyond Malthus : Nineteen Dimensions of the Population Challenge.* New York : W. W. Norton.

BRUYN, Severyn T. and RAYMAN, Paula M., eds. 1979. *Nonviolent Action and Social Change.* New York : Irvington Publishers.

BUREAU OF JUSTICE. 2000a. *Capital Punishment 1999.* Washington, D. C. : U. S. Department of Justice.

—— 2000b. *Prison and Jail Inmates at Midyear 1999.* Washington, D. C. : U. S. Department of Justice.

—— 2009. *Bureau of Justice Statistics.* Washington : U.S. Department of Justice.

—— 1998. *Prisoners in 1997.* Washington, D.C. : U.S. Department of Justice.

BURGESS, John W. 1934. *Reminiscences of an American Scholar.* New York : Columbia University Press.

BURNS, James MacGregor. 1978. *Leadership.* New York : Harper & Row.

BURROWES, Robert J. 1996. *The Strategy of Nonviolent Defense : A Gandhian Approach.* Albany : State University of New York Press.

BURTON, John. 1979. *Deviance, Terrorism & War : The Process of Solving Unsolved Social and Political Problems.* New York : St. Martin's Press.

—— 1984. *Global Conflict : The Domestic Sources of International Crisis.*

Brighton : Wheatsheaf Books.

—— 1996. *Conflict Resolution : Its Language and Processes.* Lanham, Md. : Scarecrow Press.

—— 1997. *Violence Explained : The Sources of Conflict, Violence and Crime and their Prevention.* Manchester : Manchester University Press.

CAMPBELL, Donald T. and FISKE, Donald W. 1959. Convergent and discriminant validation by the multitrait-multimethod matrix. *Psychological Bulletin* 56(2) : 81-105.

CANADA, Geoffrey. 1995. *Fist Stick Knife Gun : A Personal History of Violence in America.* Boston : Beacon Press.

CARNEGIE COMMISSION ON PREVENTING DEADLY CONFLICT. 1997. *Preventing Deadly Conflict : Final Report.* Washington, D.C. : Carnegie Commission on Preventing Deadly Conflict.

CARROLL, Berenice A. 1998. Looking where the key was lost : feminist theory and nonviolence theory. In Satha-Anand and True 1998 : 19-33.

CASE, Clarence M. 1923. *Non-Violent Coercion : A Study in Methods of Social Pressure.* London : Allen and Unwin.

CHAPPLE, Christopher K. 1993. *Nonviolence to Animals, Earth, and Self in Asian Traditions.* Albany : State University of New York Press.

CHARNY, Israel W. 1982. *How Can We Commit the Unthinkable? Genocide the Human Cancer.* Boulder, Colo. : Westview Press.

CHAUDHURI, Eliana R. 1998. *Planning with the Poor : The Nonviolent Experiment of Danilo Dolci in Sicily.* New Delhi : Gandhi Peace Foundation.

CHOWDHURY, H. B., ed. 1997. *Asoka 2300.* Calcutta : Bengal Buddhist Association.

CHRISTIAN, R. F. 1978. *Tolstoy's Letters : Volume II 1880-1910.* New York : Charles Scribner's Sons.

CLAUSEWITZ, Carl von. 1976 [1832]. *On War*, ed. and trans. Michael

Howard and Peter Paret. Princeton : Princeton University Press.
COMMONER, Barry. 1990. *Making Peace With the Planet.* New York : Pantheon Books.
COMMAGER, Henry S. 1991. The history of American violence : an interpretation. pp. 3-28 in *Violence : The Crisis of American Confidence*, ed. Hugh D. Graham. Baltimore : Johns Hopkins Press.
COMSTOCK, Craig. 1971. Avoiding pathologies of defense. pp. 290-301 in *Sanctions for Evil*, ed. Nevitt Sanford and Craig Comstock. Boston : Beacon Press.
CONSER, Walter H., Jr., McCARTHY, Ronald M., TOSCANO, David J., and SHARP, GENE., eds. 1986. *Resistance, Politics and the Struggle for Independence.* Boulder, Colo. : Lynne Rienner Publishers.
COOK, Philip J. and LUDWIG, Jens. 1997. *Guns in America : national survey on private ownership and use of firearms. Research in Brief*, no. 1026. Washington : National Institute of Justice.
COONEY, Robert and MICHALOWSKI, Helen, eds. 1987. *Power of the People : Active Nonviolence in the United States.* Philadelphia, Penn. : New Society Publishers. (Chief Seattle's message pp. 6-7 has been shown to be a screenwriter's fiction.)
COPPIETERS, Bruno and ZVEREV, Alexei. 1995. V. C. Bonch-Bruevich and the Doukhobors : on the conscientious-objection policies of the Bolsheviks. *Canadian Ethnic Studies/Etudes Ethniques au Canada* 27(3) : 72-90.
COUSINS, Norman. 1987. *The Pathology of Power.* New York : W. W. Norton.
CRAIG, Leon H. 1994. *The War Lover : A Study of Plato's Republic.* Toronto : University of Toronto Press.
CROW, Ralph E., GRANT, Philip, and IBRAHIM, Saad E., eds. 1990. *Arab Nonviolent Political Struggle in the Middle East. Boulder,* Colo. : Lynne Rienner Publishers.
CROZIER, Frank P. (Brig. Gen.). 1938. *The Men I Killed.* New York : Doubleday.

DALTON, Dennis. 1993. *Mahatma Gandhi : Nonviolent Power in Action.* New York : Columbia University Press.

DANGE, S. A., MUKERJEE, H., SARDESAI, S. G., and SEN, M. 1977. *The Mahatma : Marxist Evaluation.* New Delhi : People's Publishing House.

DANIELS, David N. and GILULA, Marshall F. 1970. "Violence and the struggle for existence." In Daniels, Gilula, and Ochberg 1970 : 405–443.

——, GILULA, Marshall F., and OCHBERG, Frank M., eds. 1970. *Violence and the Struggle for Existence.* Boston : Little, Brown.

DAVIDSON, Osha G. 1993. *Under Fire : The NRA and the Battle for Gun Control.* New York : Henry Holt.

DAWKINS, Richard. 1989. *The Selfish Gene.* Oxford : Oxford University Press.

THE DEFENSE MONITOR. 1972–. Washington, D.C. : Center for Defense Information.

DELLINGER, Dave. 1970. *Revolutionary Nonviolence.* Indianapolis, Ind. : Bobbs-Merrill.

DENNEN, J. M. G. van der. 1990. Primitive war and the ethnological inventory project. pp. 247–269 in *Sociobiology and Conflict,* eds. J. van der Dennen and V. Falger. London : Chapman and Hall.

—— 1995. *The Origin of War.* 2 vols. Groningen : Origin Press.

DENSON, John V., ed. 1997. *The Costs of War : America's Pyrrhic Victories.* New Brunswick, N. J. : Transaction Books.

DHAWAN, Gopinath. 1957. *The Political Philosophy of Mahatma Gandhi.* Ahmedabad : Navajivan Publishing House.

DISSERTATION ABSTRACTS INTERNATIONAL, 1963–1999.

DOGAN, Mattei and PAHRE, Robert. 1990. *Creative Marginality : Innovation at the Intersection of the Social Sciences.* Boulder, Colo. : Westview.

DRAGO, Antonino. 1996. When the history of science suggests nonviolence. *The International Journal of Nonviolence* 3 : 15–19.

EASWARAN, Eknath, 1999. *Nonviolent Soldier of Islam.* Tomales, Calif. : Nilgiri Press.

EDGERTON, William, ed. 1993. *Memoirs of Peasant Tolstoyans in Soviet Russia.* Bloomington : Indiana University Press.

EIBL-EIBESFELDT, Irenäus. 1979. *The Biology of Peace and War :Men, Animals, and Aggression.* New York : Viking Press.

EISENDRATH, Maurice. 1994. Thou shalt not kill - period. In Polner and Goodman 1994 : 139-145.

EISENHOWER, Dwight D. 1953. Speech to the American Society of Newspaper Editors, April 16, 1953. Full-page excerpt in *The Wall Street Journal*, May 30, 1985 : 29.

—— 1959. BBC TV interview, August 31, 1959. Quoted in Peter Dennis and Adrian Preston, eds. *Soldiers as Statesmen.* New York : Barnes & Noble, 1976 : 132.

—— 1961. Farewell broadcast, January 17, 1961. *The Spoken Word,* SW-9403.

EVANS, Gwynfor. 1973. "Nonviolent Nationalism." New Malden, Surrey : Fellowship of Reconciliation. The Alex Wood Memorial Lecture, 1973.

EVANS PIM, Joám, ed. 2009. *Toward a Nonkilling Paradigm.* Honolulu : Center for Global Nonkilling.

EVERETT, Melissa. 1989. *Breaking Ranks.* Philadelphia, Penn. : New Society Publishers.

FABBRO, David. 1978. Peaceful societies : an introduction. *Journal of Peace Research* 15 : 67-84.

FEDERAL BUREAU OF INVESTIGATION, U.S. DEPARTMENT OF JUSTICE. 2000. *Crime in the United States 1999.* Washington, D.C. : Federal Bureau of Investigation.

FINER, Samuel E. 1997. *The History of Government From the Earliest Times.* New York : Oxford University Press. *Vol. i, Ancient Monarchies and Empires. Vol. ii, The Intermediate Ages. Vol. iii, Empires, Monarchies, and the Modern State.*

FISHER, Roger and URY, William. 1981. *Getting to Yes.* Boston, Mass. : Houghton Mifflin Company.

FOGELMAN, Eva. 1994. *Conscience & Courage : Rescuers of Jews During the Holocaust.* New York : Doubleday.

FOSTER, Catherine. 1989. *Women for All Seasons : The Story of the Women's International League for Peace and Freedom.* Athens : University of Georgia Press.

FRANK, Jerome D. 1960. Breaking the thought barrier : psychological challenges of the nuclear age. *Psychiatry* 23 : 245-266.

—— 1993. *Psychotherapy and the Human Predicament*, ed. P. E. Dietz. Northvale, N. J. : Jason Aronson.

FRIEDRICH, Carl J. 1969 [1948]. *Inevitable Peace.* New York : Greenwood Press.

FROMM, Erich. 1973. *The Anatomy of Human Destructiveness.* New York : Holt, Rinehart and Winston.

FRY, A. Ruth. [1952] 1986. *Victories Without Violence.* Santa Fe, N. Mex. : Ocean Tree Books.

FRY, Douglas P. 1994. Maintaining social tranquility : internal and external loci of aggression control. In Sponsel and Gregor 1994 : 135-154.

—— and BJÖRKVIST, Kaj, eds. 1997. *Cultural Variation in Conflict Resolution : Alternatives to Violence.* Mahwah, N. J. : Lawrence Erlbaum Associates, Publishers.

FULLER, John G. 1985. *The Day We Bombed Utah.* New York : Signet Books.

FUNG, Yu-Lan. 1952. *History of Chinese Philosophy*, trans. Derke. Bodde. Vol. i. Princeton : Princeton University Press.

FUSSELL, Paul. 1997. The culture of war. In Denson 1997 : 351-358.

GALTUNG, Johan. 1969. Violence, peace and peace research. *Journal of Peace Research* 6 : 167-191.

—— 1984. *There are Alternatives!* Nottingham : Spokesman.

—— 1990. *The True Worlds : A Transnational Perspective.* New York : The Free Press.

—— 1992. *The Way is the Goal : Gandhi Today.* Ahmedabad : Gujarat Vidyapith, Peace Research Centre.

—— 1996. *Peace by Peaceful Means.* London : SAGE Publications.

—— 1998. *Conflict Transformation by Peaceful Means : The Transcend Method.* Geneva/Torino : Crisis Environments Training Initiative and Disaster Management Training Programme, United Nations.

GANDHI, Mohandas K. 1957 [1927-1929]. *An Autobiography : The Story of My Experiments with Truth.* Boston, Mass. : Beacon Press.

—— 1958-1994. *The Collected Works of Mahatma Gandhi.* Vols. 1-100. New Delhi : Publications Division, Ministry of Information and Broadcasting, Government of India.

—— 1969 [1936-1940]. *Towards Non-Violent Politics.* Thanjavur, Tamilnad, India : Sarvodaya Prachuralaya.

—— 1970. *The Science of Satyagraha,* ed. A. T. Hingorani. Bombay : Bharatiya Vidya Bhavan.

—— 1971. *The Teaching of the Gita,* ed. A. T. Hingorani. Bombay : Bharatiya Vidya Bhavan.

GARA, Larry and GARA, Lenna Mae. 1999. *A Few Small Candles : War Resisters of World War II Tell Their Stories.* Kent, Ohio : Kent State University Press.

GARRISON, Fielding H. 1929. *An Introduction to the History of Medicine.* Philadelphia, Penn. : W. B. Saunders.

GIOGLIO, Gerald R. 1989. *Days of Decision : An Oral History of Conscientious Objectors in the Military in the Vietnam War.* Trenton, N. J. : Broken Rifle Press.

GIORGI, Piero. 1999. *The Origins of Violence By Cultural Evolution.* Brisbane : Minerva E&S.

GIOVANNITTI, Len and FREED, Fred. 1965. *The Decision to Drop the Bomb.* New York : Coward-McCann.

GOLDMAN, Ralph M. 1990. *From Warfare to Party Politics : The Critical Transition to Civilian Control.* Syracuse : Syracuse University Press.

GOODIN, Robert E. and KLINGEMANN, Hans-Dieter, eds. 1996. *A New*

Handbook of Political Science. Oxford : Oxford University Press.

GOWA, Joanne. 1999. *Ballots and Bullets:The Elusive Democratic Peace.* Princeton : Princeton University Press.

GREENLEAF, Robert K. 1977. *Servant Leadership :An Inquiry into the Nature of Legitimate Power and Greatness.* New York : Paulist Press.

GREGG, Richard B. 1966 [1935]. *The Power of Nonviolence.* New York : Schocken.

GRISOLÍA, James S. et al., eds. 1997. *Violence :From Biology to Society.* Amsterdam : Elsevier.

GROSSMAN, Dave (Lt. Col.). 1995. *On Killing : The Psychological Cost of Learning to Kill in War and Society.* Boston, Mass. : Little Brown.

GUETZKOW, Harold. 1955. *Multiple Loyalties : Theoretical Approach to a Problem in International Organization.* Princeton, N. J. : Center for Research on World Political Institutions, Princeton University.

GUSEINOV, A. A., ed. 1993. *Nyenasiliye :Filosofiya, Etika, Politika* [Non-violence : Philosophy, Ethics, Politics]. Moscow : Nauka.

HALBERSTAM, David. 1998. *The Children.* New York : Random House.

HALLIE, Philip. 1979. *Lest Innocent Blood Be Shed.* New York : Harper & Row.

HARRIES-JENKINS, Gwyn. 1993. Britain : from individual conscience to social movement. In Moskos and Chambers 1993 : 67–79.

HARVARD MAGAZINE, September-October 1995.

HAWKLEY, Louise and JUHNKE, James C. 1993. *Nonviolent America : History through the Eyes of Peace.* North Newton, Kans. : Bethel College.

HERMAN, A. L. 1999. *Community, Violence, and Peace.* Albany : State University of New York Press.

HESS, G. D. 1995. An introduction to Lewis Fry Richardson and his mathematical theory of war and peace. *Conflict Management and Peace Science* 14(1) : 77–113.

HOBBES. Thomas. 1968 [1651]. *Leviathan,* ed. C. B. Macpherson. Harmondsworth : Penguin.

HOFSTADTER, Richard. 1971. Reflections on violence in the United States. pp. 3-43 in *American Violence : A Documentary History*, ed. Richard Hofstadter and Michael Wallace. New York : Vintage.

HOLMES, Robert L., ed. 1990. *Nonviolence in Theory and Practice*. Belmont, Calif. : Wadsworth.

HORIGAN, Damien P. 1996. On compassion and capital punishment : a Buddhist perspective on the death penalty. *The American Journal of Jurisprudence* 41 : 271-288.

HOREMAN, Bart and STOLWIJK, Marc. 1998. *Refusing to Bear Arms : A World Survey of Conscription and Conscientious Objection to Military Service*. London : War Resisters International.

HUSAIN, Tariq. 1997. "The Leadership Challenges of Human Development." Paper presented at the United Nations University/International Leadership Academy, Amman, Jordan, June 1, 1997.

International Journal of Nonviolence, 1993-.

ISHIDA, Takeshi. 1974 [1968]. *Heiwa no Seijigaku* [*Political Science of Peace*], 7th ed. Tokyo : Iwanami Shoten.

IYER, Raghavan N. 1973. *The Political and Moral Thought of Mahatma Gandhi*. New York : Oxford University Press.

JAIN, Sagarmal, ed. VARNI, Jinendra, comp. 1993. *Saman Suttam*. Rajghat, Varanasi : Sarva Seva Sang Prakashan.

JOSEPHSON, Hannah G. 1974. *Jeannette Rankin : First Lady in Congress*. Indianapolis : Bobbs-Merrill.

JOSEPHSON, Harold, ed. 1985. *Biographical Dictionary of Modern Peace Leaders*. Westport, Conn. : Greenwood Press.

KANO, Takayoshi. 1990. The bonobos' peaceable kingdom. *Natural History* 11 : 62-70.

KANT, Immanuel. 1939 [1795]. *Perpetual Peace*. New York : Columbia University Press.

KAPUR, Sudarshan. 1992. *Raising Up a Prophet : The African-American Encounter With Gandhi*. Boston, Mass. : Beacon Press.

KARATNYCKY, Adrian. 2000. "The 1999 Freedom House urvey : A

Century of Progress," *Journal of Democracy* 11(1) : 187–200.

KEELEY, Lawrence H. 1996. *War Before Civilization : The Myth of the Peaceful Savage.* Oxford : Oxford University Press.

KEEVER, Beverly Ann Deepe. 2007. De-escalating Media Language of Killing : An instructional module. *Conflict and Communication Online* 6(1).

KELLY, Petra K. 1984. *Fighting for Hope.* London : Chatto and Winders, The Hogarth Press.

—— 1989. Gandhi and the Green Party. *Gandhi Marg,* 11 : 192–202.

—— 1990. "For feminization of power!" Speech to the Congress of the National Organization for Women, San Francisco, June 30, 1990.

—— 1992. *Nonviolence Speaks to Power.* Honolulu : Center for Nonviolence Planning Project, Matsunaga Institute for Peace, University of Hawai'i.

—— 1994. *Thinking Green! Essays on Environmentalism, Feminism, and Nonviolence.* Berkeley, Calif. : Parallax Press.

KEYES, Gene. 1982. Force without firepower. *CoEvolution Quarterly* 34 : 4–25.

KEYFITZ, Nathan. 1966. How many people have lived on earth. *Demography* 3(2) : 581–582.

KHAN, Abdul K. 1997. "The Khudai Khidmatgar (Servants of God)/Red Shirt Movement in the North-West Frontier Province of British India, 1927–1947." Ph.D. diss., History, University of Hawai'i.

KING, Martin Luther, Jr. 1998. *The Autobiography of Martin Luther King, Jr.,* ed. Clayborne Carson. New York : Warner Books.

KISHTAINY, Khalid. 1990. Violent and nonviolent struggle in Arab history. In Crow, Grant, and Ibrahim 1990 : 41–57.

KOHN, Alfie. 1990. *The Brighter Side of Human Nature : Altruism and Empathy in Every Day Life.* New York : Basic Books.

KOHN, Stephen M. 1987. *Jailed for Peace : The History of American Draft Law Violators, 1658–1985.* New York : Praeger.

KONRAD, A. Richard. 1974. Violence and the philosopher. *Journal of*

Value Inquiry 8 : 37-45.

KOOL, V. K., ed. 1990. *Perspectives on Nonviolence :Recent Research in Psychology*. New York : Springer-Verlag.

——, ed. 1993. *Nonviolence :Social and Psychological Issues.* Lanham, Md. : University Press of America.

KROPOTKIN, Peter. 1972 [1914]. *Mutual Aid :A Factor of Evolution.* New York : New York University Press.

KUHLMANN, Jürgen and LIPPERT, Ekkehard. 1993. The Federal Republic of Germany : conscientious objection as social welfare. In Moskos and Chambers 1993 : 98-105.

LAFAYETTE Jr., Bernard and JEHNSEN, David C. 1995. *The Briefing Booklet :An Introduction to The Kingian Nonviolence Reconciliation Program.* Galena, Ohio : Institute for Human Rights and Responsibilities.

—— 1996. *The Leader's Manual, A Structured Guide and Introduction to Kingian Nonviolence : The Philosophy and Methodology.* Galena, Ohio : Institute for Human Rights and Responsibilities.

LASSWELL, Harold D. and KAPLAN, Abraham. 1950. *Power and Society :A Framework for Political Inquiry.* New Haven, Conn. : Yale Univesity Press.

—— and McDOUGAL, Myres S. 1992. *Jurisprudence for a Free Society : Studies in Law, Science and Policy.* New Haven, Conn. : New Haven Press and Dordrecht : Martinus Nijhoff Publishers, 2 volumes.

LEWER, Nick and SCHOFIELD, Steven, eds. 1997. *Non-Lethal Weapons :A Fatal Attraction!* London : Zed Books.

LEWIS, John. 1973 [1940]. *The Case Against Pacifism.* Introd. Carl Marzani. New York : Garland.

LIGT, Barthélemy de. 1972 [1938]. T*he Conquest of Violence :an Essay on War and Revolution*, introds. George Lakey and Aldous Huxley. New York : Garland.

LOCKE, Hubert G. 1969. *The Detroit Riot of 1967.* Detroit, Mich. : Wayne State University Press.

LOCKE John. 1970 [1689]. *Two Treatises of Government*, ed. P. Laskett. Cambridge : Cambridge University Press.

LOPEZ-REYES, Ramon. 1998. The fight/flight response and nonviolence. In Satha-sAnand and True 1998 : 34-82.

LYND, Staughton and LYND, Alice, eds. 1995. *Nonviolence in America : A Documentary History.* Maryknoll, N.Y. : Orbis Books.

LYTTLE, Bradford. 1982. The apocalypse equation. *Harvard Magazine* (March-April) : 19-20.

MACGREGOR, G. H. C. 1960. *The Relevance of an Impossible Ideal.* London : Fellowship of Reconciliation.

MACNAIR, Rachel M. 2002. *Perpetration-Induced Traumatic Stress : The Psychological Consequences of Killing.* Westport, Conn. : Praeger Publishers.

―― 2003. *The Psychology of Peace : An Introduction.* Westport, Conn. : Praeger Publishers.

MACHIAVELLI, Niccolo. 1961 [1513]. *The Prince*, trans. G. Bau. Harmondsworth : Penguin.

MAGUIRE, Mairead Corrigan. 1999. *The Vision of Peace*, ed. John Dear. Maryknoll, N.Y. : Orbis Books.

MAHAPRAJNA, Yuvacharya. 1987. *Preksha Dhyana : Theory and Practice.* Ladnun, Rajasthan : Jain Vishva Bharati.

―― 1994. *Democracy : Social Revolution Through Individual Transformation.* Ladnun, Rajasthan : Jain Vishva Bharati.

MAHONY, Liam and EGUREN, Luis E. 1997. *Unarmed Bodyguards.* West Hartford, Conn. : Kumarian Press.

MANN, Coramae Richey. 1996. *When Women Kill.* Albany : State University of New York Press.

MARTIN, Brian. 1989. Gene Sharp's theory of power. *Journal of Peace Research* 26 : 213-222.

―― et al. 1991. *Nonviolent Struggle and Social Defence.* Ed. S. Anderson and J. Larmore. London : War Resisters International and the Myrtle Solomon Memorial Fund.

—— 1992. Science for non-violent struggle. *Science and Public Policy*, 19 : 55–58.

MARX, Karl and ENGELS, Friedrich. 1976 [1848]. *The Communist Manifesto*, introd. A. J. P. Taylor. Harmondsworth : Penguin.

MAYOR, Federico. 1995. *The New Page*. Paris : UNESCO Publishing.

MCALLISTER, Pam. 1982. *Reweaving the Web of Life : Feminism and Nonviolence*. Philadelphia, Pa. : New Society Publishers.

—— 1988. *You Can't Kill the Spirit*. Philadelphia, Pa. : New Society Publishers. Barbara Deming Memorial Series : Stories of Women and Nonviolent Action.

MCCARTHY, Colman. 1994. *All of One Peace*. New Brunswick, N. J. : Rutgers University Press.

MCCARTHY, Ronald M. 1997. Methods of nonviolent action. In Vogele and Powers 1997 : 319–328. New York : Garland Publishing.

—— and SHARP, G. 1997. *Nonviolent Action : A Research Guide*. New York and London : Garland Publishing.

MCGUINESS, Kate. 1993. Gene Sharp's theory of power : a feminist critique of consent. *Journal of Peace Research* 30 : 101–115.

MCSORLEY, Richard. 1985. *New Testament Basis of Peacemaking*. Scottdale, Penn. : Herald Press.

MERCY, James A. and SALTZMAN, Linda E. 1989. Fatal violence among spouses in the United States 1976–1985. *American Journal of Public Health* 79(5) : 595–599.

MOGIL, Christopher, and SLEPIAN, Ann, with WOODROW, Peter. 1993. *We Gave a Fortune Away*. Gabriola Island, B. C. : New Society Publishers.

MORGAN, Robin, ed. 1984. *Sisterhood is Global*. Garden City, N.Y. : Anchor Press.

MORRISEY, Will. 1996. *A Political Approach to Pacifism*. 2 vols. Lewiston, N.Y. : Edwin Mellen Press.

MORTON, Bruce E. 2000. "The Dual Quadbrain Model of Behavioral Laterality." Dep. of Biochemistry and Biophysics, School of Medicine,

University of Hawai'i.

MOSER-PUANGSUWAN, Yeshua. 1995. From the peace army to the Balkan peace team. *Seeds of Peace* 11/3 : 9-11.

—— and WEBER, Thomas. 2000. *Nonviolent Intervention Across Borders : A Recurrent Vision.* Honolulu : Spark M. Matsunaga Institute for Peace, University of Hawai'i.

MOSKOS, Charles and CHAMBERS, John W. II, eds. 1993. *The New Conscientious Objectors : From Sacred to Secular Resistance.* Oxford : Oxford University Press.

MULLER, Jean-Marie, and SEMELIN, Jacques. 1995. *Comprendre la non-violence.* Amsterdam : Non-violence Actualité.

NAGLER, Michael N. 1982. *America Without Violence.* Covelo, Calif. : Island Press.

NAHAL, Chaman. 1997. A sister remembered. *The Hindustan Times,* New Delhi, November 10.

NAKAMURA, Hajime. 1967. Basic features of legal, economic, and political thought in Japan. pp. 143-163 in *The Japanese Mind,* ed. Charles A. Moore. Honolulu : East-West Center and University of Hawai'i Press.

NARAYAN, Jayaprakash. 1975. From socialism to sarvodaya, pp. 145-177 in *Jayaprakash Narayan,* A. Bhattacharya. Delhi : Vikas.

—— 1978. *Towards Total Revolution.* 4 vols., ed. Brahmanand. Bombay : Popular Prakashan.

NATHAN, Otto and NORDEN, Heinz, eds. 1968. *Einstein on Peace.* New York : Schocken Books.

NAUTIYAL, Annpurna. 1996. Chipko movement and the women of Garhwal Himalaya. *Gandhian Perspectives* 9(2) : 9-17.

NOBEL PRIZE RECIPIENTS. 1981. Manifesto of Nobel prize winners. *IFDA Dossier,* 25 : 61-63.

NORMAN, Liane E. 1989. *Hammer of Justice : Molly Rush and the Plowshares Eight.* Pittsburgh, Pa. : Pittsburgh Peace Institute.

ONEAL, John R. and RUSSETT, Bruce. 1999. "The Kantian Peace : the

Pacific Benefits of Democracy, Interdependence, and International Organizations," *World Politics* 52(1) : 1-37.

ORGANIZATION OF AMERICAN HISTORIANS. 1994. Peacemaking in American history. *Magazine of History* 8(3) : 1-96.

PAIGE, Glenn D. 1968. *The Korean Decision : June 24-30, 1950.* New York : Free Press.

—— 1971. Some implications for political science of the comparative politics of Korea. pp. 139-168 in *Frontiers of Development Administration*, ed. Fred W. Riggs. Durham, N. C. : Duke University Press.

—— 1977. *The Scientific Study of Political Leadership.* New York : Free Press.

—— 1977. On values and science : The Korean Decision reconsidered. *American Political Science Review* 71(4) : 1603-1609.

—— 1986. Beyond the limits of violence : toward nonviolent global citizenship. pp. 281-305 in *Textbook on World Citizenship*, ed. Young Seek Choue. Seoul : Kyung Hee University Press.

—— and GILLIATT, Sarah, eds. 1991. *Buddhism and Nonviolent Global Problem-solving : Ulan Bator Explorations.* Honolulu : Center for Global Nonviolence Planning Project, Matsunaga Institute for Peace, University of Hawai'i.

——, SATHA-ANAND, Chaiwat, and GILLIATT, Sarah, eds. 1993a. *Islam and Nonviolence.* Honolulu : Center for Global Nonviolence Planning Project, Matsunaga Institute for Peace, University of Hawai'i.

—— 1993b. *To Nonviolent Political Science : From Seasons of Violence.* Honolulu : Center for Global Nonviolence Planning Project, Matsunaga Institute for Peace, University of Hawai'i.

—— and ROBINSON, James A. 1998. In memoriam : Richard Carlton Snyder. *PS : Political Science & Politics* 31 : 241-242.

—— 1999. Gandhi as leader : a Plutarchan perspective. *Biography* 22 (1) : 57-74.

—— 1999. A question for the systems sciences : is a nonkilling society possible? pp. 409-416 in Yong Pil Rhee, ed. *Toward New Paradigm*

of Systems Sciences. Seoul : Seoul National University Press.
——, EVANS PIM, Joám, eds. 2008. *Global Nonkilling Leadership First Forum Proceedings*. Honolulu : Center for Global Nonviolence ; Matsunaga Institute for Peace, University of Hawai'i.
PALMER, Stuart H. 1960. *A Study of Murder*. New York : Thomas Y. Crowell.
PAREKH, Bhikhu. 1989a. *Colonialism, Tradition and Reform : An Analysis of Gandhi's Political Discourse*. Newbury Park : Sage.
—— 1989b. *Gandhi's Political Philosophy : A Critical Examination*. London : Macmillan.
PARKIN, Sara. 1994. *The Life and Death of Petra Kelly*. London : Pandora, Harper-Collins Publishers.
PBS. 1993. "Fame in the 20th Century." Part V.
PEACE NEWS. 1998. Las Abejas : the Bees continue to fly. July : 12-14.
PELTON, Leroy H. 1974. *The Psychology of Nonviolence*. New York : Pergamon Press.
PERRIN, Noel. 1979. *Giving up the Gun*. Boston : David R. Godine Publisher.
PLATO. 1974. *The Republic*, trans. D. Lee. Harmondsworth : Penguin. Pew Research Center 2017.
PLIMAK, E. G. and KARYAKIN, YU. F. 1979. "Lenin o mirnoi i nyemirnoi formakh revolyutsionnogo perekhoda v sotsializmu" [Lenin on peaceful and nonpeaceful forms of revolutionary transition to socialism]. Paper presented to the XIth IPSA World Congress, Moscow University, 12-18 August.
PLUTARCH. 1967. *Plutarch's Lives*. 11 vols. Trans. B. Perrin. Cambridge, Mass. : Harvard University Press.
POLK, Kenneth. 1994. *When Men Kill : Scenarios of Masculine Violence*. New York : Cambridge University Press.
POLNER, Murray and GOODMAN, Naomi, eds. 1994. *The Challenge of Shalom*. Philadelphia, Penn. : New Society Publishers.
—— and O'GRADY, J. 1997. *Disarmed and Dangerous : The Radical*

Lives and Times of Daniel and Philip Berrigan. New York : Basic Books.

POWERS, Roger S. and VOGELE, William B., eds. 1997. *Protest, Power and Change : An Encyclopedia of Nonviolent Action from ACT-UP to Women's Suffrage.* New York & London : Garland Publishing.

RADHAKRISHNAN, N. 1992. *Gandhi, Youth & Nonviolence : Experiments in Conflict Resolution.* Mithrapuram, Paranthal Post, Kerala, India : Centre for Development & Peace.

—— 1997a. *Gandhian Nonviolence : A Trainer's Manual.* New Delhi : Gandhi Smriti and Darshan Samiti.

—— 1997b. *The Message of Gandhi through Universities.* New Delhi : Gandhi Smriti and Darshan Samiti.

RAMACHANDRAN, G. 1984. *Adventuring With Life : An Autobiography.* Trivandrum, India : S. B. Press.

—— and MAHADEVAN, T. K., eds. 1970. *Quest for Gandhi.* New Delhi : Gandhi Peace Foundation.

RAMSEY, L. Thomas. 1999. "How many people have ever lived, Keyfitz's calculation updated." http://www.math.hawaii.edu/~ramsey/People.html

RANDLE, Michael. 1993. *Civil Resistance.* London : Fontana Press.

RESTAK, Richard M. 1979. *The Brain : The Last Frontier.* Garden City, N.Y. : Doubleday.

RIVERA, Joseph de. 2008. *The Paradigm Challenge of Political Science : Delegitimizing the Recourse to Violence.* pp. 71-87 in Joseph de Rivera, ed. *Handbook on Building Cultures of Peace.* New York : Springer.

ROBARCHEK, Clayton and ROBARCHEK, Carole. 1998. *Waorani : The Contexts of Violence and War.* Fort Worth, Tex. : Harcourt Brace College Publishers.

ROBERTS, Adam. 1967. *The Strategy of Civilian Defense : Non-Violent Resistance to Aggression.* London : Faber & Faber.

—— 1975. Civilian resistance to military coups. *Journal of Peace Research* 12(1) : 19-36.

ROBINSON, James A. 1999. "Landmark Among Decision-Making and Policy Analyses and Template for Integrating Alternative Frames of Reference : Glenn D. Paige, The Korean Decision," *Policy Sciences* 32 : 301-14.

ROLLAND, Romain. 1911. *Tolstoy*, trans. Bernard Miall. New York : E. P. Dutton.

ROODKOWSKY, Mary. 1979. Feminism, peace, and power. In Bruyn and Rayman 1979 : 244-266.

ROSENBERG, Mark L. and MERCY, James A. 1986. Homicide : epidemiologic analysis at the national level. *Bulletin of the New York Academy of Medicine* 62 : 376-399.

ROUSSEAU, Jean-Jacques. 1966 [1762]. *Du contrat social*, introd. Pierre Burgelin. Paris : Garnier-Flammarion.

—— 1994 [1762]. *The Social Contract*, trans. C. Betts. Oxford : Oxford University Press.

ROUSSELL, Vincent. 1996, *Jacques de Bollardière : De l'armée à la non-violence.* Paris : Desclée de Brouwer.

ROYAL SWEDISH ACADEMY OF SCIENCES. 1983. *Ambio* 12. Special issue on environmental research and management priorities for the 1980s.

ROYCE, Joseph. 1980. Play in violent and non-violent cultures. *Anthropos* 75 : 799-822.

RUMMEL, Rudolph J. 1994. *Death by Governments.* New Brunswick, N. J. : Transaction Publishers.

SAGAN, Eli. 1979. *The Lust to Annihilate : A Psychoanalytic Study of Violence in Greek Culture.* New York : Psychohistory Press.

SALLA, Michael E. 1992. "Third Party Intervention in Interstate Conflict : The International Implications of Groups Committed to Principled Nonviolence in the Thought of M. K. Gandhi, Martin Luther King, Helder Camara & Danilo Dolci." Ph.D. diss., Government, University of Queensland.

SANTIAGO, Angela S. 1995. *Chronology of a Revolution 1986.* Manila :

Foundation for Worldwide People Power.

SATHA-ANAND, Chaiwat. 1981. "The Nonviolent Prince." Ph.D. diss., Political Science, University of Hawai'i.

—— (Qader Muheideen). 1990. The nonviolent crescent : eight theses on Muslim nonviolent action. In Crow, Grant, and Ibrahim 1990 : 25-40.

—— and TRUE, Michael, eds. 1998. *The Frontiers of Nonviolence.* Bangkok and Honolulu : Peace Information Center and Center for Global Nonviolence. In cooperation with the Nonviolence Commission, International Peace Research Association (IPRA).

—— 1999. Teaching nonviolence to the states. In *Asian Peace : Regional Security and Governance in the Asia-Pacific*, ed. Majid Tehranian. London : I. B. Taurus.

SCHLISSEL, Louise. 1968. *Conscience in America : A Documentary History of Conscientious Objection in America 1757-1967.* New York : E. P. Dutton.

SCHMID, Alex P. 1985. *Social Defence and Soviet Military Power : An Inquiry Into the Relevance of an Alternative Defence Concept.* Leiden : Center for the Study of Social Conflict, State University of Leiden.

SCHWARTZ, Stephen I., ed. 1998. *Atomic Audit : The Costs and Consequences of U.S. Nuclear Weapons Since 1940.* Washington, D.C. : Brookings Institution Press.

SCHWARZSCHILD, Steven et al., n.d. *Roots of Jewish Nonviolence.* Nyack, N.Y. : Jewish Peace Fellowship.

SEBEK, Viktor. 1983. Bridging the gap between environmental science and policy-making : why public policy often fails to reflect current scientific knowledge. *Ambio* 12 : 118-120.

SELECTIVE SERVICE SYSTEM. 1950. *Conscientious Objection.* Special monograph. No. 11, Vol. i.

SEMELIN, Jacques. 1994. *Unarmed Against Hitler : Civilian Resistance in Europe, 1939-1943.* Westport, Conn. : Praeger.

SEN, Amartya. 1999. *Development as Freedom.* New York : Knopf.

SETHI, V. K. 1984. *Kabir : The Weaver of God's Name.* Punjab, India : Radha Soami Satsang Beas.

SHARP, Gene. 1960. *Gandhi Wields the Weapon of Moral Power.* Ahmedabad : Navajivan Publishing House.

—— 1973. *The Politics of Nonviolent Action.* Boston, Mass. : Porter Sargent.

—— 1979. *Gandhi As a Political Strategist.* Boston, Mass. : Porter Sargent.

—— 1980. *Social Power and Individual Freedom.* Boston, Mass. : Porter Sargent.

—— 1989. "The Historical Significance of the Growth of Nonviolent Struggle in the Late Twentieth Century." Paper presented at the Institute of World History of the Academy of Sciences of the USSR, Moscow, November 21-23.

—— 1990. *Civilian-Based Defense : A Post-Military Weapons System.* Princeton, N. J. : Princeton University Press.

—— 1993. *From Dictatorship to Democracy.* Cambridge, Mass. : The Albert Einstein Institution.

—— 1994. "Nonviolent Struggle : A Means toward Justice, Freedom and Peace." A presentation during the mass on Public Education Day, January 18, 1994, sponsored by the Justice and Peace Commission of the Union of Superiors General of the Catholic Church, Rome.

SHRIDHARANI, Krishnalal. 1962 [1939]. *War without Violence.* Bombay : Bharatiya Vidya Bhavan.

SHUB, David. 1976. *Lenin.* Harmondsworth : Penguin Books.

SIBLEY, Mulford Q., ed. 1963. *The Quiet Battle : Writings on the Theory and Practice of Non-violent Resistance.* Boston, Mass. : Beacon Press.

SIMON, David. 1991. *Homicide : A Year on the Killing Streets.* Boston, Mass. : Houghton Mifflin.

SIVARD, Ruth Leger. 1996. *World Military and Social Expenditures 1996.* Washington, D. C. : World Priorities. 16th edition.

SNYDER, Richard C., BRUCK, Henry W., and SAPIN, Burton, eds. 1962.

Foreign Policy Decision-Making : An Approach to the Study of International Politics. New York : The Free Press of Glencoe, Macmillan.

—— and WILSON, H. H. 1949. *Roots of Political Behavior.* New York : American Book Company.

SOLOMON, George F. 1970. Psychodynamic aspects of aggression, hostility, and violence. In Daniels, Gilula, and Ochberg 1970 : 53–78.

SOROKIN, Pitirim A. 1948. *The Reconstruction of Humanity.* Boston : Beacon Press.

—— 1954. *The Ways and Power of Love.* Boston : Beacon Press.

SOROS, George. 1997. The capitalist threat. *The Atlantic Monthly,* February : 45–58.

SPONSEL, Leslie E. 1994. The mutual relevance of anthropology and peace studies. In Sponsel and Gregor 1997 : 11–19.

—— and GREGOR, Thomas, eds. 1994. *The Anthropology of Peace and Nonviolence.* Boulder, Colo. : Lynne Rienner.

—— 1996. Peace and nonviolence 908–912 in *The Encyclopedia of Cultural Anthropology,* eds. David Levinson and Melvin Ember. New York : Henry Holt.

STANFIELD, John H., II. 1993. The dilemma of conscientious objection for African Americans. In Moskos and Chambers 1993 : 47–56.

STANNARD, David E. 1992. *American Holocaust : Columbus and the Conquest of the New World.* Oxford : Oxford University Press.

STEGER, Manfred B. 2000. *Gandhi's Dilemma.* New York : St. Martin's Press.

—— and LIND, Nancy S, eds. 1999. *Violence and Its Alternatives.* New York : St. Martin's Press.

STEIN, Michael B. 1997. Recent approaches to the concept of creativity and innovation in political and social science : a summary assessment. Paper presented to the XVIIth World Congress of the International Political Science Association, Seoul, Korea.

STEINSON, Barbara J. 1980. "The mother half of humanity" : American women in the peace and preparedness movements of World War I.

pp. 259–284 in *Women, War, and Revolution*, eds. Carol R. Berkin and Clara M. Lovett. New York and London : Holmes & Meier.

STEPHENSON, Carolyn M. 1997. Greenpeace. In Vogele and Powers 1997 : 220–222.

STEVENS, John. 1987. *Abundant Peace : The Biography of Morihei Ueshiba Founder of Aikido*. Boston : Shambala.

STONE, I. F. 1989. *The Trial of Socrates*. New York : Anchor Books.

SUMMY, Ralph. 1988. Towards a nonviolent political science. pp. 161–172 in *Professions in the Nuclear Age*, eds. S. Sewell, A. Kelly and L. Daws. Brisbane : Boolarong.

—— 1991. Vision of a nonviolent society : what should be society's aims. *Balance* 3(4) : 3–8.

—— 1994. Nonviolence and the case of the extremely ruthless opponent. *Pacifica Review* 6(1) : 1–29.

—— and SAUNDERS, Malcolm. 1995. Why peace history? *Peace & Change* 20 : 7–38.

—— 1997. Australia, a history of nonviolent action. In Powers and Vogele 1997 : 25–32.

—— 1998. Nonviolent speech. *Peace Review* 10(4) : 573–578.

TARASOFF, Koozma J. 1995. Doukhobor survival through the centuries. *Canadian Ethnic Studies/Etudes Ethniques au Canada* 27(3) : 4–23. Special Issue : From Russia with Love : The Doukhobors.

TAYYABULLA, M. 1959. *Islam and Non-Violence*. Allahabad : Kitabistan.

TENDULKAR, D. G. 1967. *Abdul Ghaffar Khan : Faith is a Battle*. Bombay : Popular Prakashan.

THOMPSON, Henry O. 1988. *World Religions in War and Peace*. Jefferson, N. C. and London : McFarland & Company.

TOBIAS, Michael. 1991. *Life Force : The World of Jainism*. Berkeley, Calif. : Asian Humanities Press.

TOLSTOY, Leo. 1974 [1893 and 1894–1909]. *The Kingdom of God and Peace Essays*, trans. Aylmer Maude. London : Oxford University Press.

TROCMÉ, André. 1974. *Jesus and the Nonviolent Revolution.* Scottdale, Penn. : Herald Press.

TRUE, Michael. 1995. *An Energy Field More Intense Than War : The Nonviolent Tradition and American Literature.* Syracuse, N.Y. : Syracuse University Press.

TSAI, Loh Seng. 1963. Peace and cooperation among natural enemies : educating a rat-killing cat to cooperate with a hooded rat. *Acta Psychologia Taiwanica* 3 : 1-5.

TWAIN, Mark. 1970 [1923]. *The War Prayer.* New York : Harper & Row.

UNITED NATIONS. 1978. *Final Document of Assembly Session on Disarmament 23 May-1 July 1978.* S-10/2. New York : Office of Public Information.

—— 1993. *Agenda 21 : The United Nations Programme of Action from Rio.* New York : United Nations.

—— 1996. *Report of the Fourth World Conference on Women, Beijing, 4-15 September 1995.* New York : United Nations.

UNNITHAN, N. Prabha, HUFF-CORZINE, Lin, CORZINE, Jay, and WHITT, Hugh P. 1994. *The Currents of Lethal Violence : An Integrated Model of Suicide and Homicide.* Albany : State University of New York Press.

UNNITHAN, T. K. N. and SINGH, Yogendra. 1969. *Sociology of Non-Violence and Peace.* New Delhi : Research Council for Cultural Studies, India International Centre.

—— 1973. Traditions of Nonviolence. New Delhi : Arnold-Heinemann India.

UNREPRESENTED NATIONS AND PEOPLES ORGANIZATION (UNPO). 1998a. *Nonviolence and Conflict : Conditions for Effective Peaceful Change.* The Hague : Office of the Secretary General, UNPO. http://www.unpo.org

—— 1998b. *Yearbook 1997,* ed. J. Atticus Ryan. The Hague : Kluwer Law International. VILLAVINCENCIO-PAUROM, Ruby. 1995.

Nature/gunless society : utopia within reach. pp. 146-151 in Emelina S. Almario and Asuncion D. Maramba, eds. *Alay sa Kalinaw : Filipino Leaders for Peace.* Makati City : Aurura Aragon Quezon Peace Foundation and UNESCO National Commission of the Philippines.

VILLAVINCENCIO-PAUROM, Ruby. 1995. Nature/gunless society : utopia within reach. pp. 146-151 in Emelina S. Almario and Asuncion D. Maramba, eds. *Alay sa Kalinaw : Filipino Leaders for Peace.* Makati City : Aurora Aragon Quezon Peace Foundation and UNESCO National Com- mission of the Philippines.

WAAL, Frans de. 1989. *Peacemaking Among Primates.* Cambridge, Mass. : Harvard University Press.

—— 1996. *Good Natured : The Origins of Right and Wrong in Humans and Other Animals.* Cambridge, Mass. : Harvard University Press.

—— 1997. Bonobo : *The Forgotten Ape.* Berkeley : University of California Press.

WALKER, Charles C. 1979. *Nonviolence in Africa.* In Bruyn and Rayman 1979 : 186-212.

WAR RESISTERS LEAGUE. 1989. *Handbook for Nonviolent Action.* New York : War Resisters League.

WASHINGTON, James M., ed. 1986. *A Testament of Hope : the Essential Writings and Speeches of Martin Luther King, Jr.* New York : Harper Collins Publishers.

WASSERMAN, Harvey. 1982. *Killing Our Own : The Disaster of America's Experience With Atomic Radiation.* New York : Delacorte Press.

WATSON, Peter. 1978. *War on the Mind : The Military Uses and Abuses of Psychology.* New York : Basic Books.

WEBER, Max. 1958 [1919]. Politics as a vocation. pp. 77-128 in From *Max Weber : Essays in Sociology*, ed. H. H. Gerth and C. Wright. Mills. New York : Oxford University Press.

WEBER, Thomas. 1989. *Hugging the Trees : The Story of the Chipko Movement.* New Delhi : Penguin.

—— 1996. *Gandhi's Peace Army : The Shanti Sena and Unarmed Peacekeeping.* Syracuse, N.Y. : Syracuse University Press.

—— 1997. *On the Salt March : The Historiography of Gandhi's March to Dandi.* New Delhi : HarperCollins Publishers India.

WEEKS, John R. 1996. *Population.* 6th edition. Belmont, Calif. : Wadsworth Publishing.

WEINBERG, Arthur and WEINBERG, Lila. 1963. *Instead of Violence : Writings of the Great Advocates of Peace and Nonviolence throughout History.* Boston, Mass. : Beacon Press.

WHIPPLE, Charles K. 1839. *Evils of the Revolutionary War.* Boston, Mass. : New England Non-Resistance Society.

—— 1860a. *Non-Resistance Applied to the Internal Defense of a Community.* Boston, Mass. : R. F. Wallcut.

—— 1860b. *The Non-Resistance Principle : With Particular Attention to the Help of Slaves by Abolitionists.* Boston, Mass. : R. F. Wallcut.

WHITMAN, Walt. 1855. "Song of myself," *Leaves of Grass,* 42 : 33–42. Norwalk, Conn. : The Easton Press.

WILCOCK, Evelyn. 1994. *Pacifism and the Jews.* Landsdown, Gloucestershire : Hawthorn Press.

WILSON, H. Hubert. 1951. *Congress : Corruption and Compromise.* New York : Rinehart.

WITTNER, Lawrence S. 1993. *One World or None : A History of the World Nuclear Disarmament Movement Through 1953.* Stanford, Calif. : Stanford University Press.

—— 1997. *Resisting the Bomb : A History of the World Nuclear Disarmament Movement, 1954–1970.* Stanford, Calif. : Stanford University Press.

WORLD BANK. 1997. *World Development Report 1997 : The State in a Changing World.* Oxford : Oxford University Press.

—— 1999. Press briefing, "Poverty Update." Washington, D.C., June 2.

WORLD WILDLIFE FUND. 1986. *The Assisi Declarations : Messages on Man and Nature From Buddhism, Christianity, Hinduism, Jainism*

& Judaism. Gland, Switzerland : WWF International.

WRANGHAM, Richard and PETERSON, Dale. 1996. *Demonic Males : Apes and Origins of Human Violence*. New York : Houghton Mifflin.

YODER, John H. 1983. *What Would You Do? A Serious Answer to a Standard Question*. Scottdale, Penn. : Herald Press.

YOUNG, Andrew. 1996. *An Easy Burden : The Civil Rights Movement and the Transformation of America*. New York : Harper Collins Publishers.

YOUNG, Art. 1975. *Shelley and Nonviolence*. The Hague : Mouton.

YOUNGER, Stephen M. 2007. *Endangered Species : Mass Violence and the Future of Humanity*. New York : Ecco.

YOUTH DIVISION OF SOKA GAKKAI. 1978. *Cries for Peace : Experiences of Japanese Victims of World War II*. Tokyo : The Japan Times.

ZAHN, Gordon. 1964. *In Solitary Witness : The Life and Death of Franz Jägerstätter*. New York : Holt, Rinehart and Winston.

ZAVERI, Zetha Lal S. and KUMAR, Mahendra. 1992. *Neuroscience & Karma : The Jain Doctrine of Psycho-Physical Force*. Ladnun, Rajasthan : Jain Vishva Bharati.

ZHANG, Yi-Ping. 1981. Dui feibaoli zhuyi ying jiben kending [We should positively affirm nonviolence]. *Shijielishi* [World History] 16(3) : 78–80.

ZIMRING, Franklin E. and HAWKINS, Gordon E. 1986. *Capital Punishment and the American Agenda*. Cambridge : Cambridge University Press.

ZINN, Howard. 1980. *A People's History of the United States*. New York : Harper.

ZUNES, Stephen, KURTZ, Lester R., and ASHER, Sarah Beth, eds. 1999. *Nonviolent Social Movements : A Geographical Perspective*. Oxford : Blackwell Publishers.

日本語参考文献

アリストテレス『政治学』田中美知太郎・北嶋美雪・尼ヶ崎徳一・松居正俊・津村寛二訳，中央公論社，2009年。

ウォルト・ホイットマン『草の葉』（上）酒井雅之訳，東京：岩波書店，2008年（第7刷）。

ジャン・ジャック・ルソー『社会契約論』桑原武夫・前川貞次郎訳，東京：岩波書店，1989年（第46刷）。